信息化管理与运作（第3版）

XINXI HUA GUANLI YU YUNZUO

武刚 主编

国家开放大学出版社·北京

图书在版编目（CIP）数据

信息化管理与运作/武刚主编. —3版. —北京：国家开放大学出版社，2021.7（2023.8重印）

ISBN 978-7-304-10865-6

Ⅰ.①信… Ⅱ.①武… Ⅲ.①信息化建设-开放教育-教材 Ⅳ.①G203

中国版本图书馆CIP数据核字（2021）第131470号

版权所有，翻印必究。

信息化管理与运作（第3版）
XINXI HUA GUANLI YU YUNZUO
武刚　主编

出版·发行：国家开放大学出版社
电　话：营销中心 010-68180820　　　总编室 010-68182524
网　址：http://www.crtvup.com.cn
地　址：北京市海淀区西四环中路45号　　邮编：100039
经　销：新华书店北京发行所

策划编辑：邹伯夏	版式设计：何智杰
责任编辑：石明贵	责任校对：张　娜
责任印制：武　鹏　马　严	

印　刷：北京鑫益晖印刷有限公司
版　本：2021年7月第3版　　　2023年8月第5次印刷
开　本：787mm×1092mm　1/16　　印张：14　字数：297千字

书　号：ISBN 978-7-304-10865-6
定　价：29.00元

（如有缺页或倒装，本社负责退换）
意见及建议：OUCP_XS@ouchn.edu.cn

第3版前言

1840年后中国的每个庚子年都是不寻常的，2020年更不例外。在百年未有之大变局下，2020年初发生并持续的新冠（COVID-19）疫情及其抗击战，深刻地影响乃至改变着世界，特别是教育事业。在我国，与2003年抗击SARS"停课停学"不同，2020年春季虽然也"封城、停摆"，但却"停课不停学"。数以亿计的大中小学师生，通过网络直播、视频会议等实现了在线教学（e-Learning），这正是我国社会信息化进步的体现。2020年可谓"在线全民教育或互联网+教育的元年"：一方面，它极大地刺激了在线教育技术及其应用的跨越式发展，不仅意外地使互联网巨头（如阿里、腾讯）涉足在线教育，扛起了海量的直播网课，也极大促进了专门化的在线教育行业，使学堂在线、中国大学MOOC、猿辅导、作业帮等飞速发展。另一方面，新技术也反过来影响着未来教育的各个方面，学校该怎么办？教师该怎么教？学生将如何学？这种新技术与应用的正反向互动，深刻地改变着社会的信息化进程，也进一步验证了"信息化发展趋势"（见本教材第2版之1.4节）：随着"云移物大智"的合力作用，当前，信息技术应用呈现移动性（如泛在互联、移动商务）、虚拟性（如虚拟体验、赛博空间）、个性化（如精准营销、推荐服务）、社会性（如社交媒体、社会商务）、复杂数据（如富媒体、大数据）等鲜明的新特征。信息化发展呈现出互联、移动、DT、智慧的特点和趋势。

本书正是在这种背景下修订的。全书依然立足国内的信息化实践，保留了第2版的章节逻辑，适当增加了部分理论内容，修改了部分错漏，重点更新了许多与时俱进的引例或案例。风格体例也与原版保持一致：强调用引例或案例方式引导或解释抽象的内容；每章后面都安排本章小结、关键词、练习题、网络学习题、思考题等，方便学生学习与总结提高。

第3版修订工作仍由北京林业大学武刚教授主持，参与修编工作的还有北京林业大学张莉莉副教授、陈钊副教授、李维讲师和国家开放大学闫坤豪讲师。具体分工是：武刚修编第1、第2、第3章，闫坤豪、李维修编第4章，陈钊、武刚修编第5章，张莉莉修编第6、第7章，最后由武刚统稿。

国家开放大学计算机科学与技术学院王娇老师安排了此次教材第3版的改版工作。出版社石明贵老师认真校阅，避免了教材出现的错漏。对这些老师付出的辛勤工作，在此表示衷心感谢！

由于水平和时间所限，教材中难免存在不足，恳请专家、读者批评指正，以利本教材的进一步修改和完善。

编 者

2021 年 4 月

第1版前言

如同工业革命导致社会工业化一样,信息技术革命导致了社会信息化。"计算机信息管理专业"正是适应社会发展需要而产生的一个信息技术与管理深度交叉的应用型专业,主要培养既懂信息技术,又掌握管理知识的企事业单位信息化所需的复合型人才。企事业单位信息化是一个信息技术与管理不断融合的过程,涉及众多的人、财、物、技术和信息的管理问题。信息化管理与运作是一门偏向管理的专业主干必修课,重点讲授一个组织(如企事业单位)信息化过程中所涉及的各类管理问题。通过系统介绍信息化管理与运作的内容体系,学生可了解经营管理和信息资源管理的基本理论,掌握信息化规划、组织、实施与评价等多个环节的知识,初步具备一定的信息化管理与运作能力,经过实践能够承担信息化过程中的规划、管理、控制、评价等多种工作。

本书是用于上述课程的一本新教材。全书共7章,可分为两部分。第一部分是基础篇:包括第1、2章,主要介绍信息化管理与运作所需的基本概念、基础知识。除了介绍信息化、信息化管理、组织、管理等基本概念,重点、概要地介绍了企业经营管理所必要的人力资源管理、财务会计基础和生产运作管理,以及信息资源管理等基础知识。第二部分是过程篇:包括第3、4、5、6、7章,分别就信息化管理与运作过程中的规划、组织、实施和评价等环节进行了系统介绍。

本书由北京林业大学武刚教授主编,其中武刚、张莉莉编写第1章,李昀编写第2、3章,李维编写第4、5章,陈钊编写第6章,武刚编写第7章。最后由武刚统稿。

信息化管理与运作是一门综合性、系统性和实践性很强的新课,其素材需要从信息化实践中不断总结和提炼,内容还不很成熟,目前尚无同类教材可供参考,所以编写难度较大。如何把众多知识点有机地组织在一起,并且用适于电大学生的方式表述出来,很有挑战性。为此,我们在明确信息化管理与运作内涵后,按照信息化管理过程的一般逻辑组织内容,吸纳了国内外专家学者们的许多研究成果,在此对他们表示衷心感谢。在写作上,我们强调用引例和案例的方式引导或解释抽象的内容;同时每章后面都安排关键词、本章小结、练习题、网络学习题、思考题等,方便学生学习与总结。学生基本上可根据书本内容直接完成练习题,以巩固所学的基本概念和知识;网络学习题要求学生通过网络自学相关内容，以提高学生的自学能力；思考题则需要学生通过参考其他资料及自我思考完成。这些都是尝试。总之，由于课程性质，作者水平有限，加之时间仓促，错误在所难免，欢迎读者批评指正。

武 刚

2007 - 5 - 25

第2版前言

本书是《信息化管理与运作》（武刚主编，2007年出版）的再版。正如第1版前言所述："信息化管理与运作是一门综合性、系统性和实践性很强的新课，其素材需要从信息化实践中不断总结和提炼"。在过去8年间，随着信息技术的不断发展，社会信息化不断深化，信息化管理与运作实践越来越多且日趋成熟，为教材再版提供了必要的物质基础。同时，原版教材内容过于概念化，客观上也需要案例更丰富的新教材。基于上述原因，根据新的课程教学大纲，重编了这本教材，主要修改体现在以下几方面：

（1）删除和合并第1版中的基础篇（原第1、第2章），并新增"信息化发展趋势"一节，形成"第1章 信息化管理基础"；

（2）增加"第7章 信息化实践案例"；

（3）改写信息化规划、信息化组织、信息化项目管理、信息系统运作和信息化评价等章，融进了更多的实践案例。

同时，保持了原版教材的写作风格：依然强调用引例或案例的方式引导或解释抽象的内容；每章后面都安排关键词、本章小结、练习题（简答题、网络学习题和思考题）等，方便学生学习、总结。

本书较系统地介绍了信息化管理与运作的基础知识和基本过程。全书共分7章，主要包括信息化管理所涉及的一些基本概念和知识、信息化规划、信息化组织、信息化项目管理、信息系统运作、信息化评价和信息化实践案例等内容。再版工作分配如下：北京林业大学武刚教授任主编并负责全书统稿，武刚、李昀、张莉莉编写第1章，武刚编写第2章，李维编写第3、第4章，陈钊、武刚编写第5章，武刚、张莉莉编写第6、第7章。本书按信息化管理的过程来组织内容，案例翔实，不仅是面向国家开放大学计算机信息管理专业的教材，同时也可作为从事信息化管理工作的有关人员的参考书籍。

国家开放大学计算机科学与技术学院王娇老师组织安排了此次教材再版的全部工作；贾素玲、陈建斌、刘世锋等专家参与了课程大纲修订、多媒体总体方案设计、样章初稿和教材初稿审定等工作，并提出了许多宝贵意见；书中林业信息化和智慧团结湖等案例取自北京林业大学校友张会华、李容珍所提供的丰富资料；出版社王普老师等多位编辑的认真校阅为教材出版付出了辛勤工作。对这些老师、专家、校友和编辑给予的指导与帮助，在此一并表示衷心感谢！

IT发展日新月异，信息化管理与运作与时俱进。如何在不断变化的过程中，把握相对成熟和稳定的知识点，将其以通俗易懂的方式呈现出来，是一件带有挑战性和需要不断探索的事情。由于课程的这种性质，加之作者水平有限和时间局限，错误在所难免，欢迎读者批评指正。

武 刚

2015-7-27

目　录

1		第1章　信息化管理基础
1	1.1	信息革命与信息化
12	1.2	信息资源管理
28	1.3	信息化管理
32	1.4	信息化发展趋势
40		第2章　信息化规划
40	2.1	信息化规划及其意义
44	2.2	组织战略与信息化战略规划
53	2.3	案例
60		第3章　信息化组织
60	3.1	信息化管理的组织
66	3.2	信息化组织机构
74	3.3	CIO 机制
82		第4章　信息化项目管理
82	4.1	项目管理概述
90	4.2	项目启动
92	4.3	项目计划
100	4.4	项目执行
103	4.5	项目监控
107	4.6	项目收尾
111		第5章　信息系统运作
112	5.1	信息系统运作概述

120	5.2 信息系统应用操作与培训
125	5.3 信息系统运维管理
138	5.4 信息化标准与规章制度

154　第6章　信息化评价

154	6.1 信息化评价概述
168	6.2 企业信息化水平评价
178	6.3 中国林业信息化发展水平测评

183　第7章　信息化实践案例

183	7.1 社会组织及其分类
186	7.2 S公司的信息化重建
193	7.3 智慧团结湖
208	7.4 人民版权——基于区块链的一站式版权保护管理平台

213　参考文献

第1章 信息化管理基础

学习目标与要求

本章是全书其他各章的基础，主要介绍信息化、信息资源管理、信息化管理的基本内涵及相关概念，以及信息化发展趋势。

通过本章的学习，同学们应：
- 了解信息技术、信息革命与信息化的内涵。
- 理解信息资源的概念和信息资源管理的含义。
- 了解信息管理过程各个环节及其主要方法。
- 掌握社会组织信息化管理与运作的过程和内容。
- 了解云计算、移动互联网、物联网、大数据、智慧地球等带来的信息化发展趋势。

1.1 信息革命与信息化

科学技术是第一生产力，它为人类认识世界和改造世界提供了强大武器。纵观人类文明发展史，不难发现，一些重大科学技术的创新和发展都成为人类社会进步的革命性因素。人们习惯上把它们称为科学技术革命或产业革命，如农业革命、工业革命、信息革命，而把因为科学技术革命而导致的人类社会的全面突变或革命性变化称作"化"，如农业化、工业化、信息化，相应的社会形态被称作农业社会、工业社会和信息社会等。每一种社会形态都深深地刻着科学技术的时代烙印，人类文明发展是农业化、工业化和信息化不断融合的过程（如图1-1所示）。

"刀耕火种"，即农业工具的发明和作物知识的发现，使人类逐步摆脱狩猎和游牧的原始社会，进入农业社会，这一农业化过程持续了几千年。

200多年前，以纺织机械的革新为起点，以蒸汽机的发明和广泛使用为标志的近代

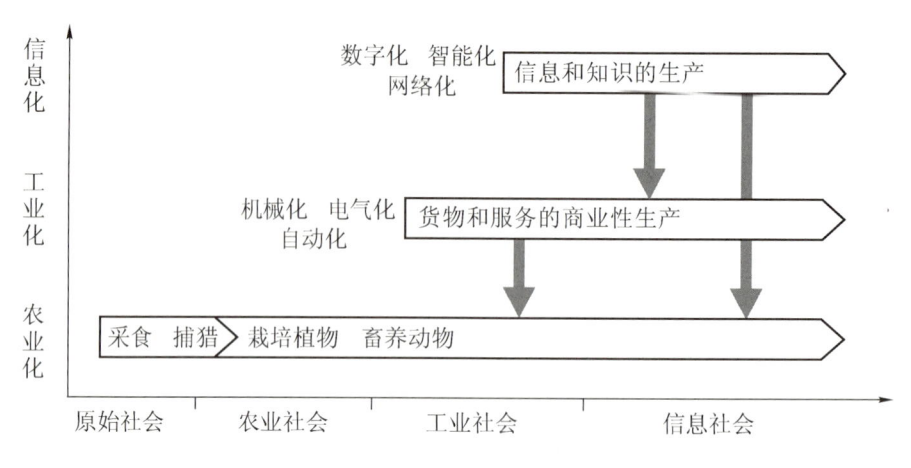

图 1-1 人类文明发展的足迹

（图片来源：周宏仁. 信息化论. 北京：人民出版社，2008：283）

第一次技术革命，实现了工业生产从手工工具向机械化的转变，社会的工业比重迅速增加，资本主义生产体制得以确立，社会结构发生革命性变化，社会进入"机械化时代"。19世纪中叶，随着科学技术的迅猛发展，以电力技术为主导的近代第二次技术革命，使电力技术在能源（动力）、通信、照明、运输等方面得到广泛应用，改变了人们的生产、生活状况，推动了人类文明的进步，社会进入"电气化时代"。同时，电力技术的应用极大推动了冶金技术、化工技术、内燃机技术等其他技术的全面发展，创造了巨大的生产力，给整个社会带来了广泛而深远的影响，机械化、电气化导致的社会化大工业生产方式，把人类带入工业社会。

如果把近代两次技术革命利用机械、蒸汽、电力、石油等动力方面的变革，实现人类体力上的解放，提高劳动生产率，视为一场能源革命，那么20世纪中叶以来，以信息技术为主导的现代技术革命，实质上是人类智力的解放，则是一场智力革命。从体力解放到智力解放这一重点转移导致技术和社会的巨大变化，信息经济、知识经济、网络经济或数字经济等是建立在知识的生产、分配和使用（消费）之上的新科技密集型经济形态，它使信息成为社会发展的主导性或支配性资源。正如人们总结的那样：材料、能源、信息是支配人类社会发展的三大基本要素。随着社会生产力的发展，不同的时期，它们有各自不同的地位，并发挥着不同的作用。20世纪50年代以来，电子计算机与通信技术的结合发展，信息要素迅速成为影响人类社会发展的一种决定性力量，信息资源的开发利用日益走向社会化、产业化，并成为主导现代社会的支柱产业。这种变化不仅迅速改变着人类社会的各种活动和社会运行机制，而且还贯穿于各种社会职业活动之中。结果是：社会经济的信息投入产出比迅速增长，社会交往合作不断加强，科技与经济加速发展。发生在现代社会中的这一变化趋势就是人们通常所说的"信息化"。信息化把人类带入信息社会。

1.1.1 信息技术与信息革命

【例1-1】 从"新四大发明"看社会变化：已经、正在和未来没落或消失的……

2017年，北京外国语大学丝绸之路研究院发起了一次留学生民间调查，来自"一带一路"沿线的20国青年评选出了他们心目中中国的"新四大发明"：高铁、扫码支付、共享单车和网购。"新四大发明"迅速成为网络流行词，见证着信息技术对中国社会的深刻影响，以及给社会带来的变化。

事实上，在过去不到30年里，互联网和移动通信技术合力发展和普及应用，不断地改变着我们这个世界。电子邮件逐步替代传统纸质邮件，相关的投递、分拣等业务（含设施和人员）不断萎缩；手机的普及不仅使固定电话业务停滞发展，也让电报业务从各国的通信舞台上彻底消失。与之相关的组织（邮政、电信管理机构）、行业及其业务也因之发生了巨大变化：旧的业务没落或消失了，新的业务在不断兴起并迭代发展。最典型的就是上述"新四大发明"涉及的三大领域：金融（扫码支付等）、出行（高铁、共享单车等）和商业（网购等）。

从20世纪90年代开始，我国以"金卡工程"为基础的金融互联网建设，使人们用银行卡、ATM和网银（包括后来的第三方支付）等实现了自助存取款、网络支付等，因而方便了生活。而随着3G/4G智能手机（特别是iPhone和Android手机）的普及应用，社会进入了移动支付时代。活跃才几年的ATM业务开始没落，更方便的扫码支付成为中国互联网应用的名片。随着5G及相关技术（如区块链）的发展，数字人民币（DC/EP）试点发行与未来的普及应用，不仅将进一步加剧社会的无现金化，也会对未来的国内和国际金融乃至金融犯罪等产生深远的革命性影响。

在我国，2008年3G牌照发放后，基于卫星定位（Global Navigation Satellite System，GNSS）等技术的电子地图逐步在智能手机中应用，提供着各种各样基于位置的服务（Location Based Service，LBS）。"出行"是其中最早且最广泛应用的领域，涌现了许多面向出行服务的互联网公司。例如，从互联网血拼出来的独角兽"滴滴平台"为人们提供了网约车（含出租车、顺风车、专车等）、公交车、单车、代驾等全方位的出行服务，不仅改变着人们的出行方式，也颠覆性地影响着相关行业（如出租车业）。在这个过程中，出行平台服务商（包括ofo、摩拜等共享单车平台，滴滴和快滴的打车服务平台等）依靠互联网思维和风险投资，展开了残酷而非理性的竞争。例如，开创"共享单车"并一度辉煌的ofo，没有几年就被取代，个中原因值得反思。随着5G和人工智能（Artificial Intelligence，AI）技术的突破性进展，未来社会将被带入吴军所谓的"智能时代"，这引发了一系列思考。例如：综合应用新一代信息技术的无人驾驶出行（无人驾驶出租车、无人驾驶公交等）将会怎样改变出行行业（包括汽车制造业、交通运输业等）？驾驶员会消失吗？

同样由于中国 4G/5G 技术的追赶乃至超车，智能手机迅速普及应用，网购成为"新四大发明"之一。基于 4G/5G 的直播带货成为人们网络热捧的买卖方式，而基于云计算、移动互联网、物联网、大数据和智能算法的新一代电子商务，不仅促进智能物流业（如全自动化无人码头、无人仓储、智能配送方案、庞大而高效的配送团队）高速发展，也催生着新零售等业态，使得早期电子商务领域不敢涉及的"生鲜、热饭"等都成为网购对象。网购不仅极大方便且改变着人们的生活和工作方式，也影响着传统零售业的升级改造，更促进了新兴物流业（包装、仓储、配送等）的飞速发展。

20 世纪下半叶，随着计算机、互联网、手机等信息技术和产品的快速普及和广泛应用，人们的工作、生活方式受到了前所未有的影响和变化（如例 1-1 所示）。这些都源自 20 世纪中期开始的信息技术发展所引发的第 3 次产业革命——信息革命。

信息技术（Information Technology，IT）是应用信息科学的原理和方法研究信息产生、传递、处理的技术。它具体包括有关信息的产生、搜集、交换、存储、传输、显示、识别、提取、控制、加工和利用等方面的技术。现代信息技术主要包括计算机技术、通信技术、传感技术和控制技术，它们相当于人类的思维器官、神经系统、感觉器官和效应器官，而与半导体材料紧密相关的微电子技术是它们的基础。

微电子技术是指在几平方毫米的半导体材料上，用微米及亚微米刻蚀加工技术，制作成由成千上万晶体管构成的微缩单元电路，并应用这些电路装配成各种微电子设备的技术。通俗地讲，微电子技术就是一门使电子器件或电子设备微型化的技术。其基本构成是集成电路和微处理器，特点是精细或超精细的"微"加工技术，是一种节约材料、能源、空间和劳动的技术。其技术工艺新、更新换代快、品种数量多、应用范围广，集中体现了现代科学技术的精华，全面推动了信息技术的突飞猛进。智能手机就是微电子技术的一个结晶。

以微电子技术为基础的现代信息技术（包括计算机、通信、传感和控制等涉及的硬件和软件技术）已逐步渗透到国民经济和人民生活的各个领域，它们的发展与应用呈现出如下特点或趋势：

（1）数字化　各种文字的、图形的、图像的、声音的信息被进行 0-1 二进制编码（数字化），它是一切现代信息技术应用的基础。带有微处理芯片的数码产品充斥社会的各个角落，数字图书馆、数字校园、数字城市等应运而生。在数字化时代，各类传感器和计算机采集、存储和加工处理着人或物的不同时间、不同类型的海量电子信息，如何利用它们，既是挑战，也为发展数字经济、实现数字治理提供了机会。

（2）小型化　正如 Intel 公司创始人摩尔（Moore）和 DEC 公司副总裁贝尔（Bell）等专家所预测的那样：在 1970—2000 年的 30 年间，微处理器芯片大约每 18 个月集成度翻番，处理能力提高一倍，体积和价格减半。芯片产业成为信息化的基础。个人计算机（Personal Computer，PC）、移动终端设备（如笔记本电脑、平板电脑、个人数字助理PDA、智能手机）不断更新换代，功能不断增强，体积越来越小，成为人们工作和生活的必备工具。

（3）网络化　从局域网到广域网，从有线网到无线网，从传感器网到物联网，网络硬件和软件（包括并行和分布计算、云计算、量子计算、边缘计算等）技术的高速发展和普及应用，使得网络成为名副其实的国家信息基础设施。网络媒体后来居上，已经成为继报纸、广播、电视之后最重要的传播媒体。现代社会的工作、生活与网络已经密不可分。

（4）智能化　2016年3月谷歌公司研发的阿尔法围棋（AlphaGo）击败了职业围棋高手李世石，机器第一次战胜人类，标志着徘徊多年的人工智能技术有了突破性进展。事实上，进入21世纪后，以机器学习（包括深度学习）为主的新一代人工智能技术在计算机视觉（Computer Vision，CV）或图像识别、自然语言处理（Natural Language Processing，NLP）、语音识别、机器翻译等专门领域取得了突破，并形成了很多实用技术和综合应用系统（如例1-1提到的无人驾驶出租车）。从人们常见的手写输入、搜索引擎、智能比价等软件，到人脸识别器、数控机床、机器人等硬件，再到复杂的智能交通管理、无人码头运行管理等应用系统，用智能技术开发的软件、硬件和系统被广泛应用于各行各业，实现业务活动的高效化乃至自动化，提高人们信息处理和管理的效率。研发高效的智能产品是信息技术发展与应用的主要趋势。

（5）系统化　将分散的信息产品（如功能不同的软硬件）有机地集成在一起，形成一体化的产品，以方便使用，提高效率，消除信息孤岛，是信息技术发展和应用的另一个趋势。智能手机的发展、智能卡技术的应用（如"公交一卡通"、银联卡的应用）、企业信息门户、无人物流仓储管理系统等都是信息产品系统化的体现。

过去几十年间，微电子技术造就了成千上万的信息技术应用，有人把它概括为3C革命，即计算机（Computer）、通信（Communication）和自动控制（Control）领域的革命。三者相互联系，不断发展，集成应用，使整个社会普遍实现了自动化——工厂自动化（Factory Automation，FA）、办公自动化（Office Automation，OA）、家庭自动化（Home Automation，HA），即3A革命。以计算机及其通信网络为主的信息技术（Information Communication Technology，ICT），被广泛应用于从政府办公到企业生产运作再到家庭、个人生活的各个领域。很难想象，当今信息社会如果没有计算机和网络将会成为什么样子，这就如同工业社会没有机器和电一样。信息技术的发展完全改变了人类社会的面貌，深刻影响着社会的组织、经济、文化、政治等多个方面，信息技术的水平、规模和应用程度已经成为衡量一个国家现代化程度的重要标志，人们把这种因信息技术发展而导致的社会变革称为信息革命。

信息革命具有技术科学化、群体化、智能化、高新性等特征。第一，与依赖经验完成纺织机械革新不同，在微电子技术、计算机技术、通信技术、传感技术和控制技术等信息技术的发明和发展过程中，科学理论与实验始终起着主导作用。科研成果渗透到技术的各个环节，成为技术发展的关键，使技术越来越科学化，越来越成熟。这一点不难从计算机、通信、互联网等技术的发展历史中得到验证，如关系代数理论于数据库技术、《光频率的介质纤维表面波导》（高锟 1966 年发表的论文）于光纤通信、TCP/IP 协议于互联网技术。第二，随着人们改造自然和生产实践活动的愈加深化，所面临的问题就愈加带有综合性特征，涉及范围广、难度大，绝非单一科技所能胜任，必须依赖多学科、多技术所形成的技术群来解决。例如，户外作业人员或移动商务人员需要使用便捷可靠的移动终端设备，人们综合多种技术制造了集 PDA、GPS 和 Phone 于一身的智能手机及其应用软件。第三，信息革命更强调智能化。比如，机电一体化的数控机床、机器人，计算机和互联网应用涉及的语音处理、图像识别、软件代理、搜索引擎技术等，无不带有智能色彩。第四，信息技术具有高技术的特征。据说"高技术"一词来源于美国，人们对它有多种不同的理解。一般认为，高技术是指那些对国家军事、经济有重大影响，具有较大社会意义，能形成产业的新技术或尖端技术。它具有如下"高"的特征：一是高驱动，作为一种通用技术（General Purpose Technology，GPT），信息技术相当大程度上是经济发展的驱动力，几乎可以渗透并应用于各个领域，带动各行各业的技术进步，它的应用具有广泛的社会性；二是高增值，它是经济效益和社会效益的倍增器；三是高智力，信息技术是知识密集、技术密集的新技术，其发展主要依赖于智力，其次才是资金；四是高战略，信息技术是以科学技术形式表现的战略实力，直接关系到一个组织、区域或行业乃至国家的社会经济地位；五是高风险，信息技术的探索处于科学技术的前沿，任何一项开创性构思，其设计和实施都具有风险，要么获得巨大成功，要么造成重大损失；六是高时效，信息技术发展变化快，市场竞争激烈，时间效益特征突出。

1.1.2 信息化

【例 1-2】 CNNIC 及其中国互联网络发展状况统计报告

中国互联网络信息中心（China Internet Network Information Center，CNNIC）于 1997 年 6 月 3 日组建，现为中央网络安全和信息化委员会办公室（国家互联网信息办公室）直属事业单位，行使国家互联网络信息中心的职责。作为中国信息社会重要的基础设施建设者、运行者和管理者，中国互联网络信息中心（CNNIC）负责着国家网络基础资源的运行管理和服务。它是我国域名根服务器运行机构，负责运行和管理国家顶级域名".CN"、中文域名系统，提供不间断的域名注册、域名解析和 WHOIS 查询等服务。同时，作为亚太互联网络信息中心（Asia-Pacific Network Information Center，APNIC）的国家级 IP 地址注册机构成员（National Internet Registry，NIR），CNNIC 是我国 IP 地址分配联盟的召集单位，负责为我国的网络服务提供商（Internet Service Provider，ISP）和网络用户提供 IP 地址和 AS 号码的分配管理服务。中国互联网络信息中心除了承担国家网络基础资源的技术研发与保障安全、全球互联网开放合作和技术交流，还开展互联网发展研究并提供咨询

图1-2列举了中国互联网络信息中心发表的中国互联网发展和应用的一些专题调查数据及统计研究报告。其中，自1998年来，每年1月和7月两次定期发布的《中国互联网络发展状况统计报告》影响最大，它以严谨客观的数据，为政府部门、企业等各界掌握中国互联网络发展动态、制定相关决策提供了重要依据，受到各方面的重视，被国内外广泛引用。自1997年至2021年3月，中国互联网络信息中心已成功发布了47次全国互联网络发展状况统计报告。中国互联网络信息中心的历次报告见证了中国互联网从起步到腾飞的全部历程，互联网已经成为影响我国经济社会发展、改变人民生活形态的关键行业。中国互联网络信息中心在"国家公益、安全可信、规范高效、服务应用"方针的指导下，不断追求成为"专业·责任·服务"的世界一流互联网络信息中心。

图1-2 CNNIC的"互联网发展研究"页面

从20世纪90年代开始，信息化这个词逐步在我国流行。尽管人们对它的由来、内涵和翻译存在质疑，但它的确已经成为一个国际化的、有鲜明时代特征的、内涵异常丰富的词汇。

据专家考证，"信息化"这一名词是由日本学者梅棹忠夫于1963年在专著《论信息产业》中提出的。当时，他针对本国物质资源匮乏的特点，在探讨建立新兴产业中，向人们描绘了信息革命和信息社会前景的同时，首次提出了"信息化"的概念。西方世界普遍使用"信息化"的概念主要是从20世纪70年代后期开始的。现在可以从互联网上看到许多语言文字表达的"信息化"，包括中文、英文、法文、德文、日文、韩文等，它被广泛应用于亚洲、北美、欧盟等地区。例如，informatization（美式英语）、informatisation（英式英语）、informationalization 就是人们造的 3 个"信息化"的英文字。

事实上，"信息化"在全球范围内逐步获得关注和成为社会发展主流，反映在信息技术的波浪式发展过程中（如图 1-3 所示）。

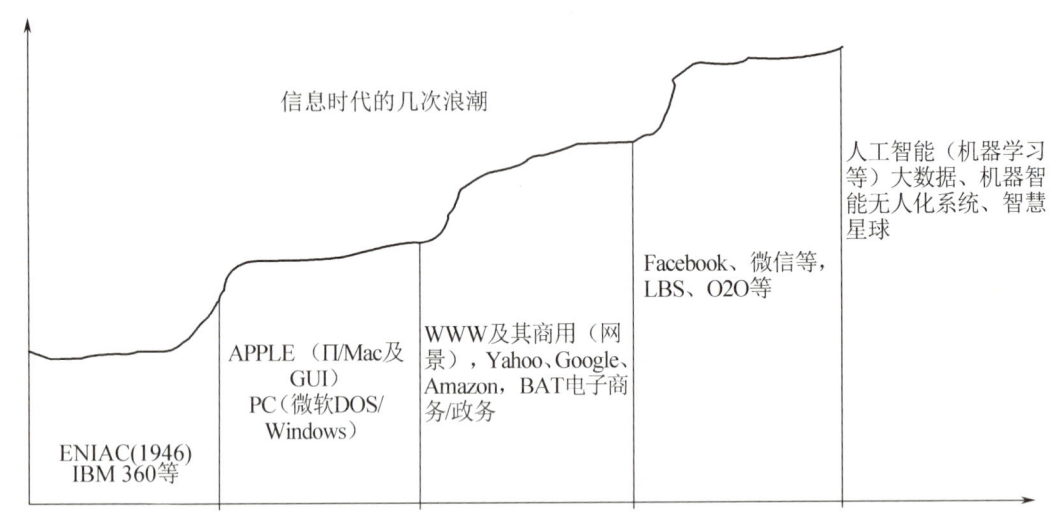

信息时代的几次浪潮

人工智能（机器学习等）大数据、机器智能无人化系统、智慧星球

Facebook、微信等，LBS、O2O等

WWW及其商用（网景）、Yahoo、Google、Amazon，BAT电子商务/政务

APPLE（Ⅱ/Mac及GUI）
PC（微软DOS/Windows）

ENIAC(1946)
IBM 360等

1946　主机时代　1980　PC时代　1990　互联网时代　2000　移动互联网时代　2020　智能时代

图 1-3　信息时代几次浪潮

第一波浪潮源自 20 世纪 70 年代末到 80 年代的个人计算机的发明和迅速普及（PC时代）。在那之前（主机时代），计算机技术尽管已经发展了近 30 年，但由于设备体积庞大且昂贵、技术复杂、使用不便等原因，计算机主要被为数不多的大公司、教育科研部门的专家（工程师、学者或研究员等）使用，限于科学计算、业务数据管理等专门工作。20 世纪 70 年代，由于微电子技术（大规模集成电路）的出现，小型化（downsize）催生了第一台微机的诞生。到 20 世纪 80 年代，随着物美价廉、方便耐用的个人计算机迅速普及，计算机几乎被用到办公、生产、管理、生活和娱乐所有领域，各行各业掀起了应用计算机的第一次高潮。人们开始把这种普遍应用计算机技术的现象称作信息化（计算机化）。然而，真正把信息化推向全球的是 20 世纪 90 年代互联网普及应用（如 WWW）的第二波浪潮。1992 年，克林顿在其竞选总统的报告"复兴美国的设想"中提出："50 年代在全美建立的高速公路，使美国在以后的 20 年里取得了前所未有的发展。为了使美国再度繁荣，建设 21 世纪的'公路'，它将使人们得到就业机会，带动经济发展。"这里所谓的"21 世纪的'公路'"就是"信息高速公路"（information superhighway）。在竞选获胜后不久，1993 年 3 月克林顿政府就提出了"国家信息基础设施行动计划"（National Information Infrastructure：Agenda for Action），明确提出用信息技术促进美国经济发展和社会进步的目标与全面推进国家信息化建设的发展战略。随后，欧盟、

日本、加拿大等发达国家和地区均制定了类似的规划，NII（National Information Infrastructure）、RII（Regional Information Infrastructure）、GII（Global Information Infrastructure）等国家性、地区性、全球性信息基础设施计划在世界各地陆续展开，掀起了全球信息化的第二次高潮，社会步入了互联网时代。而互联网技术的适时发展和快速普及应用，某种意义上实现了 NII 或 GII 所期望的社会或地球上的任何人能在任何时间、任何地点，通过任何形式（文字、声音、图形、图像等）享用或传递任何需要的信息。的确，互联网堪称对人类影响最大的发明之一。它的影响迅速而深刻，正如有人统计的那样，在历史上还没有一项技术像互联网这样，在这么短的时间内影响如此多的人：电话用户达到 5 000 万用了 55 年，广播听众达到 5 000 万用了 38 年，电视观众达到 5 000 万用了 13 年，而互联网只用了 3 年就拥有超过 5 000 万用户。从 20 世纪 90 年代末期开始，互联网企业逐步赶超传统企业成为 IT 业的翘首，如美国的谷歌（Google）、亚马逊（Amazon）、雅虎（Yahoo）、脸书（Facebook），中国的 BAT（百度、阿里巴巴、腾讯）等。值得指出的是：互联网普及程度和应用效率已经成为考察一个国家或单位信息化水平的基本标准。有人甚至把围绕着互联网这条信息高速公路的建设、开发和利用当成了信息化的代名词，信息化建设被形象比作"铺路"——建设信息网络，"买车"——建设信息系统，"运货"——提供信息内容。进入 21 世纪后，特别是集通信、PDA、其他应用（如拍摄、定位、社交、网购）于一身的智能手机的出现和普及，使人们获取和处理各类信息更加方便，无纸化生活和办公等使手机成为人们最重要的伴侣。中国互联网络信息中心的第 47 次《中国互联网络发展状况统计报告》中指出：2016—2020 年我国手机网民规模和手机网民占网民比例逐年增长（如图 1-4 所示）。近十亿网民构成了全球最大的数字社会，截至 2020 年 12 月，我国网民的总体规模已占全球网民的 1/5 左右。"十三五"期间，我国手机网民规模从 6.95 亿增长至 9.86 亿，5 年增长了 41.9%。且网民增长的主体由青年群体向未成年和老年群体转化的趋势日趋明显。网龄在一年以下的网民中，20 岁以下网民占比较该群体在网民总体中的占比高 17.1 个百分点；60 岁以上网民占比较该群体在网民总体中的占比高 11.0 个百分点。未成年人、"银发"老人群体陆续"触网"。99.7%的网民是手机用户，中国社会真正进入移动互联网时代。

近些年来，随着人工智能技术（如机器学习，特别是深度学习等）的突破，人们在益智游戏、智能感知、自然语言处理、语音识别等多领域开展了深度研究和成功应用，无人驾驶、智慧物流、智慧制造、智慧城市等应用成为新一波社会信息化关注的热点，它的结果就是把社会带入所谓的"智能时代"。

现在，尽管"信息化"一词已被社会广泛使用，但还没有统一的定义。不同的人站在不同角度，对其有不同的理解和表述。常见的理解有：

- 信息化是指信息技术在国民经济和社会生活中逐步应用的过程。
- 信息化是继农业化、工业化之后人类生存和发展的一个历史阶段，其结果是导致人类进入信息社会。

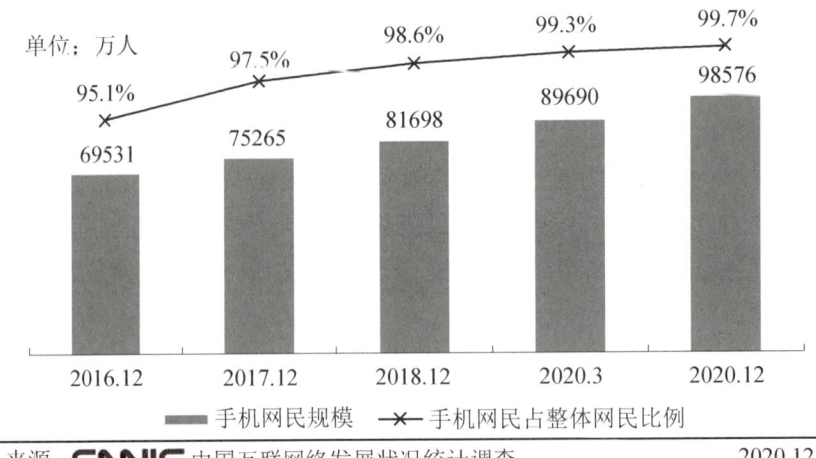

图 1-4　2016—2020 年我国手机网民规模和手机网民占网民比例增长情况

- 信息化是政府促进经济发展和社会进步的重要战略；国家信息化包含领域信息化、区域信息化、企业信息化和家庭与个人信息化等多个层面。
- 信息化是各级社会组织为顺应社会发展潮流，所从事的应用信息技术提高信息资源开发和利用效率的活动。

本书所用的"信息化"特指具体组织实体（政府部门、事业单位或企业）应用信息技术提高信息资源开发和利用效率的过程与活动。

在我国，1991 年时任国家主席的江泽民同志指出："实现四个现代化，哪一化也离不开信息化"，为我国把握信息革命机遇，推进信息化建设指明了方向。1993 年国务院决定成立由 20 多个部委参加并共同组成的"国民经济信息化联席会议"，统一领导与组织全国信息化工作及重点工程建设，并陆续启动了金卡、金桥、金关等"金字"系列重大信息化工程，揭开了全面开展国家信息化建设的序幕。1996 年联席会议改组为"国务院信息化工作领导小组"，下设办公室，由 18 个部委参加。1997 年全国信息化工作会议明确了国家信息化的内涵："国家信息化就是在国家统一规划和组织下，在农业、工业、科学技术、国防及社会生活各个方面应用现代信息技术，深入开发、广泛利用信息资源，加速实现国家现代化的进程"；并提出了"统筹规划、国家主导、统一标准、联合建设、互联互通、资源共享"的国家信息化建设 24 字指导方针；确定了国家信息化体系，包括信息资源、信息网络、信息技术应用、信息技术和产业、信息化人才队伍、信息化政策法规和标准规范等六大要素；提出了以信息资源开发利用为核心，按照领域信息化、区域信息化、企业信息化的线索，开展国家信息化建设的思路。领域信息化就是部门、行业所开展的信息化活动，如金融信息化、税务信息化、农业信息化；区域信息化通常是指地方政府根据地区经济与社会发展实际而开展的信息化活动，如城市信息化（数字城市）；企业信息化是指企业在生产、经营、管理、决策等各个层次应用信息技术，深入开发和广泛利用内外部信息资源，不断提高其经营管理效率和水平，进而提高企业经济效益和竞争力的活动。

由上可见，信息化是一个高度概括、内涵丰富的概念，它揭示了由信息革命所引起的社会经济全面变革的过程、活动和结果。首先，在信息化的进程中，信息化与工业化、农业化相互融合、相互促进、协同发展。精准农业、"互联网+"和工业4.0引领着传统产业信息化的步伐，社会产业结构发生重大变化。以信息设备制造（如微电子、计算机等信息设备制造业）、信息内容生产（如门户网站、电子传媒出版业）和信息服务（如信息技术支持、信息中介、信息咨询等行业）为主体的信息产业成为社会的支柱产业。信息化使得一些新的行业（如电子商务）产生并发展壮大，同时也促进和实现传统产业的改造（包括淘汰）与优化升级，传统企业在信息化（互联网）大潮下面临"生与死"的考验。2014年底，网上流传一个"只要你不努力就会被替代"的段子："邮局不努力，顺丰就愿意帮他努力；银行不努力，支付宝就愿意帮他努力；通信不努力，微信就愿意帮他努力；商场不努力，淘宝天猫愿意帮他努力！"各行各业的发展必须搭上信息化的快车，拥抱互联网、参与"互联网+"行动是时代对企业的要求，信息化是一次名副其实的新型产业革命。其次，随着社会信息化的深入，社会经济形态和就业结构发生根本性变化，传统的工业经济形态逐步被新的信息经济（或知识经济）形态所改变。例如，在后工业时代（信息社会），服务业将成为社会生产的主力。以美国为例，从事服务业的人数占就业人数的比例，从20世纪初的不到40%，到20世纪末的超过80%；2000年美国国民收入的70%是由服务业创造的，其中信息服务业占很大比重。最后，信息化对社会组织和个人行为方式也产生了重大影响。例如，以Web 2.0为代表的社会网络应用的发展，深层次地改变了人们的社交行为以及协同式知识创造形式（如Wiki百科、百度百科、博客或微博、微信），进而被引入企业经营活动中，产生了被称为Enterprise 2.0的新型应用，为企业知识管理、经营决策乃至创新发展提供了更加丰富而强大的手段；以云计算（Cloud Computing）为代表的软件和平台服务技术，将IT外包潮流推向一个新的阶段，促进了信息技术服务行业的发展；基于网络的虚拟企业、SOHO族（居家办公人群），改变企业协作和员工工作的方式。正如白色家电巨头海尔集团，在成功实现全球化战略（2005—2012）之后，抓住互联网的发展势头，提出实施企业互联网战略，以适应网络化的市场，做网络化的企业。为此，海尔集团2014年提出了"企业平台化、员工创客化、用户个性化"的"三化"改革，扬起了中国制造业转型的大帆。信息化使我们正面对着一个数字化、网络化的信息社会，它有与农业社会和工业社会明显不同的特点：

（1）非物质性。数字化把社会带入尼葛洛庞帝在《数字化生存》一书中所描述的"比特时代"。正如原子是构成物质世界的基本单元一样，比特是构成信息世界的基本单元。在信息社会中没有重量的、虚拟形式的、非物质的比特（bit）比原子（atom）更加重要和活跃，许多有价值的东西，其物质重量在减轻或消失。正像人们看到的，在数字化时代，人们会花钱买创意、娱乐、式样、便利、速度、创造性和美观。因此，出现了一大批非物质性的高附加值服务业，如信息咨询、代理、媒体制作、软件开发。

（2）超时空性。由于信息网络的存在，到处都是以光速在全球传输的没有重量的比特，它们无视空间和地域，时空距离被消除，地球变成了"村"。电子商务、全球经济一体化、远程教育、远程医疗等超越了时空。

（3）可扩展性。因为比特可以共享且方便传播，所以信息社会具备某种"无限可扩展性"。注意力经济、互联网思维、免费经济大行其道，传统稀缺经济学"物以稀为贵"的价值观念受到挑战，传统的生产观念、生产方式、产品交换乃至消费方式等都受到严重影响。

在信息社会中，高度依赖于IT和信息系统的电子信息极大丰富，信息活动在社会生活中的各个领域逐渐占据主导地位，信息化既给人类提供了发展机遇，同时也引发像"信息爆炸、信息污染、信息安全、数字鸿沟"之类的许多问题。这些都对人类信息化发展（特别是信息化的管理）提出了挑战。如何把信息当作资源加以开发和利用，成为各级组织信息化关注的重点，信息资源管理的理论和方法成为人们开展信息化工作的指南。

1.2 信息资源管理

【例1-3】"电子眼"捕获违章信息

汽车违章监测和异常事件处理是交通管理部门的重要任务之一。据报道，截至2020年底北京市汽车保有量已经超过600万台，如果其中1/10的车辆每年出现1次违章现象（如闯红灯、压黄线、违章停车、超速、逆行及限行行驶），那每年将有60多万次违章事件需要监测和处理。可以想象，如此大量的违章监测处理任务很难由交警上路亲自完成。幸好随着交通信息化的快速发展，智能交通系统（Intelligent Transportation System，ITS）中的"交通车辆违章视频监控系统"（Intelligent Traffic Peccancy Video Monitoring System，ITPVMS，俗称"电子眼"系统）发挥了强大作用。它借助先进的信息技术（视频监控、网络、智能图像处理、管理信息系统等），通过数以千计星罗棋布的"电子眼"构成了强大的交通监控网，时刻捕捉着违章信息。从自动视频信息采集，到快速网络传输，再到用软件自动进行视频图像处理分析以判别违章现象及其车牌，最后结合车辆档案信息系统自动对违章车辆实行处罚（发布违章通告），实现了违章监测和异常事件处理的自动化。它彻底改变了交警现场值勤、现场发现违章、现场处罚的传统交通违章管理模式。这不仅能节约警力资源，提高工作效率，增加效益，也为违章处理提供准确有力的证据，避免执法纠纷，加强了执法严肃性。同时，也无形中构建了交通违章警示网，督促人们守法安全行车。

例1-3既是一个诠释交通管理信息化如何彻底改变交警工作方式（业务流程重组 Business Process Reengineering，BPR），提高管理效率的案例，也告诉我们（捕捉的违章）信息是多么重要，其背后的一系列信息采集、传输、加工、分析和利用等活动（特别是图像智能判别、分析），即信息资源管理工作对交通管理自动化的实现起到多么重要的作用。可见信息资源管理是信息化工作的核心内容，因此，了解信息资源以及信息资源管理的基本知识是信息化管理与运作的基础。

1.2.1 信息资源管理的含义

1. 信息资源

信息是当今社会使用最频繁的词汇之一，大多数人把它与音信、消息、情报等同看待（俗语）。不同的人（包括学者）对此从不同角度给出许多不同的解释：通信专家（如创立信息论的美国学者申农）把信息看成信号的组合，是"减少不确定性的东西"；计算机专家则把它视为数据，即"信息是加工后的数据"；信息经济学者认为信息是传递中的知识差。消息、信号、数据、情报、经验、知识和智慧等都是与信息紧密相关的词，信息这个看似简单的概念，其科学内涵（术语）却极为丰富且复杂。一般地，信息是对客观世界中各种事物的运动状态和变化的反映，是客观事物之间相互联系和相互作用的表征，表现的是客观事物运动状态和变化的实质内容。无论人们是否对其进行利用，信息都是存在于客观世界当中的，是不以人的意志为转移的。

从资源利用的角度认知信息便形成了信息资源的概念。资源是指在自然界和人类社会生活中的一种可以用来创造物质财富和精神财富，并且具有一定量积累的有形或无形的客观存在形式。简单地理解，资源就是对人类有用的东西。经济学赋予了资源3个内在属性，即资源的需求性、稀缺性和可选择性。

（1）需求性。资源有用体现在它可以满足人类物质或精神方面的需求，具有开发和利用的价值，所以需求性也被称作有效性或效用性。需求性决定资源的功能和利用方向，刺激人们为了更美好的生活而不断地开发利用资源。据此可见，可被识别或检测到的、有用的信息才是资源，无用的信息不是资源而是垃圾，有害的信息不仅不是资源而是污染。如例1-3所述，原始的违章视频信息通常需要经过复杂的技术处理，才能变成有用的决策信息（罚单）。正如奈斯比特所说："失去控制和无组织的信息，在社会中不再构成为资源，相反，它构成污染和成为信息工作者的敌人。"

值得指出的是，人的需求是随时空而变化的，所以资源的有效性也呈现出一定的相对性。因此，有人限定资源是"那些对社会具有普遍效用，能够被开发利用并进入社会化生产、生活过程，促进社会经济发展，提高人民生活水平的投入要素"。

（2）稀缺性。稀缺性是指资源是有限的，使用资源是受到限制的，它是经济学的最基本特征。换言之，经济学认为具有稀缺性的东西才有意义，才能被称为资源。过去，人们认为水是取之不尽用之不竭的东西（没有限制），所以不把它视为资源。但随着江河枯竭、水源短缺，人们把"水"看作"水资源"，开始重视水资源的开发利用和管理问题。

由于主观和客观因素的限制，人所能占有的资源总是有限的，所以"占有"稀缺性总是存在的。客观实在的信息是无限的，但人所能得到的信息是受到限制的，从而导致信息缺乏的现象（稀缺），刺激人们开展有效开发和利用信息资源——信息资源管理问题的探讨。比如，对于一个人来说，Web信息几乎是无限的，但他（她）所拥有的有用信息却是有限的，有时甚至是缺乏的，即无法找到所需要的信息，为此人们创造了搜索引擎、Web挖掘等技术，帮助人解决信息相对匮乏的问题。此时，如何用好这些技术，有效地开发利用信息资源便成为管理问题。

（3）可选择性。资源有数量和质量之分，不同资源的组合将产生不同的效果，故资源是可选择的。资源的开发和利用受时空的约束，从而导致资源配置问题，即人们寻找最佳资源组合，使资源开发和利用的效用最大。

由于资源的广泛性和多样性，人们从不同视角对它进行分类。

从人类生存发展角度看，资源可分为物质、能量和信息3类。其中，物质资源向人类提供材料，能量资源向人类提供动力，信息资源向人类提供知识和智慧。物质、能量、信息三者如同人的体质（物质）、体力（能量）、智力（信息），只有三方面都具备高素质的人，才是真正健康的人。在生存发展过程中，只有将三者有机结合，才能取得良好的效益和效率。

从社会属性角度看，资源可分为自然资源和社会资源。自然资源包括土地资源、水资源、矿产资源、生物资源、气候资源等。社会资源包括人力资源、技术资源、资本资源、信息资源等。

从权属的角度看，资源也可分为公共资源和私有资源。

从循环使用角度看，资源可分为可再生资源和不可再生资源。可再生资源指经过人的努力在数量和质量上可以得到增加或改善的资源，如人力资源、资本资源、信息资源、动植物资源；不可再生资源指那些在数量和质量上都不可能经过人的努力而得到增加的资源，如土地资源、矿产资源、水资源。

把信息看作资源即形成信息资源观，这既是社会经济发展的产物，也是人类认识演变和深化的结果。20世纪中叶，计算机的发明及其随后的广泛应用，使电子信息量呈指数速度增长，信息的地位发生了质的变化，信息在社会经济发展中的作用日益重要。社会逐步进入信息时代，人们在生产实践中也开始认识到，资源不仅有各种物质形态，也包括知识、经验、技术等非物质的信息形态。信息是一种资源的观点随着人类资源观的发展而发展，目前已经得到广泛的共识。信息作为一种资源，其作用已经渗透到社会生产和人类生活的各个方面、各个层次，成为社会进步的巨大动力。信息资源作为一种重要的战略资源，已经受到国际社会和各国政府的重视，对信息资源的获取和利用能力也已成为提高各国竞争力和国际地位的新的制高点。

现代信息社会中，信息常以电子形式存在，与信息系统紧密相关。所以，信息资源管理专家霍顿把信息资源分为狭义信息资源和广义信息资源：

- 狭义信息资源，指人类社会经济活动中经过加工处理有序化并大量积聚的有用信息的集合。
- 广义信息资源，是信息及其生产者、信息技术的集合。换句话说，广义的信息资源一般包含3个部分：人类社会经济活动中经过加工处理有序化并大量积聚的有用信息的集合；为某种目的而生产有用信息的信息生产者的集合；加工、处理和传递有用信息的信息技术或工具的集合。

2. 信息资源的类型

信息资源的类型是根据人们对信息资源的认识和理解的不同而划分的。下面从广义信息资源和狭义信息资源两大类来进行分析。

（1）广义信息资源分类。按广义信息资源的组成关系划分，可将其分为元信息资源、本信息资源和表信息资源。

- 元信息资源是信息生产者或信息产生者的集合。它是信息产生的源泉，是信息资源的基础。信息生产者既包括能够创造并生产出知识信息的人或机构，也包括自然界的万事万物。他（它）们随时随地向外发送和传递各种信息，如新闻、气候信息，地质信息、动植物信息。
- 本信息资源是指信息内容本身，是信息的集合。它是构成信息资源的核心部分，是信息资源的根本，也是信息资源管理的重要内容。
- 表信息资源是指为信息的搜集、存储、加工、处理、传递、开发、利用而运用的技术和设备的集合。它是非物质形态存在的信息得以显现的重要基础，也是信息能够被充分开发利用的必要条件。

按广义信息资源的具体形态划分，可将其分为有形信息资源和无形信息资源。有形信息资源包括：人，即信息的生产者和使用者；信息存储介质，如纸张、磁盘、磁带、光盘、胶片；自然物质的生产与存储者，即大自然及其包含的物质；信息设备设施；信息机构。无形信息资源包括信息内容本身、各种软件以及信息系统或信息机构的运行机制等。

按广义信息资源所处的位置划分，可将其划分为内部信息资源和外部信息资源。

按广义信息资源的作用范围划分，可将其划分为国际信息资源、国家信息资源、地区（区域）信息资源、部门（行业）信息资源、组织机构信息资源等。国际信息资源是指通过网络连接起来的分布在世界各国的信息资源的共享联合体。最具代表性的国际信息资源就是Internet，它已覆盖了全球一百多个国家和地区，连接了数以万计的网络和主机。国家信息资源是指一个国家信息资源的总和，如国家信息基础设施、国家基础数据库，将全国的信息资源有机地连接在一起，在本国范围内实现信息资源共享。

（2）狭义信息资源的分类。按狭义信息资源加工处理程度划分，可分为一次信息、二次信息和三次信息。

① 一次信息指未经加工或只经粗略加工的原始信息，如正在研究或创造过程中产生的信息，包括原始调查数据、实验数据、会议记录等，其特点是比较零散，系统性不强，但包括所有内容。

② 二次信息指在一次信息的基础上加工整理而成的信息，如文摘、索引、目录，是引导和使用一次信息资源时必不可少的工具。

③ 三次信息指通过二次信息资源提供的线索，对某范围内的一次信息进行分析、研究、加工而成的信息，如综述、专题报告、百科全书、年鉴、指南、手册。

按狭义信息资源的载体划分，可划分成体载信息、文献信息、实物信息和网络信息。

① 体载信息指以人体为载体并能为他人识别的资源，按其表述方式又可分为口语信息和体语信息。

② 文献信息是以文献为载体的信息。文献信息依据其记录方式和载体材料的不同又可分为刻写型、印刷型、缩微型、机读型、声像型五大类。随着数字出版业的发展，很多印刷型文献资源都有相应的电子版本。为了帮助人们识别和查阅数字文献资源，1998年国际上推出了数字对象识别号（Digital Object Identifier，DOI），并成立了"国际数字对象识别号基金会"（International DOI Foundation），由其负责保障与DOI系统相关的知识产权，推广DOI的运用，并确保DOI系统的一切改进（如创造、维护、注册、解析与相关决策）能为全体注册者使用。DOI码由前缀和后缀两部分组成，之间用"/"分开，并且前缀以"."再分为两部分。通过DOI组织提供的链接就可以找到相应文献的信息或全文。例如，如果一篇文献的DOI号为"10.1080/00049158.2015.1029426"，则其原文访问下载的地址为 http://dx.doi.org/10.1080/00049158.2015.1029426。

③ 实物信息指以实物为载体的信息。依据实物的人工与天然特性不同，又可将实物信息分为以自然物质为载体的天然实物信息和以人工实物为载体的人工实物信息（如产品、样品、样机、模型、雕塑）。

④ 网络信息是指以网络为纽带联结起来的信息和以网络为主要交流、传递、存储手段与形式的信息。按人类交流信息的方式，网络信息可分为：

• 非正式出版信息，指流动性、随意性较强的，信息量大、质量难以保证和控制的动态性信息，如电子邮件、专题讨论小组和论坛、电子会议、电子布告板新闻等工具上的信息。

• 半正式出版信息，又称"灰色"信息，指受到一定产权保护但没有纳入正式出版信息系统中的信息，如各种学术团体和教育机构、企业和商业部门、国际组织和政府机构、行业协会等单位宣传介绍自己或其产品的描述性信息。

• 正式出版信息，指受到一定的产权保护，质量可靠，利用率较高的知识性、分析性信息，用户一般可通过万维网查询到，如各种网络数据库、联机杂志和电子杂志、电子图书、电子报纸。前面讲到的数字对象识别号 DOI 可以用来唯一标识具有 DOI 号的在线资源。

按狭义信息资源产生的社会属性划分，可将其划分为政治信息、军事信息、科技信息、经济信息、社会信息等。

3. 信息资源的特征

除了具有一般资源的特性（如需求性、稀缺性、可选择性）外，与物质资源和能源资源相比较，信息资源又有许多独有的特性。正是这些特殊性，使信息资源具有一些其他资源无法替代的功能。

（1）共享性。物质和能源的利用表现为占有和消耗，信息的利用则表现为共享和非消耗（积累），即不同的主体可以同等程度地分享同一份信息资源。这便是信息资源的共享性。例如，我有一支笔，分给你一支，我就没有了；我掌握了一些知识，我把这些知识传授给其他人，其他人得到了这些知识，我仍然还掌握这些知识。

信息可以共享的特性源于它对媒体的依附和可以复制。承载信息的物质被称作媒体或介质（media）。信息可以通过声音（包括声响、语音、音乐等）、文字、图像（包括静态和动态）、气味、形态等形式来表现。信息是内容、媒体和形式的统一体，即信息的内容必然是以一定的形式呈现在某个媒体中，内容、媒体和形式三者同时存在。最初产生信息的事物被称为源事物，它的信息可以被主体以一定的形式感知、记录到其他媒体中，并且可以独立于源事物而被重现。因为信息可以脱离源事物独立存在于其他媒体中，因此某一主体拥有的信息可以被复制给其他主体，同时自身拥有的信息没有损失，这便是信息天然的共享性。正因为此，使得信息可能很容易被非法使用。所以，私有信息的产权保护是当今信息资源安全管理的重要课题。在现实世界中，信息"共享"是有限制的，能够共享和允许共享是两个概念。例如，技术发明之类的专利信息资源是受到法律保护而不可以随意"共享"的，在保护期内（如《中华人民共和国专利法》规定，发明专利的保护期限为 20 年）使用它是要付出相应代价的。只有在超过专利权保护期限之后，专利信息资源才允许不需付费的共享。

（2）不可分性。信息产品生产过程中所体现的不可分性，是指生产一个与产生多个同样的信息产品（如软件、音像制品、著作）所付出的努力（难度、费用）几乎没有差别。从经济角度看，信息产品生产是一种高固定成本（首期沉没成本即初始 copy 成本）、低变动成本（复制成本）、可忽略产量限制的生产。比如，微软花上百亿美元的资金研发 Windows，而生产一份 Windows 备份光盘只需很少的钱。如果从网上下载的话，则分发产品几乎没有成本。

信息产品的使用也具有不可分性，不能像物质资源那样分斤按两计量，呈现出整体使用的特点。例如，一半数量的铝合金可以被使用，但制造铝合金的配方的一半（信息）就很难直接使用了。软件或信息系统等信息产品的使用与其应用环境密不可分，卡尔·夏皮罗和哈尔·范里安在他们的著作《信息规则》中把这种不可分性称为捆绑（bungling）。比如，通过某网站来观看"山寨春晚"节目（信息产品），视频信息集成在网站的 Web 服务器中（软硬件捆绑），甚至还"捆绑"着相关工作人员；同时，观看者（信息资源利用者）也需要完整的客户端（捆绑操作系统和浏览器的硬件），这里，信息产品和信息生产者、信息技术缺一不可，密不可分。信息资源的不可分性导致了广义信息资源概念的产生，特别是在云计算倡导的 SaaS（软件即服务）、PaaS（平台即服务）、IaaS（基础设施即服务）的今天，信息产品越来越呈现整体（或系统）的不可分性。

（3）不同一性。作为一种资源的信息，必定是完全不同一的。这一观点最早由美国著名的经济学家保尔丁格（K. E. Boulding）教授于 1966 年提出。以生产铝合金为例，对于给定种类的铝合金，当我们提出需要更多铝合金时，意味着需要更多数量，而种类、质量、化学组成都相同的同一铝合金资源。但对信息资源而言，当我们提出需要更多铝合金配方信息时，则意味着需要更详细的、不同的信息，对原来的信息集合提供更多拷贝是不能满足上述需要的。因此，对于既定的信息资源而言，它必定是不同内容的信息的集合，集合中的每一条信息都具有独特的性质。

（4）驾驭性。信息资源具有开发和驾驭其他资源的能力，物质资源、能源资源的开发和利用都需要依靠信息的支持。信息资源的这一特性的意义最为重要，它使信息在人类认识和实践中发挥着特殊的作用。人的认识和实践过程基本上就是信息过程，虽然这个过程中的每个环节都离不开物质和能量，但是始终贯穿全过程、统率全局和支配一切的是信息。实际上，具体的物质和能量的形式都只是支持信息过程的手段，只有信息才是主导的、不可取代的。人类利用信息资源开发和驾驭其他资源的能力受科技发展水平和社会信息化程度的影响。科技发展水平和社会信息化程度越高，人类利用信息资源开发和驾驭其他资源的能力就越强。

4. 信息资源的作用

信息资源的作用可以归结为以下几个方面：

（1）信息资源是人类的必备条件。人类生活在信息环境之中，人的活动实际上是一个不断吸收、交流和利用信息的过程，对信息的支配与利用能力是人类生存和发展所必备的基本能力。信息资源是社会变迁的重要因素和催化剂。

（2）信息是人类社会的产物，它反过来又作用于人类，促使人类社会的变革和发展。人类在认识和改造世界的同时，积累了丰富的信息资源，信息的接收、处理能力也随之不断提高。人类社会的每一次重大变革，无不与人的信息意识和信息能力的进步密切相关。

（3）信息资源是社会的黏合剂。社会中的组织和个人不是孤立存在的，而是彼此相互影响和作用的，这种影响和作用关系构成了社会的基本结构。组织和个人的交流是以信息为内容的。

(4) 信息资源是经济发展的动力。无论是在农业经济时代，还是在工业经济时代，伴随着生产的物质流和资金流，信息的流通起到了沟通和融合的作用。信息沟通了生产与消费，连接了供给与需求，对经济发展具有不可低估的作用。知识经济的崛起更加证明了知识和信息在生产、管理与经营中的作用。

(5) 信息资源是科技进步的源泉。科学技术的发展具有连续性和继承性，这种连续和继承是通过信息资源的开发和利用实现的。因此，信息资源既是科学研究和社会进步的产物，又是促进科技进步的重要因素和力量源泉。

(6) 信息资源是文化教育的基础。文化是指人类在社会中为了生存和发展，通过体力和智力劳动，以适应和改造自然界而创造的物质财富和精神财富的总和。它包括物质文化和精神文化两大类。文化，特别是精神文化与社会信息资源紧密联系，信息资源与社会文化相互影响和作用。一方面，信息资源的生产、交流和利用离不开社会文化背景的影响和制约；另一方面，文化发展和传播的实质是信息的生产与交流，日益丰富的信息资源必然为社会文化的进步奠定基础。因此，信息资源与社会文化是相辅相成、相互依存的，文化与教育密切相关。信息的教育职能可以推动教育的发展，而教育的进步又反过来促进公民信息素质的提高。

5. 信息资源管理的含义

信息资源管理既是一种管理思想，同时也是一种管理模式。因为信息资源有广义和狭义之分，所以，信息资源管理也被分为广义信息资源管理和狭义信息资源管理。广义的信息资源管理是对信息活动中的信息、人、设备、资金等各个要素的管理；狭义的信息资源管理则是对信息的采集、存储、加工、传递和利用等环节的管理，即信息管理。信息资源管理的目的是借助现代信息技术实现资源的有效管理，以满足社会的各种信息需求。

信息资源管理也可分为宏观信息资源管理和微观信息资源管理两个层次。宏观信息资源管理是指国际、国家和政府所开展的信息资源管理活动，主要是指运用政策法规、管理条例等指导、组织、协调信息资源的开发利用。微观信息资源管理是指由组织机构所开展的信息资源管理活动，主要是为满足组织机构的信息需求，对其内外部信息资源实施的有效管理。

1.2.2 信息资源管理的领域

信息资源管理的形成与发展既是信息社会的必然产物，也是信息经济的崛起、信息观念的更新、信息技术的发展以及组织管理的需求等多种因素融合的结果。信息的生产者、传递者和使用者都拥有信息资源，都是信息资源的主体，根据主体特征及其所拥有资源在社会经济生活中发挥的作用不同，可将信息资源管理划分为3个领域：政府信息资源管理、企业信息资源管理和社会信息资源管理。

1. 政府信息资源管理

政府是一个国家信息资源的最大拥有者,也是最大的信息生产者、使用者和发布者。政府信息是一切产生于政府内部或虽然产生于政府外部却对政府业务活动有影响的信息的统称,是政府信息资源构成中的主要方面。政府部门的文书管理、行政记录管理等是信息资源管理的发源领域之一。在文书管理工作中,人们为了解决日益膨胀的记录信息,开始考虑利用政策手段控制信息量,实现信息共享,以达到减轻组织的文书工作负担的目的。其代表是1980年美国通过的《文书削减法案》,该法案就信息管理工作提出了7点要求:①减轻文书工作,明确组织的信息需求,消除信息冗余,保证信息资源共享;②推动数据处理技术和远程通信技术的应用;③促进统计工作;④加强记录管理;⑤实现信息公开与共享;⑥制定信息政策并加强监督;⑦健全组织机构。这些要求勾画了信息资源管理的综合化、多要素管理思想的基本框架,同时也从一个侧面反映了人们已认识到必须在信息管理领域引入现代信息技术,才能实现信息的有效存储、检索和利用,解决组织机构中的信息获取与传输问题,使组织的管理者能够充分、有效、经济地获取和利用信息,最终达到提高信息的吸收与利用的根本目的。1985年,美国颁布了名为"联邦政府信息资源管理"的A-130公告,直接提出了信息资源管理,进一步推动了信息资源管理在政府部门文书管理领域的扩展和延伸。

随着信息技术的发展和社会信息化的深入,政府信息资源管理由早期的内部文书管理向信息资源管理和电子政府建设两个方向拓展和深化。从20世纪90年代起,信息技术的发展,特别是互联网和数字化信息的产生和发展,使政府越来越意识到信息资源的重要性,信息基础设施建设、信息产业发展、信息资源开发利用等被纳入政府战略资源管理范畴。信息高速公路、数字地球等都在不同阶段作为国家战略信息资源进行建设。信息技术和网络技术的发展推动了政府信息化和电子政府的建设与发展。政府网站建设、在线信息发布和信息服务、网上审批等增加了政府的信息透明度和服务职能,提高了政府的工作效率。

政府信息资源管理的目标在于综合管理政府信息资源,提高政府对信息资源的开发与利用效率;充分开发政府管理经济和社会事业所需的信息资源,应尽量减少重复开发,做到"一源多用",使政府信息资源开发利用成本降至最小;保证政府信息资源的真实性、准确性、科学性、适用性,以求大力提高政府决策的正确性,满足日益增长的社会需求,对社会各界的工作、生活进行有效的信息引导;提高政府工作的效率和效能。

政府信息资源管理的任务包括:制定和实施政府信息资源开发利用规划;制定政府信息资源管理相关的法律和法规;政府信息基础设施的管理;政府应用系统的管理;政府信息技术采纳的管理;政府信息化的项目管理;政府信息的安全管理;建立和健全政府信息资源管理机构。

2. 企业信息资源管理

企业信息资源管理是信息资源管理形成的又一重要领域。该领域的信息资源管理虽然是由政府部门的文书管理领域移植而来的，但被赋予了新的内涵，即更多地体现信息资源管理的经济特征。信息对企业的生产、经营活动非常重要。在企业管理活动中，信息的及时、准确传输是企业内部工作保持正常、高效运转的必要条件，而外部环境信息（如市场信息），则是企业得以生存和发展所必需的"养料"。随着社会经济的发展和全球经济一体化环境下企业竞争态势的形成，信息日益成为与人、财、物等资源具有同等重要地位的经济资源，这种理解为企业的管理活动注入了新的理念。同时，计算机技术在企业管理中的广泛应用，使信息的采集、处理、传输等活动发生了极大的变化，也给企业带来了新的管理问题。在这种形势下，企业的管理者受到政府管理领域有效的信息资源管理活动启示，开始关注如何采用现代信息技术手段更好地管理企业的信息资源，使之充分发挥其经济价值。在这种实践活动的推动下，信息资源管理得以在企业管理领域形成和发展，其规模之大，影响之深，甚至超过了政府管理领域的信息资源管理活动。

企业信息资源按其来源来分，可分为内部信息资源和外部信息资源。内部信息资源是指内部产生的各种信息，包括生产信息、会计信息、营销信息和人力资源信息等；外部信息资源是指在企业外部产生但与企业运行环境相关的各种信息，包括宏观社会环境信息、生产资源分布与生产信息和市场信息等。企业信息资源管理的任务包括竞争情报分析、企业信息资源管理政策制定和实施、企业信息系统管理、企业信息资源建设、企业信息人力资源管理等。

3. 社会信息资源管理

所谓社会信息资源，是指非政府和企业自有，由社会组织或个人所提供的公开的信息资源，包括公共图书馆信息资源、网络上的开放共享资源，如在线百科、论坛（BBS）、博客、微博、微信、社交网络、电子地图、在线视频/音频等 Web 2.0 应用。图书馆是早期公共信息资源管理的主体。随着信息技术的深入，图书馆信息资源也向数字化、在线阅读、在线服务等方向发展。数字资源的生产、保存、服务与管理等是数字图书馆建设的主要内容。

社会大众是最广泛的信息使用者，同时，随着 Web 2.0 的深入，社会媒体、自媒体越来越丰富，每个人都能成为信息的生产者、传递者，用户参与和协作使个人产生的信息在社会信息资源中占的比重变得不可忽视。信息共享、信息安全、知识产权和隐私权保护等成为社会信息资源管理的热点。

1.2.3 信息管理过程

广义的信息资源管理是指管理者调动人员、设备、技术、资金等资源，实现高效的信息管理，它包括信息管理、信息系统资源管理、信息资源优化与配置、信息政策法规建设、信息资源管理的标准化等许多方面，但其落脚点是对信息的有效管理（狭义信息资源管理）。比如"交通车辆违章视频监控系统"（ITPVMS，见例1-3）的核心就是针对交通管理需要（信息需求），自动地实现原始信息采集、加工、存储、检索和传递等信息处理活动，最终实现违章行为的自动处理（信息利用）。信息管理是一个从产生信息需求到信息采集、加工、存储、检索、传递和利用的过程。

1. 信息需求分析

所谓信息需求，是指人们在从事各种社会活动的过程中，为解决不同的问题所产生的对信息的需要。信息需求是引发信息行为的原动力。我们将既具备信息需求又具有信息行为的人，称为信息用户。信息用户包括个人用户和团体用户。作为用户的人类个体或群体，具有3方面的特征：

（1）拥有信息需求，即需要接收信息以解决未知问题。

（2）具备利用信息的能力（包括观察能力、理解能力、概括能力、抽象能力、分析与综合能力、判断与推理能力等），即有能力接收、处理和利用信息。

（3）具有接受信息服务的行动，即事实上接收和利用信息。

只有具备这3方面的特征才能称为真正的信息用户。信息需求是信息用户最为本质的特征。如果只具备信息需求和信息能力而未形成实际的行动，则为潜在的信息用户。

根据信息用户的类型，我们可以将信息需求分为个人信息需求和组织信息需求。个人信息需求多种多样，包括生活中的信息需求和工作中产生的信息需求，即职业信息需求。组织信息需求是团体用户产生的信息需求，主要是指社会组织为实现各自的目标和宗旨所形成的一系列信息需求。在完成组织各项活动的过程中所形成的信息需求的总和构成了组织的信息需求。由于组织的各项工作是由不同的组织成员来完成的，因此，也可以说组织中不同成员为完成各自的工作而产生的信息需求的总和构成了组织的信息需求，即组织成员的职业信息需求构成了组织的信息需求。

除了根据产生需求的主体（信息用户）的不同，将其划分为个人信息需求和组织信息需求，还可根据信息的表现形式，将其分为对知识型信息的需求、对档案型信息的需求、对消息型信息的需求、对数据型信息的需求及对图像型信息的需求等。个人的工作性质、知识背景以及组织的宗旨和目的不同，导致了人们对不同表现形式的信息的需求也不同。例如，高校教师对知识型和事实型信息的需求较大，而公司经理则对与自身业务相关的事实型、数据型信息有较大需求。此外，我们还可以依据组织边界将信息需求划分为内部信息需求和外部信息需求等。

一般来说，任何一个组织内部都有高层、中层和基层管理人员之分，尽管他们在组织中的作用各不相同，但从事的都是管理工作，因而他们在工作内容和性质上有诸多相同之处。例如，对于计划工作，高层管理人员的计划通常围绕组织目标，且着眼于整个组织的发展，而中层管理人员的计划则与本部门的工作有关，其目的也是实现组织目标。由此可见，他们的信息需求也必然具有某些共性。

不同管理层工作人员的信息需求表现为如下几个方面：①高层管理人员需要更多与组织未来发展有关的信息；②中层管理人员不仅需要大量反映本部门过去和目前状况的信息，同时还需要与组织未来相关的信息；③基层管理人员则需要更多关于组织目前和过去状况的信息，对与组织未来相关的信息的需求较少。

任何决策都需要以信息为依据，由于决策者在组织中的地位不同，其面对的问题也不同，因而表现出不同的信息需求特性。因此，分析组织内部的信息需求是一项复杂的工作，它要求我们对组织内部成员的分工情况及各项管理活动的具体内容有深入细致的了解，由此，也决定了信息需求分析的难度较大。同时，要坚持发展的观点，认识到信息需求也会随组织内外环境的变化而相应地发生改变。只有这样，才能尽可能准确、全面地分析组织的信息需求。

2. 信息采集

信息采集是指根据用户的需要，寻找、选择相关信息并加以聚合和集中的过程。不同用户的信息需求存在差异，因此，在信息采集时也会有许多不同，既有短时期内突击性的信息采集，也有日积月累的长期性信息采集。

信息采集的基本程序为：确定采集方针，制定采集计划，实施采集工作，反馈用户信息。

（1）确定采集方针。每一个采集系统都要根据自己的目的和任务来制定采集方针。采集方针虽不能解决具体采集问题，但它却是指导采集工作的总原则。确定采集方针时，要根据具体任务和未来发展，研究信息环境，明确服务对象。考虑财力等条件，并把分工协作、合理布局、资源共享等当作总的指导方针。

（2）制定采集计划。采集计划是采集方针在一个时期内的具体实施方案。采集计划不但给采集人员规定了具体的目标，而且还提出了遇到问题时的解决办法。采集计划可分为年度计划、季度计划和月计划等。

（3）实施采集工作。采集工作是一项长期的、连续不断的工作，整个过程包括组织性工作和事务处理工作。由于采集财力的调配离不开外部的广泛联络，所以要求采集人员必须具备很强的公共关系能力以及细致的事务处理和财务处理能力。

（4）反馈用户信息。信息采集的根本目的不是积累，而是要提供给用户使用，信息到手并不意味着采集过程的终结，而应该搜集用户的反馈意见，改进工作，以便进一步提高信息采集工作的质量和效益。

信息采集工作实施会涉及具体的信息采集方式和方法。按采集方式的不同，可将信息采集工作分为人工采集和机器采集两大类。其中，人工采集指人通过感知器官（视觉、听觉、嗅觉、触觉、味觉等）或利用简单工具（如测量距离用的皮尺、测量温度用的温度计）直接获得并记录信息的方式；机器采集指机器依靠其感知信息的部件和识别记录信息的部件（传感器或传感器系统）所进行的半自动或全自动信息采集。它涉及各类摄像、录音、遥感、红外、超声波、激光扫描、射频标识（Radio Frequency Identification，RFID）等设备及其相应技术。而对网络上的信息的自动采集要依靠基于技术（如搜索引擎和链接分析技术）的智能代理软件完成。

具体的信息采集方法很多，可以细分如下：

（1）定向采集法，是指在采集计划范围内，对某一学科、某一国别、某一特定信息尽可能全面，系统地进行采集。例如，很多国家设置的监视电视信号、监听电台信号都属于定向采集。

（2）定题采集法，是指根据用户指定的范围或需求有针对性地采集信息。这种方法能使用户及时掌握有关信息，针对性强，但较为被动，而且由于题目具体，涉及面既深又专，难度较大。科研活动中大多采用这种方法。

（3）定点采集法，是指聘请专门的信息采集人员定点采集相关信息。该方法具有节省费用、采集全面等优点。

（4）主动采集法，是指针对特定需求或根据采集人员的预测，事先发挥主观能动性，赶在用户提出要求之前即着手采集工作。

（5）跟踪采集法，是指根据需要对有关信息（课题、产品或机构的有关信息）在一段时间内进行动态监视和跟踪，及时采集出现的一切新情况、新信息。用这种方法采集的信息连续而且及时，有利于掌握其发生发展的过程，及时了解所关心的问题。这对于深入研究跟踪对象很有用处。

（6）社交采集法，该方法形式多样，如会议、旅游、舞会、聚会、走亲访友、娱乐、网络交流。通过社交活动获取的信息一般都是最新的，是其他途径得不到的。

（7）现场采集法，参加展览会、展销会、订货会、科技成果展示会、交易会、现场会、参观访问等，都会接触到一些实际的东西，而且往往有详细的介绍或资料，所以是采集信息的好方法。

（8）积累采集法，平时读书看报时，应随时做卡片、剪报、藏书等信息积累，这些零星的片段信息，时间长了就会成为系统的信息财富。

（9）委托采集法，由于时间、精力有限，或不熟悉信息来源，可以委托某一信息机构或信息人员采集，根据采集的质量支付费用。这种方法花费较多。

（10）间谍采集法，是指利用间谍窃取所需信息的方法。目前，该方法广泛用于采集政治、经济、军事等方面的信息。

3. 信息加工

采集到的信息需要进一步加工、处理才能被利用。所谓信息加工，是指将采集来的大量原始信息进行筛选和判别、分类和排序、计算和研究、著录和标引、编目和组织等，使之成为二次信息的活动。如例1-3对定时采集的视频信息进行后期处理，从而获得汽车违章信息。

信息加工的基本原则有：①标准性原则，为了方便国内外的信息交流，所以在对信息进行加工时需要按标准化的要求进行操作，遵循国际国内相关标准。否则，该信息的利用价值就会大打折扣。②系统性原则，为了更好地使用信息，使其最大限度发挥效能，在信息加工过程中应该使其具有系统性。只有系统化的信息，才能便于发现其中隐藏的某些共性规律。③准确性原则，加工以后的信息只有具有准确性特征，才能为使用者提供一定的经济效益。反之，会使信息使用者误入歧途，甚至导致重大损失。④及时性原则，由于信息具有时效性，所以在对信息进行加工时要有时间观念，力争在最短时间内将信息加工完毕，以便最大限度发挥信息的效能。⑤通俗性原则，经过加工的信息一定要便于推广，其内容务必要通俗易懂。只有任何人看了以后都能够明白其内容的信息，才能被人们充分利用。

信息加工的主要作用包括：①去除糟粕，在大量的原始信息中，不可避免会存在一些假信息和伪信息，只有经过认真筛选和判别，才能避免鱼目混珠、真假难辨，防止在信息传递和使用中误人害己，甚至造成事业和经济上的重大损失。②信息整序，原始信息大多数呈现出凌乱、孤立的状态，根本无法存储、传递和使用，只有对其进行有效分类和排序，才有可能使之成为规则、有序、系统的二次信息，并方便存储、检索、传递和使用。③综合创新，对采集得来的信息进行分析比较、计算研究之后，可能会创造出新的信息。

信息加工的基本内容包括：①信息的筛选和判别，指对原始信息有无作用的筛检和挑选，或是对原始信息真伪的判断和鉴别。②信息的分类和排序，指根据选定的分类表，对杂乱无章的原始信息进行分门别类。信息的排序是指在信息分类的基础上，按照一定规律将其前后排列成序。③信息的计算和研究，指对分类排序后的信息进行计算、分析、比较和研究，以便创造出更为系统、更为深刻、更具使用价值的新信息的活动。④信息的著录和标引，指按照一定的标准和格式，对原始信息的外表特征（如名称、来源、加工者）和物质特征（如载体形式）进行描述并将其记载下来的活动。信息的标引是指对著录后的信息载体按照一定规律加注标识符号的活动。⑤信息的编目和组织，是指按照一定的规则将著录和标引的结果另外编制成简明的目录，提供给信息需求者作为查找信息的工具。

4. 信息存储

将经过加工处理后的信息（包括文本、图像、数据、报表、档案等），按照一定的规定记录在相应的信息载体上，并将这些载体按照一定特征和性质组织成系统化的检索体系，这就是信息存储。

信息存储的重要意义在于：有利于增大信息的拥有量；有利于集中管理信息资源；有利于开发高层次的信息资源；有利于充分利用信息资源，提高管理工作效率。将加工处理后的信息存储起来，形成信息资源库，从而为用户从中检索所需信息提供极大的方便。信息存储还可以有效延长信息资源的使用寿命，提高信息的使用效益。这会为用户共享使用其中的信息内容提供便利，人们还可以反复使用信息，从而提高了信息的利用率。将信息集中存储到信息资源库中，就可以采用先进的数据库管理技术定期对其中的信息内容进行更新，剔除其中已经失效老化的信息内容，以方便管理。

（1）信息存储的基本原则。信息存储要遵循统一性、便利性、有序性、先进性等原则。统一性原则是指信息的存储形式应该在全国甚至全世界范围内保持一致，这就要求信息存储时遵守相关的国家标准或者国际标准；便利性原则是指信息的存储形式要以方便用户检索为前提，否则会影响用户的使用；有序性原则是指信息存储时要按一定规律进行排列，以方便用户检索；先进性原则是指信息的存储形式应该尽量采用计算机以及其他新兴材料作为载体。

（2）信息存储的主要类型。信息存储的类型可根据不同的分类标准来划分。如果按载体形式划分，则可将其分为以下8种类型：人脑载体存储；语言载体存储；文字载体存储；书刊载体存储；电信载体存储；计算机载体存储；网络（云）载体存储；新材料载体存储。随着科学技术的发展，人类发明了许多可以用作信息载体的新兴材料，包括磁性载体（如磁带、磁盘、磁泡）、晶体载体（如硅片、集成电路）、光性载体（如光盘）、生物载体（如蛋白质、细菌）。这些新兴载体材料的共同特点是：容量大，效率高，可以更有效地用来存储各种信息。

（3）信息存储的主要技术。传统的信息存储技术主要指纸张印刷存储技术，现代信息存储技术主要包括缩微存储技术、声像存储技术、计算机存储技术以及光盘存储技术，它们具有存储容量大、密度高、成本低、存取迅速等优点，所以获得了广泛应用。

① 缩微存储技术。缩微存储技术主要是指利用摄影机将印刷品的内容缩微拍摄到胶片上，冲洗成缩微胶片后予以存储。缩微摄影机有旋转式、平台式、步进式3种，有银盐、重氮、微泡3种材料的胶片，有卷式、片式等规格的缩微胶片。

缩微存储技术的主要优点是：存储信息密度高；存储方法简单，成本低，保存期长；缩微品忠实于原件，不易出错；采用缩微存储技术能将非统一规格的原始文件规范化、标准化，便于管理。缩微存储技术还可以与计算机技术、通信技术结合使用，以实现自动化检索。

其缺点是：必须借助缩微阅读机或缩微阅读复印机才能阅读，并且不能对照阅读；保存条件要求非常严格。

目前，缩微存储技术主要有以下类型：计算机输出缩微胶片、计算机辅助缩微检索系统、计算机输入缩微胶片、激光全息缩微片、缩微传真等。

② 声像存储技术。声像存储技术是指将信息通过录音或者录像等方式记录存储。它包括录音存储技术、录像存储技术和电影存储技术。

③ 计算机存储技术。计算机存储技术是指利用计算机的内外存储器来存储信息的一种技术。目前，外存储器主要为磁表面存储器。计算机中使用的磁表面存储器主要有磁盘和磁带。其中，磁盘又可进一步细分为硬磁盘（简称硬盘）和软磁盘（简称软盘）两种。磁带具有密度高、容量大、成本低、可自动存取数据等特点，但它是一种顺序存

取数据的设备，存取速度慢，在存取数据时，电子磁头与磁表面接触，因而磁性薄膜易被损坏。

④ 光盘存储技术。光盘存储技术是 20 世纪 70 年代以来发展起来的利用激光和计算机存储信息的新型存储技术。它主要是利用 1 微米以下的激光束在光盘表面的低熔点金属膜上逐点打孔，以实现信息的高密度存储。目前流行的光盘可以分为只读光盘（CD–ROM、CD、DVI、DVD–ROM）、一写多读光盘（CD–R、DVD–R）、可重复擦写光盘（CD–RW、DVD–RW）3 种类型。光盘存储具有以下主要特点：存储密度高，容量大；价格低廉，便于复制；坚固耐用，存储寿命较长。光盘存储的主要缺点是：误码率比较高，相对误码需占 20%～30%的光盘空间。

⑤ 云存储技术。云存储实质就是网络存储，是利用互联网提供大容量存储的技术。云存储通过集群应用、网络技术或分布式文件系统等功能，将网络中大量不同类型的存储设备通过应用软件集合起来协同工作，共同对外提供数据存储和业务访问功能。用户可以在任何时间、任何地方，透过任何可联网的装置连接到云上方便地存取数据。目前，云存储服务分为公共云存储、私有云存储（内部云存储）和混合云存储 3 种，国内提供公共云存储的主要有 360 网盘、百度云盘、115 网盘等。

由于多方面因素的影响，各种存储技术将并存相当长的一段时期，发挥各自的优势，服务于全社会。

5. 信息检索与传递

信息检索和传递是信息利用和共享的必要环节，也是信息资源管理的重要内容。信息检索与信息存储是同一事物的两个方面，如果说信息存储是信息资源库的"输入"和"存放"，那么信息检索就是信息资源库的"输出"和"使用"。信息检索要遵循目的性、时间性、全面性、准确性、规范性等基本原则。

根据不同的划分标准，可将信息检索进一步划分成不同类型。若按检索内容划分，则可将信息检索分为：①文献检索，即根据检索的要求，利用检索工具查找出符合要求的文献或论文；②事实检索，即查找有关某一事物的发生与发展情况及相关资料；③数据检索，即查找某种数据、公式、图表或化学式等。若按检索方式划分，则可将信息检索分为手工检索和机器检索。若按系统连接情况划分，则可将信息检索分为成批检索服务和联机检索服务。信息检索总是根据信息的某种外表特征或内容特征来查找并索取信息资料的，这些特征被称为信息的检索途径，包括分类途径、主题途径、信息名称途径、信息提供者途径、序号途径等，检索时可以根据需要加以选择。如果检索途径选择不当，就可能会造成漏检和误检，影响信息检索的效率。选择检索方法的目的在于寻求花费时间少、查获信息资料全的有效方法。调取信息资料既可能是指将信息资料调取出来，也可能是指为信息需求者提供复印、打印服务，还可能是指将信息资料直接提供给需求者使用。

信息传递是信息价值得以实现的重要条件，它是指以信息提供者为起点，通过传输媒介或者载体，将信息传递给信息接收者的过程。信息传递在信息资源管理的整个过程中具有非常重要的地位。离开信息传递，信息资源的使用价值就会丧失；只有经过传递，信息资源才能实现其价值，发挥其作用。

6. 信息利用

信息利用是指增值信息产品的生产，即指将经过采集、处理并存储的信息提供给相关组织或者个人，以满足其信息需求的过程。在这个过程中，我们应注意以下问题：首先要确认信息的价值。由于虚假信息的存在，在利用信息之前，信息用户应对其实际价值加以确认，以排除错误信息带来的负面影响，这就要求信息用户具有一定的洞察力和丰富的经验。其次，保证及时利用有价值的信息。准确、及时是对增值信息产品的基本要求，而及时利用这些信息产品，是使之发挥价值的重要保证。最后，要有效利用信息。实现信息利用价值的前提是信息产品自身的价值和及时地加以利用，而恰当地运用则是实现有效性的关键所在。也就是说，不应滥用信息。有效地利用信息，反映了实施信息资源管理的宗旨。

1.3 信息化管理

【例1-4】 雅戈尔：十年"组合式信息化之路"[①]

对一家以塑造国际品牌形象为目标的企业而言，尤其是传统意义上的制造型企业，信息化已然成为一项硬性的衡量标准。信息化程度的高低，不仅涉及品牌的受众认可度与业内话语权，甚至成为决定企业成败的关键。作为国内服装行业的代表，雅戈尔能够从1979年的一个由2万元资产构成、十多名知青起家的乡镇小厂，发展成为当今位列中国企业信息化500强榜单的第30位、国内纺织服装行业第一位，信息化的助力可谓功不可没。从2000年起，雅戈尔凭借十年持续不断的信息化建设，行进在国内纺织服装行业的前列。同时，十年的投入与积累，也使其走出了一条极具特色的信息化发展之路。正如在回顾雅戈尔十年信息化建设时，集团总裁李如成先生所言："服装城、专卖店是硬件，是人的躯体。信息化则是保证硬件或躯体正常运转的软件和大脑，扮演着极其重要的角色。"

1. 谋变：加强综合竞争力

20世纪90年代以来，雅戈尔服装板块通过创建雅戈尔服装品牌的策略，取得了巨大成功，其主导产品衬衫和西服的市场占有率已连续数年居全国同行业首位。但随着中国加入WTO，国际和国内的服装市场都发生了巨大的变化，竞争越来越激烈，发展的

---

① 改自：中国服装联盟网. 回顾雅戈尔十年品牌建设之路. (2010-06-29). http://www.sjfzxm.com/news/20100629/151765.html.

压力让雅戈尔不得不求新求变。

2001年，雅戈尔提出了"决战在终端"的战略，在全国设立了162家分公司，投资了十几亿元，开设了400余家自营专卖店、2 000多个商业网点，构成了庞大的终端销售网络。为了更好地管理和运行这个网络，雅戈尔与中科院合作，启动并实施"雅戈尔数字化工程"，于是一个为期十年（2001—2010年）的信息化发展战略由此诞生。

在这个战略中，雅戈尔希望依托先进的计算机技术与管理技术，逐步建立一个覆盖全国的计算机网络系统。与此同时，规划雅戈尔集团总体应用需求，优化业务流程，规范管理环节，建立沟通雅戈尔集团上下、内外的集物流、信息流、资金流于一体的供应链管理系统，最终提高雅戈尔集团的管理水平，提升企业形象，增强企业经济效益及国内外市场的综合竞争能力。

在上述信息化战略指导下，雅戈尔设计了信息化体系的总体框架，采取将单一系统单元外包给IT厂商的思路，走了一条与众不同的信息化道路，该道路被中国科学院研究生院管理学院教授、博士生导师、雅戈尔服饰有限公司副总经理兼CIO韩永生称为"组合式信息化之路"。历经十年建设后，雅戈尔信息化已经具备了集采购、生产、配送、零售于一身的集成信息系统，以纺织面料生产ERP、OA为代表的管理系统，以及以263企业邮箱为代表的通信系统，并成为业内的典范。

2. 建设：因势而动，稳步推进

从2001年开始，雅戈尔根据自身的特点和发展阶段，在一个大的战略前提下，循序渐进，因势而动，并根据实际运行需求，添加或补充了一些重要的信息系统。分别成功实施了CAD系统、成衣生产ERP系统、物流配送DRP系统、零售POS系统、面料ERP系统、量身定制系统以及自建邮箱系统等，以此将信息化十年战略稳步推进。

"在所有的信息系统中，最基础的应用是自建邮箱。"雅戈尔集团信息中心应经理表示，"我们认为，通信信息是企业信息化的生命线，所以格外看重。与其他系统选用外包不同，邮箱这一块最初我们选择自建，并投入了大量的资金与人力。"但是，从2006年开始，随着雅戈尔在中国香港、日本、美国等区域的业务顺利拓展，海外业务往来开始频繁。但作为海外业务重要沟通工具的邮件系统，却不断出现收发延时、退信甚至丢信等情况，严重阻碍了海外业务的进展。当初为满足集团内部沟通之用的自建邮局，虽能满足国内邮件往来服务的需要，但对于海外邮件发送，表现就相对乏力。为了彻底解决这个棘手的问题，雅戈尔决定将海外邮件外包给业内著名的263企业邮箱。据了解，263企业邮箱不但在国内自有机房，而且在中国香港、美国得克萨斯州达拉斯等地部署了服务器集群，充分弥补了雅戈尔原有信息系统在海外业务方面的不足，使海外业务的沟通更为顺畅，员工工作效率得到大幅度提升。

"不同时期的信息化建设，都体现了雅戈尔所在产业的特质，印证了雅戈尔的发展思路和规模。"雅戈尔集团信息中心应经理表示，"有一点值得提出的是，由于我们的系统建设大部分外包，所以，在选择供应商的时候，非常谨慎甚至苛刻。像263企业邮箱就是在我们充分考察后选择的。这充分保证了我们日后使用中的质量。"

3. 收官：信息化成果立竿见影

"信息化平台的建设及应用，不仅在雅戈尔的生产经营中发挥了巨大作用，还为企业快速、低成本、大规模扩张提供了强有力的管理支撑。"雅戈尔的一位部门负责人说。

在实施2001—2006年第一阶段规划时，由信息化带来的效益就已经非常显著地体现出来。雅戈尔当时在信息化上投资了1.2亿元，而产品库存量比实施前下降了逾30%，节省了2.5亿元的库存成本；企业的快速反应能力和对成本的控制能力全面提升；繁复的订单处理及采购管理变得自动化；资金的运转效率提高；部门及海外间的沟通得到彻底改善；因人为错误所引起的损失减少了约20%；公司对订单的反应能力增强，生产周期也从过去的90天缩短至45天；量身定制系统实现了零库存生产；2003年就给雅戈尔新增加2亿元的收入。

显然，如此巨大的变化，隐藏在雅戈尔信息化体系背后的各信息系统的"有机组合"，可以说功不可没。2010年是雅戈尔'信息化十年战略'的收官之年。经过10年的时间，雅戈尔的信息化建设不断完善，已经踏上了服装产业的设计数字化、生产过程集成化、快速反应化、控制智能化和企业管理信息化的良性发展之路。"未来十年，雅戈尔将根据产业趋势和自己的需求，充分展开与263等厂商的合作，进一步提升信息化水平。"雅戈尔集团信息中心应经理说。

由一个个不同系统单元构建的信息化体系，印证着雅戈尔多元化、国际化的发展轨迹，企业因此先后多次获得"中国企业信息化500强""中国信息化建设项目成就奖"等重要奖项。尝到甜头的雅戈尔，已经把信息化建设当作市场开拓、技术创新和优化管理的重要手段，因而更加坚定了企业信息化战略发展之路。有专家指出，雅戈尔的信息化建设，开创了传统服装产业信息化的先河，成为服装产业信息化建设的标杆。

从例1-4雅戈尔十年信息化之路不难看出：企业信息化是一项复杂的管理系统工程。企业的目标（多元化、国际化）是纲，"决战在终端"是实现其目标的战略，启动并实施的"雅戈尔数字化工程"是实现战略的工具或途径。信息化建设已成为企业生存与发展（市场开拓、技术创新和优化管理等）的必要手段，并且随着新技术（如物联网、云计算、大数据）、新理念（如移动商务、互联网+、工业4.0）的发展，雅戈尔的企业信息化还会持续不断地进行下去。

信息革命把人类引向信息社会，这给人类既带来了机遇也提出了挑战。例如，电子商务为消费者和商家提供了超时空的商品交易方式，使个性化定制生产成为可能，但是它却面临构建电子交易平台、保证网络信息安全、维护知识产权等新问题。同时，信息技术应用所具有的高投入、高产出、高风险等高新特性，也使得信息化工作变得复杂并充满挑战，是一项名副其实的系统工程。信息化已经成为与时俱进、不断发展变化的新常态过程。国家信息化的任务会分层次（领域或行业、区域或地方、企业或事业）而具体地落实到相应的部门或机构。一个具体的社会组织如何顺应历史潮流，在国家信息化建设战略和方针指导下，因地制宜地运作本单位的信息化，实现"铺路、买车、运货"，有许多管理工作要做。正如开发一个复杂的管理信息系统，需要协调各种资源，以信息系统工程的方法为指导，按部就班地完成"需求分析、系统设计、实现与测试、运行与评价"等各项工作一样，实现一个组织的信息化，也需要各种统筹、规划和运作，即组织的信息化管理。一般的，一个组织的信息化管理包括4大环节：信息化规划、信息化组织、信息化实施和信息化评价。

1. 信息化规划

凡事预则立，不预则废。一个组织的信息化要想成功实施和健康发展，必须首先制定好信息化规划。信息化规划是在分析组织经营管理战略的基础上，对组织信息化建设的远景、使命、目标、战略、原则、架构和进程等进行的筹划与设计。组织的经营管理战略规划是它的基础，一般的信息化规划可以被细分为信息化战略规划、信息系统规划、信息化项目规划等。它们使组织有计划地完成不同层次的信息化任务。能否制定好的信息化规划，往往决定信息化的成败。而制定好的信息化规划，不仅需要有既懂信息技术又熟悉业务的复合型信息管理人才，也需要有科学规划的方法，更需要组织决策层的坚强领导和大力支持。

2. 信息化组织

信息化需要配置各种各样的资源，而人是其中最重要的因素，他们是完成信息化任务的主体。组织如何构建以信息主管（Chief Information Officer，CIO）为核心的信息化管理机制和相应的队伍，是信息化组织的首要问题。对一个组织来说，信息化是一场革命。如何有效实施信息化，即使信息技术与业务管理有机结合，提高效率，创造效益，通常也需要重组业务流程（Business Process Reengineering，BPR），调整组织结构。

3. 信息化实施

信息化实施是指在信息化规划的指导下，具体完成各类信息化建设任务。它包括两方面的工作：①信息化项目管理，即利用科学的管理方法，对信息化项目过程的启动、计划、实施、收尾等各个环节进行指导和监控。②信息系统运作，主要解决信息化项目完成、信息系统上线以后系统的良性运行、高效使用和安全维护等问题。

4. 信息化评价

信息化不仅会产生一个结果，同时也是一个持续的过程。作为其中重要的反馈环节，信息化评价是信息化建设的导航器。"以评促建、以评促改、以评促管、以评促用"已经成为许多组织促进信息化建设的重要手段。信息化评价工作中，不仅要对组织的信息化水平（结果）进行客观的状态评价，以便纵向和横向比较，同时也要对信息化过程（包括其各个环节）进行过程绩效评价。信息化评价是一种多准则的系统评价，需要建立客观可行的评价指标体系和科学的评价方法。

1.4 信息化发展趋势

【例1-5】 基于5G+工业互联网的青岛智慧码头[①]

走进青岛港前湾港区南岸的全自动化集装箱码头，巨大的码头上没有一名工人。从60多米高的桥吊上纵览整个港口，无人驾驶的电动运输车行进有序，没有操控室的吊装设备在集装箱堆码区快速作业。在远离作业区的办公楼里，9名工作人员正在屏幕前监控着"无人码头"的繁忙工作。过去传统码头60多名蓝领的高强度工作被几名白领替代，装卸工作效率极大提高。经过持续改进，2020年4月15日他们创造了44.6自然箱/小时的新世界纪录。

2013年，青岛港组建以张连钢同志为带头人的全自动化码头建设"连钢创新团队"，他们经过多年自主创新研发和不断改进，实现了自动化码头总平面布局规划及详细设计、自动化码头生产业务流程设计开发、自动化码头流程设备选型及优化设计、自动化码头智能生产控制系统方案设计、集成测试及相关环境搭建开发、自动化码头集成建设等6项突破；研发集成了基于信息物理系统的智能生产控制系统、自动导引车（AGV）循环充电技术及系统、港口大型机械"一键锚定"自动防风技术及系统、机器人自动拆装集装箱旋锁技术及系统、氢动力轨道吊（ASC）技术及系统、非等长后伸距自动化桥吊（STS）、高速轨道吊双箱作业模式、无人码头智能监管系统、码头物联网可视化运维平台、基于企业云架构的双活数据中心等十大系统，建成了亚洲首个真正意义上的全自动化集装箱码头和全球首个基于5G+工业互联网的智慧码头，为全球码头建设和运营贡献了低成本、短周期、全智能、高效率、零排放、可复制的"中国方案"。

不断快速变化是IT发展的常态，这就要求信息化管理工作中把握IT发展的潮头而不断创新。过去几十年来（如图1-3所示），计算机应用经历了主机时代、PC时代、互联网时代、移动互联网时代，正步入所谓的智能时代。正如吴军在其著作《浪潮之巅》的后记中所描述的那样，"科技的发展不是均匀的，而是以浪潮的形式出现的。对个人来讲，看清楚浪潮，赶上浪潮，便不枉此生。"无数IT发明、创造和应用，掀起了一次次更快和更猛烈的IT浪潮，其中技术进步和应用创新两者交错互动、螺旋式演化。而在IT的每次大潮前，总有一些浪头上的弄潮儿（来自IT研究机构、咨询公司、业界

---

① 参考：海外网. 青岛："无人码头"的强劲动能. (2020-03-21). http://m.haiwainet.cn/middle/3544060/2019/0321/content_31520871_1.html.

赵波. 张连钢，又一个全国劳模！山东港口青岛港连钢团队获殊荣. (2020-06-16). https://mbd.baidu.com/newspage/data/landingsuper?context=%7B%22nid%22%3A%22news_9758695832991106539%22%7D&n_type=-1&p_from=-1.

的精英），提出一些奇思妙想，并引领着 IT 业的发展。进入 21 世纪后，"云·移·物·大·智" 5 个 IT 流行语（buzzword）把信息化引向新一波高潮。

"云"即"云计算"（cloud computing）。本质上，它是一种按需使用网络资源（包括网络、服务器、存储设备、系统软件、应用软件、服务等）的新的技术管理模式。这种模式提供可用的、便捷的、按需的网络资源访问，方便管理而简化工作。它最初由 Google 首席执行官埃里克·施密特（Eric Schmidt）于 2006 年 8 月 9 日在搜索引擎大会（SES San Jose 2006）上正式提出。事实上，Amazon、IBM 和 Google 几乎同时从各自的商业视角提出并开展云计算研究。以电子商务起家的 Amazon，于 2006 年 3 月推出了它的弹性计算云（Elastic Compute Cloud，EC2）服务，它利用大型网站处理海量并发事件背后所依托的云计算技术，通过建立强大的数据中心，为广大电商和组织提供云服务（如网店或网站托管 web hosting 乃至网站建设等）。云计算资源的租赁服务很快成为 Amazon 的盈利点，云计算迅速把 Amazon 从电子零售商蜕变成一家真正的互联网公司。相似地，中国的阿里巴巴也紧跟形势发展，建立了阿里云。生产一流服务器、提供企业级信息服务的 IBM 则一方面通过各类云计算推广项目（如 2007 年的美国高校推广计划、中国无锡太湖新城科教产业园的全球第一个云计算中心），推销它的云计算服务器；另一方面，IBM 为企业级用户提供从软件到平台乃至基础设施的私有云解决方案。Google 最初的"云端计算"源于 Google 工程师克里斯托弗·比希利亚所做的"Google 101"项目，主要是为了应对大计算量搜索引擎的计算需要。但是随着 Google 自身业务的扩大，以及它和微软等软件公司的竞争日益加剧，云计算技术被用来实现用户的云应用，即把用户本地计算机上的应用搬到了云端（如 Google 的日历 Calendar、邮件 Gmail、图片 Picasa、办公 Docs），提供免费的云服务。这不仅为用户提供了经济且一致、同步和协同的日常信息处理能力，也彻底颠覆了 PC 时代（WinTel）的软件开发与应用方式。从 2007 年起，全球几乎所有的顶级 IT 企业（如微软、惠普、雅虎、英特尔）都提出并开展了相应的云计算项目或服务。我国从 2009 年起，每年一度的中国云计算大会，见证了云计算在中国从概念到实践的发展。目前，在我国除了 BAT（百度云、阿里云、腾讯云）外，大量专业公司、机构从事着各类云计算服务和研究，它们提供着不同层次的服务：公有云、私有云、混合云；基础设施即服务（Infrastructure – as – a – Service，IaaS）、平台即服务（Platform – as – a – Service，PaaS）和软件即服务（Software – as – a – Service，SaaS）。云办公、云教育、云 ERP……无处不在的云已经成为信息化的主流应用方式。

"移"指移动互联网（mobile Internet）。它是传统互联网与无线通信（含移动通信）技术的统一体。在传统互联网应用中，用户主要是在 PC 终端通过有线网络（如光纤、电缆）实现互联网应用（如 WWW、E – mail、FTP、IM）。而无线通信技术的高速发展彻底改变了互联网应用方式。按通信的有效范围划分，无线（移动）通信技术可分为长程、中程和短程 3 类。长程通信主要依赖的是卫星网络，它包括通信卫星、地面站、卫星电话（终端）等；中程通信主要依赖的是基于蜂窝技术的移动通信网络等。它包括基站、交换中心和交换网、移动终端（手机，mobile 或 cell phone）等。从 20 世纪 80 年代开始，移动通信已经经历了多代，从 1G、2G、3G、4G 到现在的 5G。一般代际间需要过渡，一代技术大约维系 10 年。2015 年国际电信联盟（International Telecommunications Union，ITU）为 5G 定义了三大应用场景：①增强移动宽带（eMBB），主要面向移动互联网流量的爆炸式增长，为移动互联网用户提供极致的应用体验。②海量机器类通信（mMTC），主要面向智慧城市、智能家居、环境监测等，以传感和数据采集为目标的应用需求。③超高可靠低时延通信（URLLC），主要面向工业控制、远程医疗、自动驾驶等对时延和可靠性具有极高要求的垂直行业应用需求。所以，5G 除了面向一般手机用户外，更主要的是面向"无人驾驶""智慧码头"（如例 1-5 所示）等社会应用场景，即"4G 改变生活，5G 改变社会"！目前，人们已开展 6G 研发，期待实现天地联通、万物互联。短程通信依赖的是利用蓝牙（bluetooth）、红外（infrar）、射频、Zig-Bee、Wi-Fi（Wireless Fidelity，无线保真）等技术所形成的无线局域网（WLAN），其中，快速发展的 Wi-Fi（包括公共和私有）是目前短程互联的主流。随着技术的不断创新，过去影响移动互联网发展的带宽、移动终端等瓶颈逐步克服，移动互联所呈现的泛在性、移动性、位置性、便携性等特点，使互联网应用更加普及，互联网应用方式更倾向于移动化。新型的互联网应用——移动社交、移动政务、移动商务［包括 O2O（Online To Offline，线上交易线下服务）、LBS（Location Based Services，基于位置的服务）］等从根本上改变着人们的工作和生活方式，移动互联网应用呈现出个性化、碎片化、高黏性等新特征，这对组织的信息化发展有深远的影响。

"物"即物联网（Internet of Things，IoT）。其概念是美国麻省理工学院（Massachusetts Institute of Technology，MIT）的凯文·阿斯通（Kevin Ash-ton）教授于 1991 年首次提出，即通过信息传感设备，如射频识别（RFID）、红外感应器、定位传感器（如手机中的 GPS、MEMS 传感器）、卫星遥感、视频摄像机、激光扫描器、气体感应器等，按约定的协议，把任何物品与互联网连接起来，进行信息交换和通信，以实现智能化识别、定位、跟踪、监控和管理的一种网络。它已被广泛应用于物流（如例 1-5 所示）、交通（如例 1-3 所示）、精准农业、产品追溯等许多领域。在我国，2009 年 8 月温家宝"感知中国"的讲话把中国物联网领域的研究和应用开发推向了高潮，物联网被正式列为国家五大新兴战略性产业之一，写入"政府工作报告"，受到了全社会的极大关注。以传感技术为基础的物联网将会把人类带入物物互联的时代，这将帮助人们扩大信息管理面，获取更丰富的感知信息，极大提高信息管理（特别是信息采集、识别和利用）效率，也为开发人工智能进而提高管理效率提供物质基础。

"大"即大数据（Big Data）。按照研究机构 Gartner 的说法，"大数据"是需要新处理模式才能具有更强的决策力、洞察发现力和流程优化能力的海量、高增长率和多样化的信息资产。随着信息化的深入，社交网络、电子商务、互联网金融等每时每刻都产生着大量数据，电子数据量呈指数式增长，人类进入了所谓的"大数据时代"。大数据具有 4V 特点：Vast，即量大，大数据的起始字节计量单位至少是 P（1 000 个 T）、E（100 万个 T）或 Z（10 亿个 T）；Variety，即多样化，体现为数据类型繁多，包括网络日志、音频、视频、图片、地理位置信息等，多类型的数据对数据的处理能力提出了更高要求；Velocity，即高速，它要求处理速度快，时效性要求高，这是大数据区分于传统数据挖掘的最显著特征；Value，即价值，大数据价值密度相对较低。随着物联网的广泛应用，信息感知无处不在，信息海量，但价值密度较低，如何通过强大的机器算法更迅速地完成数据的价值"提纯"，是大数据时代亟待解决的难题。既有的传统技术架构和路线，已经无法高效处理如此海量的数据，而对于相关组织来说，如果投入巨大后采集的信息无法通过及时处理反馈有效信息，那将是得不偿失的。可以说，大数据时代对人类的数据驾驭能力提出了新的挑战，也为人们获得更为深刻、全面的洞察能力提供了前所未有的空间与潜力。"新处理模式"催生着新的技术（如云计算），也产生着新的思维方式，如《大数据时代：生活、工作与思维的大变革》的作者维克托·迈尔-舍恩伯格和肯尼思·库克耶指出，大数据时代，数据的思维方式出现了 3 个变化：第一，人们处理的数据从样本数据变成全部数据；第二，由于是全样本数据，人们不得不接受数据的混杂性，而放弃对精确性的追求；第三，人类通过对大数据的处理，放弃对因果关系的渴求，转而关注相互联系。总之，在大量事务处理系统（如 SNS、EC、ERP、CRM、OA）应用之后，组织的信息化进入了马云所谓的数据技术（Data Technology，DT）或基于大数据的智能时代，数据资源的深度开发与利用将是未来组织信息化发展的热点。研发、掌握和应用最新的数据技术，如商务智能（Business Intelligence，BI）技术包括数据清洗（Extract Transform Load，ETL）、数据仓库（Data Warehouse，DW）、数据挖掘（Data Mining，DM）、数据展现等，是业界、企业乃至政府等共同关注的事情。比如 2007—2009 年发生的 Oracle 收购 Hyperion、SAP 收购 Business Objects、IBM 收购 Cognos 和 SPSS 三起全球最大 BI 供应商被并购事件，正说明全球最大企业软件供应商们应对大数据而进行的商业布局，也昭示着信息化新时代的来临。正如《大数据时代》一书的引言中所述："大数据开启了一次重大的时代转型，就像望远镜让我们能够感受宇宙，显微镜让我们能够观测微生物一样，大数据正在改变我们的生活以及理解世界的方式，成为新发明和新服务的源泉，而更多的改变正蓄势待发……"大数据为应对世界的不确定性提供了新的计算思维和方法，促进信息化的发展，正如邬贺铨院士给吴军《智能时代》一书作序所言"大数据与机器智能催生智能时代"。智能时代的关键在于大数据、算法和算力三大因素，其中，大数据是燃料，算法是灵魂，算力是基础。当前快速发展的人工智能大多是靠海量的数据"喂（学习）"出来的，即靠大数据驱动的，可以毫不夸张地说，"无数据不智能"。

"智"即智慧地球或智慧星球（smarter planet），是在物联网、云计算出现之后，由 IBM 首席执行官彭明盛在 2008 年 11 月抛出的一个概念。本质上它在倡导一种系统集成的思路。所谓智慧地球就是把感应器嵌入和装备到电网、铁路、桥梁、隧道、公路、建筑、供水系统、大坝、油气管道等各种物体中,并且将其普遍连接,形成所谓"物联网",然后将"物联网"与现有的互联网整合起来,实现人类社会与物理系统的整合。按照 IBM 的定义,"智慧地球"包括 3 个维度:第一,能够更透彻地感应和度量世界的本质和变化;第二,促进世界更全面地互联互通;第三,在上述基础上,所有事物、流程、运行方式都将实现更深入的智能化,企业因此获得更智能的洞察,即目前每个人、公司、组织、城市、国家、自然系统和人工系统都能够实现更透彻的感应和度量、更全面的互联互通,进而获得更智能的洞察力(智慧)。为此,在《智慧地球赢在中国》计划书中,IBM 为中国量身打造了六大智慧解决方案:"智慧电力""智慧医疗""智慧城市""智慧交通""智慧供应链"和"智慧银行"。智慧地球赢得多方关注,引领着新一轮信息化实践。

【例 1-6】 交管 12123

交管 12123 是由公安部官方互联网交通安全综合服务管理平台发布的一款手机软件。其背后的交通安全综合服务管理平台集成(互联)了交管系统多个部门的业务数据(DT),通过移动端(移动),为有车用户提供交管"一站式服务"。用户只需注册和绑定本人机动车和驾驶证,即可足不出户地享受各类公安交管服务;随时掌握业务办理进度的实时更新;接受智能提醒和推送信息(智慧),体现了新一代电子政务信息化"互联、移动、DT、智慧"的特点。

图 1-5 交管 12123App 的界面

随着"云·移·物·大·智"的合力作用，当前，信息技术应用与其传统模式相比，呈现移动性（如泛在互联、移动商务）、虚拟性（如虚拟体验、赛博空间）、个性化（如精准营销、推荐服务）、社会性（如社交媒体、社会商务）、复杂数据（如富媒体、大数据）等鲜明的新特征。未来信息化发展依然呈现以互联、移动、DT、智慧为主的发展趋势。

在百年未有之大变局下，中央适时提出要建设"新基建"，主要包括5G基站、特高压、城际高速铁路和城市轨道交通、新能源汽车充电桩、大数据中心、人工智能、工业互联网七大领域。它们是涉及诸多产业链，以新发展理念为引领，以技术创新为驱动，以信息网络为基础，面向高质量发展需要，提供数字转型、智能升级、融合创新等服务的基础设施体系，将为未来国家发展（特别是社会信息化发展）提供强劲动能。在不远的未来，信息社会将进入以人工智能技术为主要支撑的智能时代：信息传输更快捷，数据资源更丰富，信息处理更高效（自动化或智能化），网络信息安全更重要，可信赖的网络技术（如区块链）及其应用更多。

本章小结

本章阐述了信息化管理与运作的基本概念，包括信息化、信息资源、信息资源管理、信息化管理等。

信息化是现代信息技术革命的产物，它导致了社会不断变革。社会信息化分国家、地区、领域、企事业单位和个人等多个层次。本书中的信息化是指各级社会组织为顺应社会发展潮流，所从事的应用信息技术提高信息资源开发和利用效率的活动。

信息资源是国家、社会以及组织的重要资源，它有狭义和广义之分。狭义的信息资源指有用的信息，而广义的信息资源则是信息及其生产者、信息技术的集合。信息资源具有共享性、不可分性、不同一性和驾驭性等特征。信息资源管理是对信息活动中的信息、人、设备、资金等各个要素的管理，其核心是对信息的管理。信息管理是指从信息采集、加工、存储、检索、传递和开发利用等各个环节进行的有计划的过程管理。

组织信息化管理包括信息化规划、信息化组织、信息化实施和信息化评价4大环节。

随着云计算、移动互联网、物联网、大数据、智慧地球等新技术和新理念的深入人心，未来的信息化将呈现出互联、移动、DT、智慧等特点和趋势。

关键词

信息技术、信息革命、信息、资源、信息资源、信息资源管理、信息需求、信息采集、信息加工、信息存储、信息检索、信息传递、信息资源开发、信息资源利用、信息化、信息化管理、云计算、移动互联网、物联网、大数据、智慧地球

练习题

1. 什么是信息技术？现代信息技术主要包括哪些？
2. 简述信息技术发展及其应用的特点或趋势。
3. 从不同的视角认识信息化的内涵。
4. 简述企业信息化的内涵和意义。
5. 什么是资源？从经济学角度看，它具有哪3个特性？
6. 什么是信息资源？它有哪些类型、特征和作用？
7. 信息资源管理的含义是什么？
8. 简述信息资源管理的3个领域。
9. 什么是信息需求？组织信息需求的特征是什么？
10. 信息采集的基本原则是什么？其主要方法有哪些？
11. 简述信息加工的原则和作用，以及信息加工的内容、程序和方法。
12. 简述信息存储的基本原则和主要技术。
13. 信息资源利用要注意什么？
14. 信息化管理的4个环节是什么？
15. 云计算的3个层次的服务是什么？
16. 从传输距离角度看，无线通信技术包括哪3类？
17. 《大数据时代》一书阐述了哪3个颠覆性观点？
18. 智慧地球的3个维度是什么？
19. 智能时代的3大关键因素及其关系是什么？

网络学习题

1. 通过实例（如网络信息）领会"信息是内容、形式和媒体的统一体"。比较文字、声音、图像、视频等常用多媒体（形式）信息的关系。人类有哪些感觉器官（传感器）？比较目前人类感知与机器感知之异同。

2. 从人类历史的角度，考察信息表现和传输形式的发展——信息技术创新导致的信息革命史（语言、文字、印刷术、电报、电话、广播、电视、计算机、互联网等）。

3. 阅读尼葛洛庞帝的《数字化生存》、方兴东等的《IT史记》、吴军的《浪潮之巅》等书，了解现代IT发展史，并体会数字化与信息社会的内涵、信息革命对社会的深刻影响。

4. 阅读中国互联网络信息中心 CNNIC 的各类调查统计报告，全面了解我国互联网事业的发展情况。

5. 搜集世界电信发展百年历史、计算机发展史及我国计算机、通信业发展统计公报等资料，了解信息技术发展情况及其影响。

6. 从网上搜集有关 ICQ、OICQ、QQ、MSN Messenger、微信等软件及其公司发展资料，了解即时通信（IM）的快速发展历程，以及它们对社会信息化的影响。

7. 学习搜索引擎的使用方法，利用知网搜索引擎搜索信息资源、信息资源管理的相关信息。

8. 学习专用信息库的使用方法，访问万方数据库网站，查询信息资源管理的相关信息；比较检索到的信息资源类型和数量。

9. 了解信息化一词的英文翻译及其内涵。

10. 搜集并阅读有关社会组织信息化方面的案例资料，以加深对信息化过程、意义和价值的理解。

11. 上网（如百度百科、CSDN 网）搜集并学习云计算、移动互联网、物联网、大数据、智慧地球等概念及相关知识。

12. 机器（智能）感知是物联网应用的基础，讨论一下它的优势和劣势，了解智能感知技术（如机器学习、人工神经网络）的发展情况。

13. 了解"互联网+""中国大脑计划"等相关内容。

14. 阅读国家工信安全中心发布的《AI 新基建发展白皮书》，感受智能时代的脚步。

15. 考察"新零售"的供应链及其社会影响。

16. 考察"青岛无人码头"，体会支持智能时代发展的新一轮信息技术及其集成应用系统建设情况。

17. 智能时代下如何应对隐私保护与便利性矛盾？

思考题

1. 材料、能源、信息是支配人类社会发展的三大基本要素。试比较和总结它们在农业社会、工业社会和信息社会中的地位和作用之异同。

2. 阐述第 3 次产业革命——信息革命（也称信息技术革命）的内涵及其影响。

3. 结合例 1-3，描述信息从需求、采集、传递、存储、检索、加工、开发到利用的管理过程。

4. 谈谈你对信息化发展趋势的认识。

第 2 章　信息化规划

学习目标与要求

本章主要介绍信息化规划及其意义；介绍组织战略及其制定方法，以及信息化战略规划的内容和流程；通过案例，介绍企业和政府所开展的信息化规划实践活动。

通过本章的学习，同学们应：
- 了解信息化规划及其意义。
- 了解组织战略及其制定方法。
- 掌握信息化战略规划的内容与流程。

组织的信息化要与组织发展相一致，要围绕实现组织战略来开展工作，要能够为组织提高工作效率、节约成本、增加竞争力或活力做出贡献。随着信息化的不断深入，IT逐步影响组织的方方面面（流程、关系、方式等），涉及组织的所有成员。同时，由于信息化具有的高技术、高投入、高风险、多因素（特别是人为因素）等特点，所以信息化是一项复杂而影响巨大的管理系统工程。国内外大量信息化实践活动都证明：对信息化工作的统筹安排即信息化规划，是组织信息化成功的关键。信息化规划是信息化管理的必要环节，其中，组织围绕其战略制定信息化战略规划尤为重要。

2.1　信息化规划及其意义

【例 2-1】　信息化发展中的问题

1. 信息孤岛

周宏仁在《信息化论》（人民出版社，2008）一书中介绍了一个统计数据不一致的例子，如表 2-1 所示，通过上海市财税局和工商局各自的信息系统分别统计的企业、工商个体户和经营性事业单位的数据存在很大不同（数据相对差超过 14%），究竟哪个可信呢？恐怕谁也难说清。同样的问题也存在于许多地区或行业中。这种"自采、自用、自成体系"的"三自"现象就是组织信息化进程中典型的"信息孤岛"问题，它是信息资源利用和共享的巨大障碍。

表 2-1 上海市财税局与工商局数据对比表

注册类型	企业/户	工商个体户/户	经营性事业单位/户	合计/户
财税局	483 150	128 244	3 110	614 504
工商局	454 588	267 751	—	722 339
绝对差	28 562	-139 507	3 110	-107 835

所谓"信息孤岛"，是指数据信息单元单独存放、不能自动实现信息共享与交换，需要靠人工与外界进行联系的一种现象。表面上，它反映为不同软件产品导致的大量异构、独立的信息系统不能有效交换信息，本质上它是由于组织信息化进程缺乏整体规划而造成。信息孤岛不仅使组织的信息资源管理效率降低，同时也使日后的系统集成代价剧增。

2. IT投资黑洞

前些年，随着信息化热不断升温，很多企业在没有进行整体规划和充分了解自身实际需求的情况下，盲目跟风投资，出现了大量IT投资无回报或回报率很低的现象。事实上，美国人曾有一项统计，在整个20世纪80年代，美国企业在IT应用上投资了10 000亿美元。尽管投资巨大，但白领人员的生产率实质上并没有发生变化。在1975—1985这10年期间，蓝领工人数量减少了6%，实际产出增长了15%，表面上看劳动生产率提高了21%。但在同一期间，白领工人数量增长了21%，与实际产出增长15%相比，生产率下降了6%。这组统计数字表明，企业在IT应用上的巨额投资并没有达到预期目标。经济学家们称之为"生产率悖论"，而众多企业则认为他们在IT应用方面的投资掉进了"IT投资黑洞"。

造成"IT投资黑洞"的原因很多，如：改变各部门原有工作流程、组织各部门间的协同工作方式阻力重重；虽然应用了管理软件系统，但原有的手工业务处理模式没有更新；信息一致性与共享机制未能形成；原有业务处理流程与计算机信息处理流程间的矛盾难以解决；员工素质不能大幅度提高，新的团队精神难以形成。种种原因最后导致管理软件系统无法正常运行，或者即使勉强保持系统运行，也无法达到预期目标。从本质上看，造成组织出现"IT投资黑洞"的重要原因同样是组织信息化工作缺乏有效的计划。

3. IT项目泥潭

另一个普遍存在的信息化现象就是"IT项目泥潭"。据专家统计（2000年前），至少90%的ERP系统的实施要么超过预定时间，要么超出预算。在对ERP系统的投资超过 1 000 万美元的公司中，能够在预定时间和预算内开通的概率等于零。一方面，信息化需要技术与管理的高度融合（如业务流程重组、管理变革），高新技术应用的复杂性使得信息化实施超出人们的预想。另一方面，缺乏对信息化实施过程的全面有效控制，使得 IT 项目超支、延时，信息系统运行缺乏保障，效率差，因而陷入"IT 项目泥潭"。其中，一个重要原因就是信息化实施缺乏有效的计划管理机制。因此，人们提出了要进行"有效益"的信息化，进而实施全面的 IT 治理。

从例 2-1 所列的一些问题及相关统计数据不难看到，随着社会信息化的深入，组织（特别是大型组织）的信息化涉及组织的方方面面，面临信息孤岛、IT 投资黑洞、IT 项目泥潭等许多问题。为了规避风险，保证信息化建设的成功和健康发展，需要事先对组织信息化进行周密的计划——信息化规划。近年来，越来越多组织（政府、企事业单位）成功实施了信息化项目，因而促进了组织管理的现代化，提高了管理效率，其中信息化规划工作起了重要的作用。

信息化规划是信息化工作前瞻性的全局安排，是对信息化建设过程中的目标、建设重点、步骤、人员、技术、资金等要素的统筹谋划。它通过调查分析组织信息化现状和 IT 发展趋势，识别组织信息化的关键需求，设计组织信息化体系架构，建立组织信息化管理机制，实现组织信息化的全局性优化。

信息化规划的战略目标体现在如下 4 个方面：

- 业务匹配：实现信息技术投资与组织的远景规划和战略目标的匹配。
- 竞争优势：通过开发创新的战略业务信息系统，提高组织的生存与发展竞争优势。
- 管理资源：优化组织信息资源配置，有效管理组织中的各类信息资源。
- 技术架构：清晰地勾画出与组织战略、组织结构与业务流程相适应的信息技术架构。

信息化规划的作用包括：

- 有效而安全地管理组织的信息资产，即对组织的信息资源进行统筹安排，在安全的前提下实现信息资源共享，最大限度避免"信息孤岛"的出现。
- 降低信息化建设的整体风险和投资成本。
- 使信息技术与组织战略保持一致，增强组织的竞争力。
- 改善业务部门与信息部门间的交流和合作，使信息化工作有序进行。

组织信息化规划在时间跨度上一般分中长期规划（5~15 年）和短期规划（5 年以内），每年都要根据其内外部各种因素的变化而做出适当调整和完善。每个组织应该根据自己的具体情况，有侧重地制定其不同时段、不同层次的信息化规划。信息化规划不能盲目跟风，追求"大而全、高精尖"，而应该因地制宜，达成各方共识。一个达成共识的、没有多少技术创新点的规划方案有时远远好于一个有很多创新点，但迟迟不能达成共识，也迟迟不能贯彻落实的规划方案。同时，组织信息化建设不是一蹴而就的，是一个不断演进的过程,应该采取"统筹规划、分步实施、循序渐进、逐步升级、先进适用、讲求实效"的原则。

美国学者诺兰(R. L. Nolan)经过调查研究,提出了著名的诺兰模型,把组织的 IT 应用过程划分为起步、扩展、控制、集成、数据管理、成熟 6 个阶段。处于不同历史阶段的组织,其信息化规划的意识、要求和内涵是不同的。早期(起步、扩展阶段)的信息化规划局限于技术层面的信息化项目计划。而后随着信息技术渗透到组织的各个部门(控制、集成阶段),产生了信息系统规划,以实现系统集成。到更高级阶段(数据管理、成熟阶段),强调信息化与组织战略匹配,出现了宏观的信息化战略规划。所以,信息化规划有时被分为信息化战略规划、信息系统规划和信息化项目计划等 3 个层面的工作(如图 2-1 所示)。三者紧密相关,信息化战略规划是纲,围绕组织发展战略,提出组织信息化工作的总体设想与安排。它是组织信息化的指导以及其他规划的基础。信息系统规划是在信息化战略规划指导下,对具体应用系统所进行的总体规划。其主要任务是明确"应用系统是什么"的问题,即确定应用系统的总体目标、主要功能和约束条件,对目标系统提出完整、准确、清晰、具体的要求。围绕系统的目标和功能框架,对系统的预期效果和可能的技术解决方案进行可行性论证,为系统实施(包括系统分析、设计、实现和测试等)打下基础。信息化项目计划则是在信息化战略规划的指导下,从技术实现(项目实施)的角度,落实信息系统规划规定的任务,对具体的信息化项目的内容、进度、成本等进行统筹规划。当然,在具体实践中(特别是对大小组织而言),3 个层次的信息化规划会有重叠,界限模糊,比如小的企业三者可以合为一或二。本章只对信息化战略规划做重点介绍(详见 2.2 节),信息系统规划和信息化项目计划的内容将在第 5、第 4 章中有所体现。

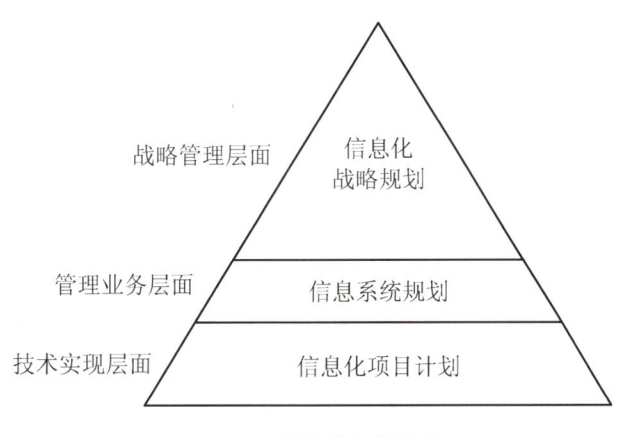

图 2-1 信息化规划层次

开展信息化规划的方式有很多种,如从下向上(bottom - up)、由上而下(top - down)、由外而内(out - inside)、中间开花(middle - out)。从下向上方式指从基层向上逐层地对信息化需求进行识别、分析,最终形成组织信息化规划的方式,它比较适用于业务相对稳定的组织，通过对业务流程的信息化集成，实现组织整体的信息化；由上而下方式指从高层向下逐层分解战略目标，最终形成组织信息化规划的方式，它适用于有较明确（新）发展战略的组织，组织将高层战略逐层落实，通过业务流程重组来落实信息化；由外而内方式强调从组织外部因素出发，由外向内地形成组织信息化规划的方式；中间开花方式指从组织中层（管理层）出发，分别向上和向下进行"细化"，最终形成组织信息化规划的方式。在实际开展信息化规划的过程中，通常是以一种方式为主，兼顾其他方式。

2.2 组织战略与信息化战略规划

【例 2-2】 ××公司总体发展思路（战略）及其信息化思考

××公司在 2020 年工作会议上提出的"1534"总体发展思路，包括：1 个目标，建设中国特色国际一流能源公司；5 个战略，即创新驱动、国际化发展、绿色低碳、市场引领、人才兴企；3 个作用，指要争做推进"卡脖子"技术攻关的先锋队，争做油气生产的主力军，争做国民经济持续健康发展的"稳定器"和"压舱石"；4 个跨越，则是要实现从常规油气到非常规油气的跨越，从传统能源到新能源的跨越，从海上到陆地的跨越，从传统模式到数字化的跨越。

同时，该次会议明确：作为 4 个跨越之一的企业信息化，其建设工作的开展是一个涉及各个层级、各个领域、各个业务板块的复杂系统工程。一方面，需要战略引领，即把信息化战略纳入企业总体发展战略的制定过程中，进行统一研判、集中部署，以支撑中国特色国际一流能源公司建设目标的实现。另一方面，要坚持需求和问题导向，即企业信息化建设不能盲目跟风，不能照搬他人的发展思路，而要关注本企业的经营发展特点，满足本企业经营管理过程中的实际需求，解决本企业经营管理过程中的实际问题，为企业创造真正的价值。为此要聚焦 4 个方面的内容，即信息化规划、信息化与业务的融合、信息互联支撑管理变革以及信息安全。

透过例 2-2 可见，面对多变的环境——新经济或经济全球一体化的挑战，日趋激烈的竞争，任何组织（政府或企事业单位）都必须制定正确的组织战略。而信息化战略是组织战略的重要组成部分，是组织信息化的指导方针。信息化战略必须服从组织战略的核心思想，在组织战略的框架下制定。

2.2.1 组织战略及其制定方法

1. 组织战略

战略一词源于军事，"农村包围城市"是毛泽东的经典军事战略。"战"即竞争，

"略"即计划、方略,"战略"一词广泛见于军事、政治、管理等领域,是高层管理者的关注重点。

组织战略是对组织的目标及其达成方略所做的综合说明。具体来讲,组织战略是组织为了在外部环境中生存和发展,在总结历史经验、调查现状和预测未来的基础上,所做出的长远性、全局性的谋划或方案。审时度势、科学规划的战略对于组织发展具有激励和引导作用。例如,联想在 2000 年制定了 3 年发展战略,目标是使联想尽快成为 IT 领域规模达世界级的多元化的大企业(国际化战略),为此而设计了一系列重大发展举措,如收购 IBM 的 PC 业务,制定企业信息化战略,全面实施企业资源规划(ERP)、供应链整合(SCM)、电子商务(EC)等一系列信息化项目。最终,联想成功将 Lenovo 品牌推向国际市场,公司规模和经营层次都跃上新台阶(详见 2.3.1 节)。

2. 组织战略的结构

组织战略一般包括 3 类:总战略、经营战略、职能战略。

- 总战略描述组织总的方向,如专一化还是多元化发展。
- 经营战略描述某个产品或者事业部的竞争合作战略,以提升其在特定领域的竞争力。
- 职能战略是营销、制造、研发、信息技术等职能部门制定的战略,它们通过整体能力的优化,帮助组织及下属事业部实现战略目标。

3. 组织战略的制定过程

组织战略的制定包括 3 个基本过程:

(1)环境分析。环境分析是指从组织内部、外部所拥有的优势和劣势等方面入手,通过评估机会和风险,形成组织对所处环境的判断。例如,就企业管理者而言,可以思考几个关键的战略问题:企业现在处于什么位置?与竞争对手比,在资金、技术、人力资源、市场占有率等方面有什么优势或不足?如果维持现状,1 年、2 年、5 年、10 年后企业处于什么位置?如果不能接受维持现状的结果,企业应该采取哪些措施,这些措施会带来哪些风险和回报?

(2)战略决策。战略决策是在环境分析的基础上,综合各种信息,以达成战略方案的过程。组织的战略决策方案包括明确组织的使命、确定可达到的目标、形成组织的战略指南。其中,使命是指组织的性质和发展方向,反映组织是谁、做什么。目标是行动的结果,即组织在什么时间内完成什么样的任务,反映组织要做成什么。

(3)战略规划的形成和完善。战略决策形成后,要加以细化调整,以便执行。在具体的执行过程中,由于内外部环境的变化和前期制定战略过程中的认识不足,可能使战略偏离实际,因此要进行调整和完善,形成指导组织发展的战略规划。

4. 战略规划方法

制定战略规划的方法有很多,这里着重介绍 SWOT 矩阵法、波特五力模型和价值链分析法,它们常被用于企业经营战略分析。

(1) SWOT 矩阵法。SWOT 矩阵是由波士顿咨询公司提出的,也称波士顿矩阵,是全面分析组织内部资源和外部环境、寻找最佳战略组合的分析工具。内部资源分析是指为了扬长避短,需要理清组织内部资源的现状,了解优势(S,即 Strengths 的首字母)和劣势(W,即 Weaknesses 的首字母)。外部环境分析是指通过剖析外部环境结构,明确外部环境变化给组织带来的机会(O,即 Opportunities 的首字母)和威胁(T,即 Threats 的首字母)。

绘制完 SWOT 矩阵(如图 2-2 所示)后,可以进行组合分析和综合分析。

		内部资源		
		优势 S	劣势 W	S + W
外部环境	机会 O	SO 组合	WO 组合	(S + W) O 组合
	威胁 T	ST 组合	WT 组合	(S + W) T 组合
	O + T	S (O + T) 组合	W (O + T) 组合	(S + W) (O + T) 组合

图 2-2 SWOT 矩阵

组合分析是对优势—机会、优势—威胁、劣势—机会、劣势—威胁这 4 个组合进行分析,或者是利用内部资源优势去赢得外部的发展机会;或者是利用内部资源优势去应对外部环境威胁,或者是创造条件抓住机会以减少劣势。而劣势—威胁组合是最不利的,任何组织都要尽量避免。

综合分析是应对实际复杂情况的权衡方法。由于实际工作中,机会、威胁、优势、劣势往往交织在一起,所以需要权衡利弊,结合具体情况,寻找次优解决方案。例如,(S + W) O 组合是指面对机会时要综合考虑优势和劣势。

(2) 波特五力模型。波特五力模型也叫五力竞争模型,是美国著名管理学家波特(M. E. Porter)提出的企业竞争策略模型。该模型基于这样一种认识,一个企业是否进入或继续留守或退出某个行业,关键取决于该行业能否使其获得的机会和企业将付出的代价,即该行业竞争强度和企业获利能力。而行业的竞争强度和企业的获利能力又是由行业自身和环境的各种因素决定的,这些因素可归纳为 5 种竞争力量,分析这 5 种竞争力量的状况就能决定进退。这 5 种竞争力是:同行业竞争力(行业内竞争者),潜在竞争力(潜在进入者),供应商竞价能力(供应商),客户竞价能力(购买者),替代竞争力(替代品生产者)。他们之间的相互作用关系如图 2-3 所示。通常,五力竞争模型非常适用于企业开辟新业务时的战略分析。

(3) 价值链分析法。这是波特提出的另一种企业战略分析方法。波特认为,企业的每项生产经营活动都创造价值,企业所有的互不相同但又相互关联的生产经营活动构成了创造价值的一个动态过程,称为价值链。

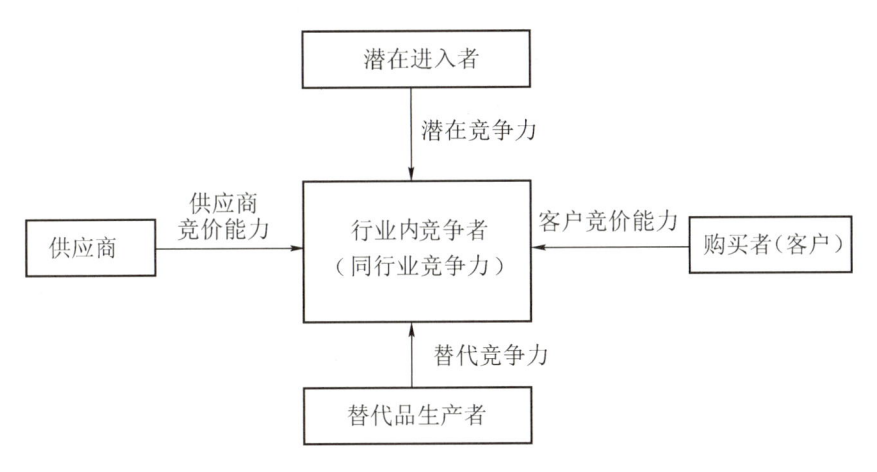

图 2-3 五力竞争模型

企业的价值创造活动可分为基本活动和辅助活动两类。基本活动是指生产经营的实质性活动，包含原料供应、生产加工、成品储运、市场营销和售后服务等活动。这些活动与商品实体的加工流转直接相关，是企业的基本增值活动。辅助活动是指为基本活动提供服务的活动，包括企业投入的采购管理、技术开发、人力资源管理和企业基础结构。所谓价值链分析法，就是通过系统地分析企业价值生成环节中存在的问题及其影响的关键因素，提出整体解决的方略，即企业经营管理战略。一般地，价值链分析法较适用于企业业务流程重组战略分析。

2.2.2 信息化战略规划的内容

描述组织信息化建设的方向、重点、步骤和措施等的策略被称为信息化战略，它是组织信息化建设与发展的整体思路与指导体系。组织战略与信息化战略是包含与被包含的关系。信息化战略是组织职能战略的一部分，是为组织总体发展目标服务的，是以组织战略为依据而制定的。

信息化战略规划是以组织战略为指导，以各个部门的业务需求为基础，结合行业信息化方面的实践和对信息技术发展趋势的掌握情况，定义出组织信息化建设的远景、使命、目标和策略，规划出组织信息化建设的未来架构——组织结构、信息基础设施架构、信息系统及其集成架构等，为组织信息化建设的实施提供完整蓝图，全面系统地指导组织信息化建设的进程。

信息化战略规划是信息化规划的首要步骤，它兼顾信息化的长远发展和近期实现的需要，是从战略高度上对组织信息化内容、过程的总体谋划，是组织信息化建设的指导纲领，是避免重复建设、统一建设标准、消除"信息孤岛"的重要工作。组织应该根据自身的实际情况制定一个 3～5 年的信息化战略规划，在具体的信息化工作过程中贯彻实施，以推动组织战略的落实。随着 IT 投资的数额增加和人们认识的提高，组织日益重视信息化战略的制定和实施，信息化战略规划已逐渐成为组织信息化的必要工作。在信息化最发达的美国，美国经济情报社、IBM 咨询、埃森哲咨询所做的联合调查发现：年收入在 10 亿美元以上的大公司，95%进行了信息化战略规划；年收入在 1 亿～9.99 亿美元的公司，91.3%进行了信息化战略规划；年收入少于 1 亿美元的公司，76.1%进行了信息化战略规划。

信息化战略主要包括如下 3 个方面的内容：

1. 信息化建设的愿景与架构

（1）组织战略、核心竞争力的识别。要解决信息化战略与组织战略匹配、提高组织竞争力问题，首先要深刻理解组织战略和识别组织核心竞争力，进而分析和设计支持组织战略实现的信息化策略。图 2-4 是美国哈佛商学院 J. Handerson（1994）提出的战略一致性模型（Strategic Alignment Model，SAM），从中可见：信息化战略就是要在明确组织战略（业务范围、核心竞争力、经营管理方式）和组织结构与业务流程基础上，分析 IT 应用的关键点（技术范围、系统竞争力、IT 治理）和架构，促进组织战略的实现。

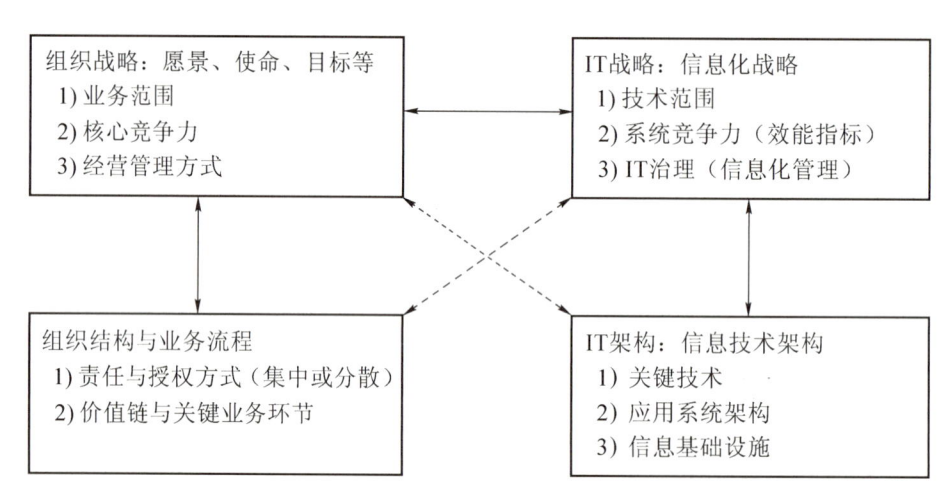

```
┌─────────────────────────┐         ┌─────────────────────────┐
│ 组织战略：愿景、使命、目标等 │◄───────►│ IT战略：信息化战略        │
│  1) 业务范围              │         │  1) 技术范围              │
│  2) 核心竞争力            │         │  2) 系统竞争力（效能指标） │
│  3) 经营管理方式          │         │  3) IT治理（信息化管理）  │
└─────────────────────────┘         └─────────────────────────┘
            ▲                                     ▲
            │                                     │
            ▼                                     ▼
┌─────────────────────────┐         ┌─────────────────────────┐
│ 组织结构与业务流程        │◄───────►│ IT架构：信息技术架构      │
│ 1) 责任与授权方式（集中或分散）│     │  1) 关键技术              │
│ 2) 价值链与关键业务环节   │         │  2) 应用系统架构          │
│                          │         │  3) 信息基础设施          │
└─────────────────────────┘         └─────────────────────────┘
```

图 2-4　战略一致性模型 SAM

（2）管理提升与业务改进的方向，具体包括：审视组织外部环境以及内部运作环境；结合标杆与约束，明确管理提升和业务改进的方向。

（3）信息化的作用点和愿景分析，具体包括：信息化应用的理念学习、热点及案例标杆的了解；识别信息化对管理提升和业务改进的关键点；描述信息化建成后的愿景。

（4）分析信息化现状，评估信息化能力，具体包括：从人、流程、技术 3 个方面来系统分析企业信息化的现状；评估当前的信息化能力。

（5）分析差距，探讨改进构想，具体包括：分析现状与愿景之间的差距；确定要突破的关键问题要点；多方听取意见，探讨对这些问题要点的改进、构想。

（6）业务需求调整，具体包括：围绕问题点，搜集改进需求；进行综合整理。

（7）分析信息化体系架构，具体包括：根据上述分析，结合问题要点及其需求，定义信息化所涉及的系统边界与环境，分析信息化建设的组织结构及各子系统的类别、规模和相互关系；勾画出与组织结构相关联的信息化体系架构——应用架构、数据架构、技术支持架构（开发架构）、操作架构和信息基础设施架构等（如图 2-5 所示）。

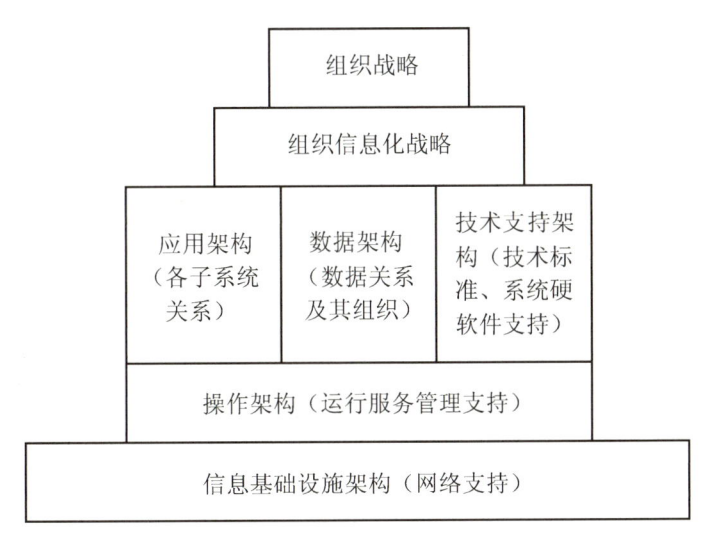

图 2-5　组织信息化体系架构

2. 项目方案选择与组织

① 项目方案选择，具体包括：结合信息化体系架构，明确信息化总时间表、各子系统建设的时序表、各子系统的类别与规模，明确各子系统软硬件等的选型程序、选型标准；确立信息化项目。

② 信息化建设的项目组织，具体包括：组织与外部服务顾问之间的关系；内部人员遴选；服务顾问遴选；多层次联合团队的组成，围绕问题要点来明确职责。

3. 信息化项目的总体安排

① 信息化建设阶段规划，具体包括：明确每个建设阶段信息化项目的范围、目标、方法、依赖关系、时间和资源（包括预算）需求。

② 风险管理质量监控策略，具体包括：分析各阶段、各方面可能出现的心理反应；明确项目质量监控、风险防范及转化的方法。

③ 主要实施计划与培训计划，具体包括：综合形成信息化具体项目的主实施计划及第一阶段的计划；在考虑培训目的、时间、对象、方法的基础上制定培训计划。

2.2.3　信息化战略规划的主要步骤

信息化战略规划的主要步骤包括基础信息调研、现状评估与问题分析、信息化战略目标设计和制定等。

1. 基础信息调研

基础信息调研包括如下 3 方面：

（1）信息化的现状和发展趋势调研，包括两部分内容：一是对国民经济和社会信息化的现状和趋势、信息技术的发展对经济的影响和冲击方面做调研；二是调研行业信息化状况和趋势，主要是行业的总体信息化状况，新的信息技术给行业带来的变化和冲击，行业的信息化趋势，主要竞争者或领先者应用的新技术、取得的成功经验或失败教训等。

（2）组织信息化需求调研，主要包括组织外部（政府的上级部门或企业的管理部门、客户、供应商、竞争者、市场等）和组织内部部门对信息化的需求调研。

（3）信息化建设基础条件调研，主要包括组织内部信息化建设的有利条件和制约因素的调研，包括管理基础、数据基础、技术基础、人员基础等，如信息技术应用现状、有无内部局域网络、互联网接入状况、人均计算机占有量、业务部门管理和技术水平、人员素质结构。

2. 现状评估与问题分析

在充分调研并取得大量基础信息之后，对组织信息化现状进行客观评估；分析信息化面临的挑战、信息化需解决的问题、组织发展对信息化的要求等。

3. 信息化战略目标设计和制定

通过上述分析，根据组织的外部宏观环境、发展战略及竞争能力的要求，确定信息化战略的远景目标、价值、规模、步骤，形成组织信息化战略，使信息化能够有效支持并推动业务，乃至成为业务的一部分。

辅助制定信息化战略的规划方法有许多，下面主要介绍战略目标集转化法、价值链分析法、关键成功因素法、企业系统规划法。

（1）战略目标集转化法。战略目标集转化法（Strategy Set Transformation，SST），是 William King 于 1978 年提出的，他把整个战略目标看成"信息集合"，由使命、目标、战略和其他战略变量（如重要的环境变量约束、管理习惯、改革的复杂性）组成，SST 规划过程是把组织的战略目标转变为信息化战略目标的过程。战略目标集转化法也称战略集合转移法。

战略目标集转化法的步骤包括：①识别组织的战略集，先考查该组织是否有成文的战略计划，如果没有，就要去构造这种战略集合。②将组织战略集转化成组织信息化战略。对应组织战略集的每个元素，识别相应战略约束，然后提出整个信息化体系架构。③最后，选出一个方案送决策层审核。

图 2-6 给出了战略目标集转化法的实例。不同利益群体的诉求重点存在差异，例如，政府希望改进组织的现金流，而高层管理者希望增加年收入，及加强管理水平。在执行信息化战略规划时，可以逐个将利益群体的需求转化为组织的战略，再进一步转化

为具体信息系统战略。例如，高层管理者的加强管理监控需求就可以转化为建立财务实时监控系统，即建立信息系统以提高财务结算速度。

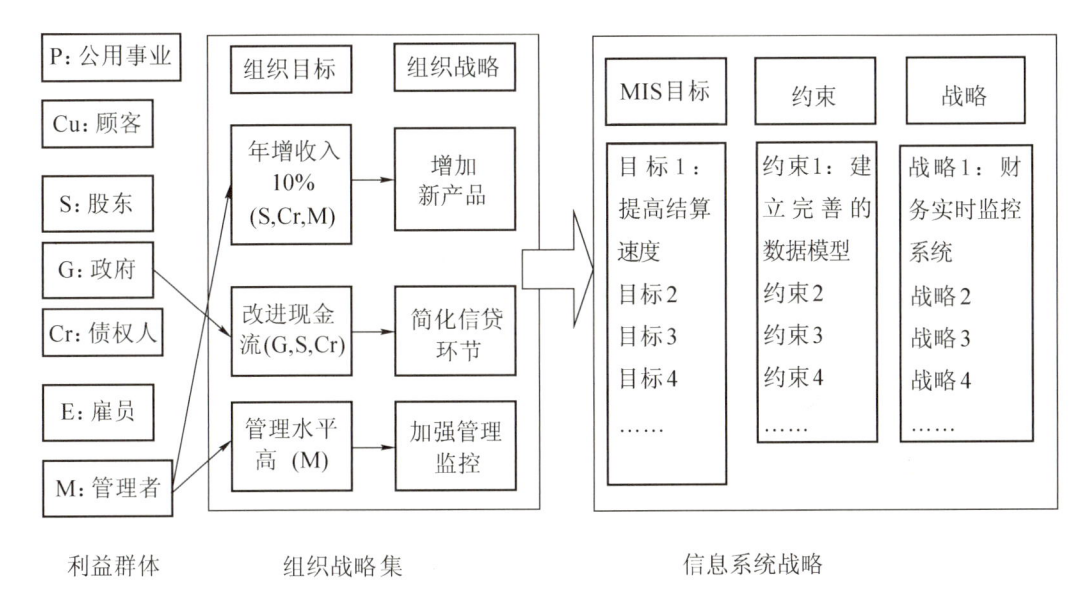

图 2-6 战略目标集转化法的实例

战略目标集转化方法的优点在于：它反映了各类群体的要求，而且给出了转化为信息系统目标的结构化方法。它的优点是全面识别目标，缺点是重点不够突出。

（2）价值链分析法。价值链分析法（Value-Chain Analysis）是从波特价值链分析演变而来的，这种方法认为信息技术在组织的战略牵引方面能起关键作用。

价值链分析法将一个组织看成一些输入、转换与输出活动的集合，而每一活动都可能相对于最终服务或产品产生增值作用，为提高企业竞争能力做出贡献。

通过价值链分析法，可以利用信息技术在价值链中识别并放置"信息增强器"，进行增值，以提高组织的竞争力。

（3）关键成功因素法。关键成功因素法（Critical Success Factors，CSF）是20世纪70年代MIT推出的一种规划方法。它指的是，通过与企业高级管理人员交流，了解企业的发展战略及相关问题，识别企业的关键成功因素，根据这些因素来决定信息资源分配的优先级，并帮助企业利用信息技术发掘新的机遇。其优点是能够直观引导高级管理者综观整个企业与信息技术的关系。但在进行较低层次的信息需求分析时效率不高。

关键成功因素源于组织目标，即组织系统所希望达到的状态。在商务活动中，有些活动对组织目标的实现起关键作用，这些活动就是关键成功因素。关键成功因素法的主要步骤包括：了解企业目标；识别关键成功因素；识别性能的指标和标准；识别测量性能的数据。

（4）企业系统规划法。企业系统规划法也称业务系统规划法（Business System Planning，BSP），是 20 世纪 70 年代由 IBM 提出的，是一种对企业信息系统进行总体规划和设计的结构化方法。其规划的具体步骤是：通过自上而下地识别企业系统目标、企业业务过程和数据；然后对数据进行分析，自下而上地设计信息系统。这种方法使设计的信息系统支持企业目标的实现，表达所有管理层次的要求，向企业提供一致性信息，对组织机构变动具有适应性。

企业系统规划法能够确定未来信息系统的总体结构，明确系统的子系统组成和先后开发顺序，对数据进行统一规划、管理和控制，明确各子系统之间的数据交换关系，保证信息的一致性。该方法虽然强调目标，但系统目标是通过识别企业过程和对企业过程/数据类的分析得到的，没有明显的目标引导过程，因此该方法的核心是识别企业过程。

2.2.4 信息化战略规划书

典型的组织信息化战略规划书一般包括以下几个部分：

1. 环境分析

环境分析是信息化战略规划的依据。它是基础信息调研和现状分析的结果，总结出信息化战略规划的背景，明确组织的发展目标、发展战略和发展需求，明确为实现组织目标各关键部门要做的工作，分析信息技术产品的发展趋势，分析行业发展现状及发展方向、发展动力及信息技术在行业发展中的作用，总结行业内或相关行业信息化的成功经验和失败教训，分析组织内部的信息化程度和基础条件，等等。

2. 信息化战略

它是根据环境分析结果制定或调整的组织信息化指导纲领。这部分要根据组织的战略需求明确组织信息化的愿景和使命，确定信息化的发展方向，明确信息化在实现组织战略过程中的作用，明确各项具体目标。

3. 信息化体系架构设计

基于前两部分设计出的组织信息化总体框架，层次化的结构概括信息化层次以及各个层次之间的关系。体系架构的每一层次由多个功能模块组成。

4. 信息技术标准

规定出信息化采用的具体技术、产品、方法和技术流程应遵循的标准，这是对信息化总体架框的技术支持。确定统一的技术标准可以保证信息化的可靠性、兼容性、扩展性等，并能降低实施成本，节约时间。实践中，一般采用符合工业标准要求、应用广泛并具有一定发展前景的信息技术标准。

5. 项目分派和管理

在上述基础上，明确各个层次的功能模块以及相应各部分信息化任务的优先级，统筹计划，明确每个项目的责任、要求、标准、预算、范围、时间等，明确各个项目的具体实施部门，明确各项目管理、监督、考核的原则、办法和指标。

2.3 案例

"没有勘察设计（规划），就不能施工"这是任何工程都必须遵循的原则，信息系统工程亦然。只不过不同的组织其信息化规划的深度和广度要求不同。随着信息化的深入，人们对信息化规划的认识也在不断深化。尤其是大型组织（政府或企事业），对信息化规划的必要性、迫切性、全面性的要求更高。本节浓缩了两个案例：联想集团信息化战略[①]的例子，展示了信息化战略助力联想实现其"国际化"发展战略的方法。中国林业的信息化规划则说明庞大而复杂的行业信息化规划工作的纵向分解开展方法。

2.3.1 联想集团信息化战略

联想集团（简称联想）是一家从事IT多样化生产和服务的、全球化的大型企业，有上万名员工，下设企业IT、消费IT、手持通信、IT服务、互联网服务和合同制造六大业务群；在国内设有9个区域分部、20多个办事处，在美国、英国等7个欧美国家设分公司，并在北京、上海、深圳和美国硅谷建有联想研究院等研发机构。

联想能从1984年的11个人及20万投资的小企业，变成年营业额超过200亿的国际知名大企业，除了有不断的机制和管理创新外，持续不断的信息化建设起了巨大的支撑作用。

联想的信息化建设起步于1991年，那时主要是很初级的财务电算化应用。1996年开始大规模的网络建设和MRP（Material Requirement Planning，物料需求计划）的实施。1998年开始ERP（Enterprise Resource Planning，企业资源规划）项目建设。此后，随着CRM（Customer Relationship Management，客户关系管理）、SCM（Supply Chain Management，供应链管理）等项目的实施，联想进入了大规模信息化的系统集成阶段，一直到今天，投资以千万计。

作为国内企业信息化的先行者，联想的信息化进程有许多宝贵的经验值得借鉴，其中最重要的一条就是企业有支持其经营战略的信息化战略。

经过多年的积淀，联想的企业经营战略被凝练在其使命（mission）表达上："为客户，联想将提供信息技术、工具和服务，使人们的生活和工作更加简便、高效、丰富多彩；为员工，创造发展空间，提升员工价值，提高工作与生活质量；为股东，回报股东

---

① 参考：陈禹，魏秉全，易法敏，等. 数字化企业. 北京：清华大学出版社，2003. 侯炳辉，郝宏志. 企业信息管理师基础知识. 北京：中国劳动社会保障出版社，2007.

长远利益;为社会,服务社会文明进步。我们的远景是高科技的联想、服务的联想、国际化的联想。"

为此,联想在 2000 年曾制定了公司的三年发展战略,战略目标是使联想成为一个在 IT 领域多元化发展、技术领先、世界级规模的大企业,使联想的内涵从电脑扩大到更多 IT 产品。联想为打入国际市场,制定了品牌战略,并将其英文商标改成 Lenovo。2004 年 12 月 8 日,联想正式对外宣布收购 IBM 全球 PC 业务,实现了其海外扩张的构想,把 Lenovo 推向了国际市场,成了国际著名品牌。

同时,为了实现这一战略,企业制定了以电子商务为龙头的信息化战略,搭建公司共享的电子商务平台,以 ERP 为基础,逐步实现 SCM、CRM、PDM(Product Data Management,产品数据管理)链的 E 化,汇集上游供应商和下游销售渠道信息,使企业信息资源管理上了一个台阶,全面实现了企业信息化。如图 2-7 所示,其信息化全景图勾画了联想信息化战略中应用系统的架构。

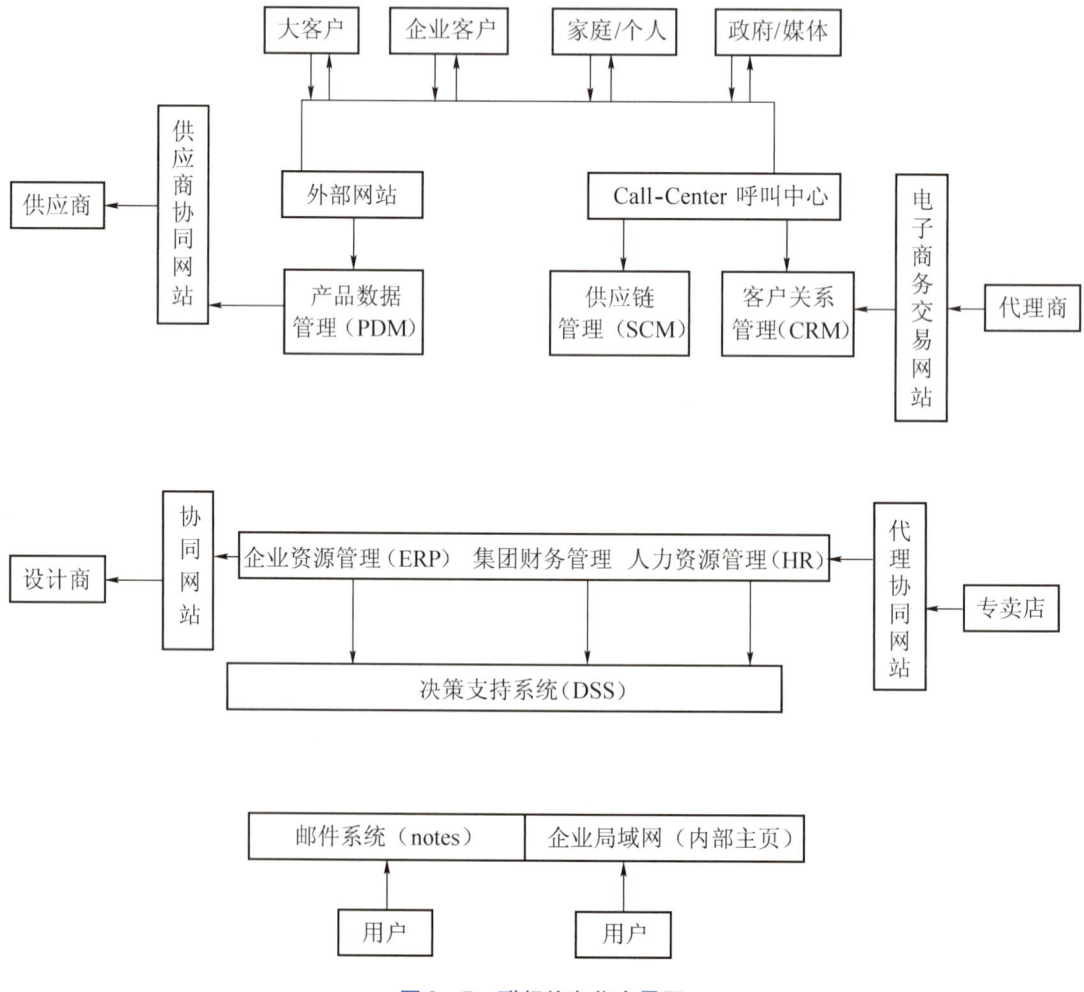

图 2-7 联想信息化全景图

2.3.2 中国林业的信息化规划

作为最大的陆地生态系统，森林是人类赖以生存与发展的基础。经营管理森林的行业就是林业。林业集生态、经济、社会、碳汇和文化五大功能于一体，在国家可持续发展、生态文明建设、应对气候变化和国民经济发展中起着基础而重要的作用。作为我国林业的主管部门，原国家林业局把我国现代林业建设的战略目标归纳为构建完善的林业生态体系、发达的林业产业体系、繁荣的生态文化体系（三大体系），并指出建设和保护森林生态系统，保护和恢复湿地生态系统，治理和改善荒漠生态系统，全面维护生物多样性，依靠传统的管理手段无法准确及时了解其现状及动态，远不能满足指导现代林业全面协调可持续发展的要求，必须借助现代科技（包括信息科技），实现林业发展的科学化、信息化和机械化。信息化是现代林业发展的重要突破口，对优化林业资源配置、提高经营管理水平、促进林产品流通、提升劳动力素质、推动林业科技进步都具有重要作用。加快推进林业信息化，逐步建立布局科学、高效便捷、先进实用、稳定安全的林业信息化体系，对促进林业决策科学化、办公规范化、监督透明化和服务便捷化具有十分重要的意义。

全国林业信息化建设内容广，涉及部门多，协调难度大，是一项十分复杂的系统工程。2007年以后，针对全国林业信息化缺乏总体规划布局，大部分林业业务应用系统自行建设，自成体系，形成信息孤岛，无法实现信息资源共享，资源浪费严重，区域发展不平衡等突出问题，为加快林业信息化进程，原国家林业局成立专门机构、组织力量编写和发布了指导全国林业信息化发展的一系列文件（如图2-8所示）。其中，《全国林业信息化建设纲要（2008—2020年）》是指导全国林业信息化建设的纲领，《全国林业信息化建设技术指南（2008—2020年）》是与之配套同时下发的文件。而《全国林业信息化发展"十二五"规划（2011—2015年）》是根据上两个文件编制的国家林业信息化战略规划。为了落实这一战略规划，各省市（主要的示范省市）先后编写了相应的信息化战略规划［如《辽宁省林业信息化发展规划（2011—2015年）》］。随着云计算、物联网、移动互联网、大数据、智慧地球等新一波技术高潮的到来，2013年原国家林业局又与时俱进地出台了《中国智慧林业发展指导意见》，对未来的林业信息化建设做了前瞻性部署。

其中，这些信息化规划文件主要包括以下5部分内容。

1. 建设现状与形势分析

全面回顾已经完成的林业信息化工作（基础设施、信息系统、标准制度、保障措施等）情况；分析存在的主要问题；阐述信息化、林业发展与林业信息化发展趋势和要求。

```
《×××示范省市林业信息化发展规划(2011—2015年)》
   《全国林业信息化发展"十二五"规划 (2011—2015年)》2011-3
      《全国林业信息化建设技术指南(2008—2020年)》2009-1
         《全国林业信息化建设纲要 (2008—2020年)》2009-1
```

图 2-8 中国林业信息化规划层次

2. 基本思想与建设目标

说明编制依据、指导思想和基本原则（统一规划，统一标准、统一管理，分级负责、需求主导，面向应用、整合资源，促进共享、注重实用，适度超前、试点先行，稳步推进）；阐述该规划的建设目标。

3. 总体框架与建设内容（任务）

描述林业信息化总体架构，图 2-9 是基于《全国林业信息化建设技术指南 (2008—2020 年)》，依据《全国林业信息化建设纲要》确定的"四横两纵"的总体框架，结合林业的实际需要，提出的全国林业信息化建设总体框架基本构成和实现方法。

它包括如下建设内容：

（1）内外网均按"四横两纵"的总体框架建设。内网基于内网基础设施搭建。外网基于电子政务外网基础设施搭建，同时根据建设需要也可利用互联网基础设施搭建。原国家林业局和各省林业主管部门负责统一建设本级"一站式"门户。

（2）应用系统是实现各种服务的关键，分为应用服务和业务应用两个部分。应用服务系统包括资源共享、政务协同、辅助决策和公共服务等服务模式；业务应用系统包括业务类、综合类和公用类应用系统。

（3）应用支撑是实现应用系统各种服务功能的技术关键，为应用系统之间无缝集成提供信息交换服务和业务协同支持。

（4）数据库是实现各种服务的数据依据和来源。林业数据库包括基础数据库、专题数据库、综合信息库和信息产品库等。

（5）基础设施是实现资源共享、政务协同、辅助决策和公共服务的物理平台。

（6）标准规范体系、安全与综合管理体系是顺利实现各类服务的保障。两者贯穿于应用系统、数据库和基础设施建设的各个层面。标准规范体系主要是为信息资源共享和服务、政务协同等工作提供技术准则；安全与综合管理体系主要是通过授权管理、数据保密等功能提供安全服务，以及通过信息化组织机构、人才队伍、运行机制建设等提供组织保障。

总体框架运用面向服务的体系架构思想，选择主流、开放的架构体系，采用 J2EE 或 DOT NET 技术架构，来实现林业信息系统的横向和纵向集成，保障系统的良好开放

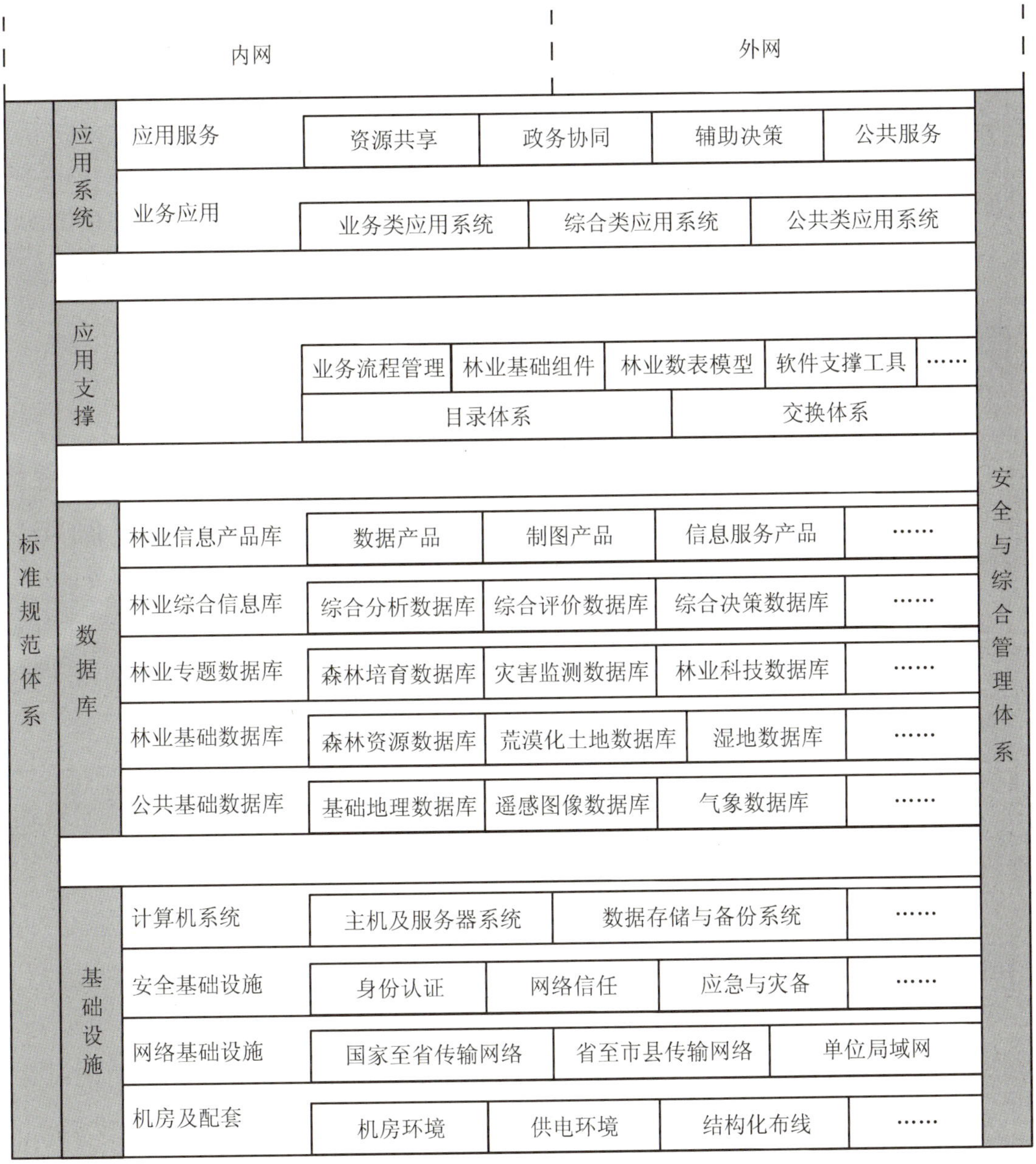

		内网		外网		
标准规范体系	应用系统	应用服务	资源共享	政务协同	辅助决策	公共服务
		业务应用	业务类应用系统	综合类应用系统	公共类应用系统	
	应用支撑		业务流程管理	林业基础组件	林业数表模型	软件支撑工具 ……
			目录体系		交换体系	
	数据库	林业信息产品库	数据产品	制图产品	信息服务产品	……
		林业综合信息库	综合分析数据库	综合评价数据库	综合决策数据库	……
		林业专题数据库	森林培育数据库	灾害监测数据库	林业科技数据库	……
		林业基础数据库	森林资源数据库	荒漠化土地数据库	湿地数据库	……
		公共基础数据库	基础地理数据库	遥感图像数据库	气象数据库	……
	基础设施	计算机系统	主机及服务器系统	数据存储与备份系统		……
		安全基础设施	身份认证	网络信任	应急与灾备	
		网络基础设施	国家至省传输网络	省至市县传输网络	单位局域网	
		机房及配套	机房环境	供电环境	结构化布线	……

图 2-9　全国林业信息化建设总体框架基本构成和实现方法

性和扩展性。

4. 行动计划或建设重点

这部分具体阐述了规划期（如 2011—2015 年）的建设重点，包括业务系统建设、支撑系统建设和基础设施建设等。

5. 保障措施

对保障信息化规划得以实施的相关措施（如组织结构、资金投入、政策机制、人才建设、社会力量与合作、标准制度建设、技术创新平台建设）进行阐述。

根据上述信息化战略规划，设立具体的信息化建设项目（如网络建设、应用系统建设、标准建设），相关机构承担项目并制定具体信息系统规划和信息化项目计划，指导信息化建设项目的实施。例如，作为林业信息化战略规划中"外网"建设的主要应用系统，中国林业网（http://www.forestry.gov.cn）、辽宁林业网（http://lyt.ln.gov.cn/）、本溪市林业网（https://lcj.benxi.gov.cn/）等的建设，都是在不同层级的具体信息化项目计划指导下完成的。

本章小结

信息化规划是对组织信息化的总体谋划，是组织信息化管理的重要工作内容；复杂的信息化规划工作会被分解为不同层次；信息化战略规划最为重要，它从组织战略出发，在分析组织信息化的外部环境和内部情况基础上，明确信息化对实现组织战略目标的作用，制定信息化的愿景、明确信息化使命，设计信息技术架构，确定技术标准，落实信息化项目优先级和实施保障等。联想集团信息化战略和中国林业的信息化规划两个案例，从企业和政府两个视角，诠释了信息化战略规划及其作用和信息化规划分解落实的情况。

关键词

信息孤岛、信息化规划、战略、信息化战略、信息化战略规划、SWOT分析、价值链、关键成功因素、信息系统规划、信息化项目计划、联想集团信息化战略、中国林业信息化规划

练习题

1. 简述信息化规划及其作用。
2. 什么是战略？战略规划的过程是什么？战略规划的主要方法有哪些？
3. 什么是信息化战略？信息化战略规划的步骤和信息化战略规划的方法有哪些？
4. 什么是"信息孤岛"？形成"信息孤岛"的原因有哪些？怎样避免"信息孤岛"？

网络学习题

1. 搜集有关"IT投资黑洞""IT项目泥潭"等实例，深刻理解信息化规划的作用。
2. 通过网络搜集企业或政府的信息化规划案例，并学习之。

3. 从中国林业网等地搜集下载相关文件，如《中国智慧林业发展指导意见》，体会信息化规划是如何与时俱进的。

4. 搜集阅读《2006—2020 年国家信息化发展战略》和工信部印发的信息化发展规划等国家信息化规划的纲领性文件，了解国家的信息化战略。

思考题

俗话说"计划不如变化快"，如何理解"计划既要有一定的稳定性又要不断变化以适应形势的变化"？

第 3 章　信息化组织

学习目标与要求

　　信息化组织是信息化管理与运作的重要环节。本章首先辨析了信息化组织的概念、意义、流程。其次，阐述了信息化组织机构的类型、职能、岗位设置方法及设置原则。最后，介绍了 CIO 机制的产生背景、含义，以及 CIO 的任职能力要求等。

　　通过本章的学习，要求同学们：
- 了解信息化组织的内涵，以及信息化组织的步骤。
- 了解信息化组织机构的概念、职能。
- 了解信息化组织机构的岗位设置方法及设置原则。
- 理解 CIO 机制的产生背景、具体含义。
- 了解 CIO 的任职能力要求。

3.1　信息化管理的组织

【例 3-1】　学校信息中心的演变

　　某大学近 30 年来计算中心—网络中心—信息中心的演变浓缩了其信息化从无到有、从小到大、从简到繁的发展历史。

　　20 世纪 70 年代后期，随着我国计算机工业初步建立，学校为了解决科研与教学中出现的大量科学计算问题，引进了一套计算机系统（PDP-11），成立了以数学学科人员为主的计算机室（隶属基础部），承担计算机程序设计语言（FORTRAN 等）的教学工作，并为全校的科研和教学提供科学计算服务。

　　20 世纪 80 年代，随着微机的出现，学校陆续引进了多套微机（TRS80、Apple、Cromanco、NEC、S09、IBM PC 等）和小型机（VAX730）、中型机（富士通）系统，并将原来的计算机室扩充为计算中心（隶属科研处），包括面向科研计算服务的中型机组和面向计算机教育的微机教研室。后来，微机教研室被分到了基础部，负责全校的计算机基础教学。与此同时，随着计算机技术的不断渗透，各个学科开始大量应用计算机，各院系纷纷成立了计算机应用机构，如遥感中心、CAD 实验室、经济信息中心。

20 世纪 90 年代，计算机网络技术的普及，特别是互联网出现，学校单独成立了以互联网接入管理（ISP）为主业务的网络中心（隶属科研处），负责全校的计算机网络规划、实施与管理。随着微机性能的提高，中小型机系统逐步被淘汰，学校整合各院系的计算机资源，重组了计算中心，更名为计算机教学实验中心（隶属信息学院），主要承担计算机教学和培训工作。与此同时，中心还协助各职能处室（如财务、教务、人事）上线了各类信息系统。

2000 年后，随着学校信息化的深入，信息化建设、服务和管理工作日益繁重。为了统一领导，加快学校信息化建设的步伐，实现数字校园，提高信息化运维和服务水平，学校将网络中心扩充升级为处级单位，更名为信息中心，由一位副校长（CIO）直接领导，具体工作由具有信息管理背景的中心主任负责。信息中心下设用户服务部、网络管理科、系统运行科、数据研发科、基础业务运维科、信息安全科等，负责全校的信息化规划、建设、协调、管理、安全、运维和服务等工作。

从 2005 年起，学校全面启动数字校园建设，信息中心在完成数字校园总体规划基础上，实施了一系列学校信息化建设项目：①校园网改扩建，包括改造升级了"千兆出口、核心万兆、百兆到桌面"的快速以太网、校园网 IPv6 支持改造、无线网络建设等。②网络数据中心建设，包括建设规格完全符合国家建设标准的机房和面向数字校园各类应用的数据存储中心。其中机房采取了一个 60 kW 梅兰日蓝 UPS 和一个 20 kW APC UPS 联合不间断独立交流供电，双组专业空调，防静电地板，标准化接地装置，防火、防盗、防尘、温度、湿度均得到充分的考虑与保障。目前，主控机房内有标准服务器机柜 20 个，共有小型机 5 台以及各类企业级高性能服务器 100 余台，同时也提供主机托管等服务，并对所有内外网络服务器按相关规范进行严格的安全审计，为不同网络应用的开展提供硬件基础保障和安全监控。而数据存储中心通过大容量网络存储设备对包括网站、数据库、业务系统在内的各类数据进行实时存储和备份，并建设了异地容灾备份中心，实现数据中心核心数据的异地存储与备份，最大程度上保障了数字校园系统的数据安全。③校园一卡通建设。学校与中国工商银行签订战略合作协议，中国工商银行向学校提供 750 万元，用于学校的"校园一卡通"系统建设，分 3 期进行。最终目标是建立一个功能完善的、应用范围广的校园一卡通系统，将所有与卡相关的应用系统都结合到一张卡上，实现"一卡在手，走遍校园"，方便学生的生活、学习和教职工的工作与生活，进一步提高学校的信息化管理水平。目前一期校园一卡通系统已正式上线运行，实现了图书馆、计算中心、宿舍门禁、饮食消费等主流认证与消费系统的对接，通过自助圈存机实现银校转账；建设了校园一卡通服务大厅，为全校一卡通用户提供统一的专业服务；成立了一卡通结算中心，为各一卡通商户提供结算与对账服务；同时还建设了专业的一卡通专网和一卡通数据中心,为一卡通系统的运行提供可靠的硬件基础条件保障。一卡通实现校园内部统一身份认证,资金、支付的自动流转和监控,极大提高了学校的信息化管理水平。④信息资源开发与整合共享建设。通过深入调研、讨论,在业务系统的升级与建设上,学校秉承"分期分步,集成共享"的思路,建设并改造了十多个业务系统,保证了系统建设的科学性,降低了系统建设风险与建设成本,与实际工作业务的规范、转变有效结合,实现平滑过渡。⑤学校邮件系统外包。通过外包,利用腾讯公司企业邮箱(EXMail.QQ.com)系统(主机、存储和软件等),为师生提供企业级邮件服务。⑥学校微信公众号和企业微信群建设,实现移动端信息服务的集成,包括身份认证、健康宝、通讯录、网络办公、校园卡、IPTV、校园新闻、信息查询等。⑦雨课堂等辅助教学系统,提供新的辅助教学工具,以应对日益增长的在线教学的需求。

在学校信息中心的统筹规划下,通过多种方式(委托、外包、自主或混合研发等)开展的数字校园系统建设和运维服务,为学校适应信息化管理需要而正常运行提供着基本保障。

事实上,我国许多单位(政府、企事业单位)都经历了由计算机室,到计算中心、网络中心,再到信息中心这一信息化组织演变,它是组织信息化由简到繁的自然发展过程。一个单位应该设立相应组织机构以负责其信息化管理工作,已成为社会的普遍共识。许多单位和企业为了摆脱"成本中心"的负担,将计算中心改制,将部分乃至整个IT业务外包。如例3-1中,早期自建的学校邮件系统,因为容量有限(如最大附件不得超过10M)且维护问题频发,最终通过业务外包方式,达到了高效应用和简化管理的效果。又如中国林业网(见例6-1)的技术维护业务就是外包给专门的网络信息服务公司的。但无论自营还是外包,组织需要安排专门的人或机构来管理其信息化事务,特别地,组织的CIO机制越来越被人们认识和接受,探索适宜的信息化组织模式,实现业务流程重组或优化组合,成为目前信息化组织建设的热门话题。

21世纪是一个数字化的信息时代,信息技术被广泛应用于社会的各个方面,数字化组织(如数字化政府、数字化校园、数字化企业)将从根本上改变传统组织构成及其管理形态和方式。以数字化校园(例3-1)为例,成千上万各种各样的计算机及其网络设备,大大小小功能各异的信息系统,林林总总来自不同实体(学生、教师、管理者等)的海量信息,使得学校信息化工作(利用现代信息技术提高信息资源的开发和利用效率)变得异常复杂。单就数以万计的设备投资而言,管理者在进行"什么时间、以什么方式购买什么设备"的决策时,不得不艰难地面对高投入、高产出和高风险的问题。比如,例3-1中的某大学在1986年利用来自世界银行的百万美元贷款引进了一套中小型机系统,其利用率与投资性价比很低,有限的资金没有产生很好的利用效果。信息技术应用所具有的高技术、高渗透、高投入、变化更新快等特点,使信息化管理与运作成为一项名副其实的管理系统工程。在信息化规划(信息化目标、可利用人财物技术等资源和信息化活动或项目）确定后，信息化活动如何组织安排便成为信息化管理必须面对的问题。许多信息化成功和失败的案例都指出：建立稳定而领导有力的信息化管理专门机构是信息化成功的基础。本章重点讨论一个单位如何设立专门的组织机构以应对日益复杂的信息化管理问题。

3.1.1 信息化组织的内涵

"组织"一词有名词和动词两种含义。作为名词，组织（社会组织）指按照一定的宗旨建立起来的社会系统，如政府、事业、企业等机关和社会团体；作为动词，组织是管理的一大职能，指安排不同的人完成不同的任务，使管理效率最高。对应"信息化组织"中的"组织"，也有双重含义。作为名词，信息化组织特指一个单位设立的专门负责信息化管理工作的职能机构；作为动词，信息化组织是指为了达到信息化的目标，设立科学的组织机构，对各类资源（人员、资金、物资、技术等）和活动进行统筹协调，以期发挥最大效用。

3.1.2 信息化组织的必要性

信息化是一个复杂的系统工程，涉及资金、技术、各种利益主体，只有通过协调，才能有序地推进信息化进程。信息化也是一个不断发展变化的过程，需要不断修正调整策略，解决各种新的矛盾冲突。因此，信息化组织既是信息化实施的必要前提，也是信息化实施的动态保障。

1. 信息化组织是信息化实施的前提

作为动词的"组织"是指资源的协调分配，通常是由领导来负责的。事实证明，信息化建设是"一把手"工程。领导高度重视，全力支持，有助于信息系统建设的顺利推进。

信息化是一个复杂而微妙的社会系统工程，涉及方方面面的利益和因素。一方面，信息化涉及资金、技术、设备、人员等方面，忽视任何一个因素，都会导致失败。另一方面，信息化涉及多个利益主体。在组织的外部，有信息系统的硬件和软件供应商、社会公众、政府、行业团体；在组织的内部，有信息部门、业务部门、管理部门等。上至管理层，下至普通操作人员，不同利益主体的利益诉求不一样。外部供应商希望组织采用最新的信息技术，这样会给供应商带来高额利润回报，部分供应商甚至夸大信息技术的功能，隐瞒系统的缺陷，因而出现销售承诺与售后服务严重不一致的情况。组织内部的信息部门则可能倾向于自行开发，以便锻炼自己的专业技术能力；或者出于技术偏好，脱离组织的业务实际，片面追求技术的先进性。这样一来，可能加大了组织信息化建设的成本和风险。组织内部的业务部门则关注信息化是否会精简员工。如果信息化威胁到自己的生存，业务部门会采取抵制态度。不同的利益群体间的矛盾需要加以调和，对矛盾的类型和性质进行分类，找出主要矛盾，各个击破，最终调动各方积极性，促成信息化建设的顺利进行。因此，成功的信息化离不开有效的组织。

2. 信息化组织是信息化实施的动态保障

信息化不能一蹴而就，它是随着组织业务发展历程而不断调整的过程。例如，在信息化的初期，重点是局部引入信息系统，让各部门意识到信息化带来的效益，用事实打破人们的顾虑。随着组织的信息化意识的加强，重点则放在信息系统的整合、业务流程的优化。随着信息化的继续推进，信息化工作则转向信息资源的深入开发，从信息管理上升到知识管理。在整个过程中，组织要结合自己已有的信息化基础，因地制宜、因时制宜地开展信息化建设工作，根据具体情况调配资源。在信息化的初期，组织可以借助外力，加强宣传力度，培养信息化建设人才；在信息化的中期，则要发动业务部门参与到信息化建设中，配合业务部门，用信息技术改善业务流程的工作效率。如果不能根据实际情况调整工作重心，就会使信息化停滞在某一阶段，无法继续推进。

3.1.3　信息化组织的步骤

【例3-2】 中石油的信息化发展道路

中国石油天然气集团公司（简称中石油）是中国主要的油气生产商和供应商之一。2013年，在世界最大50家石油公司的综合排名中，中石油保持在第4位，财富500强位居第5位。

国资委、国信办《关于加强中央企业信息化工作的指导意见》下发后，中石油将信息化作为集团公司实施"资源、市场和国际化"三大战略的基础，明确了"统一、成熟、兼容、实用、高效"的十字方针，确定了"统一规划、统一标准、统一设计、统一投资、统一建设、统一管理"的六统一原则。

由于大型石油石化企业业务领域复杂、地域分布广泛，要建设和应用统一、集成的信息系统，不可能一步到位。中石油采取"现状分析、技术展望、项目规划"三阶段方法，编制了信息技术总体规划，并形成了与主营业务一一对应的支持关系，提出了项目进度安排、优先次序和资金投入，分析了人员需求趋势，为公司建设集成统一的信息平台提供了全面、系统的解决方案。

为进一步加强统一管理，集团公司及时调整充实了信息化工作领导小组，组建了统一的信息管理部和信息技术服务中心。

公司采用规范的项目管理方法，构建由信息化工作领导小组、各项目指导委员会、各项目经理部组成的三级项目管理体系，采取先试点、后推广的实施模式，有效降低了实施风险，确保了信息化项目的质量和效率。

随着信息化进程的快速推进，中石油不断强化信息系统建设管理工作，建立健全信息系统管理机构，实行总部和所属企业两个层次的信息化管理。总部级信息化管理部门对重大项目实行集中决策，统一部署，优化配置系统和信息资源，建设全局性、集成性的信息系统；所属企业级信息管理机构按照总部的部署和要求，重点做好企业层面的信息化建设和总部项目的推广应用工作；各相关业务和职能部门协同配合，分工负责。企业的信息化管理机构在业务上接受总部信息化管理部门的管理与领导。

从例3-2可以看到，信息化组织工作是一个逐步展开的逻辑过程，具体包括：

1. 确定信息化目标

首先，企业要结合自己的行业、规模、业务范围、企业发展阶段、企业发展战略等因素，确定信息化目标。不能千篇一律，盲目照搬他人经验。例如，大型企业在财力允许范围内，可以选用 ERP 等信息系统，建设企业的专用内部网，在一个较高起点上开展信息化工作。而小型企业则可以暂时放弃自建信息平台的念头，先借助外界的商贸网等平台来发布企业信息，让外界客户了解即可。

2. 将总目标分解为目标体系

信息化目标属于战略目标，是针对一个较长的时间段而言的。战略目标必须分解成战术目标，成为目标体系，才便于执行。企业可以从资金、时间进度、信息化建设质量等方面，对信息化目标进行分解，使企业管理者，尤其是信息部门的具体执行人员，能够清楚了解在多长时间内，应该完成什么样的信息化任务。

3. 明确相应的活动

为了达成目标，需要进一步开展一系列的活动。例如，企业决定在2年内上线 ERP 系统，为此将进行 ERP 技术选型、招投标、建立 ERP 项目组、召开项目启动会议、培训和普及 ERP 知识等活动。这些活动之间存在内在联系，有些活动可以并行开展，有的活动则必须等前序任务结束后才能进行。在执行这些活动前，要有通盘考虑，以免遗漏关键任务，造成后期的混乱局面。

4. 进行活动与资源的匹配

在明确任务后，便应该检查企业已有的人力、物力、财力与拟定的任务是否匹配。如果发现任务过重，资源不足，则必须考虑增加资源的可能性，或者是减少任务的工作量。如果不考虑任务与资源的匹配问题，就很可能导致信息化工作进行到一半就因资金缺口过大、人员素质不足等情况而被迫中断。

5. 建立信息化组织机构

一旦信息化工程的任务与企业资源能够匹配，企业便可以组建信息化组织机构，以该机构为实施主体，开展信息化工作。信息化组织机构的类型应该结合企业的实际情况来确定，具体方法详见3.2节。

6. 赋予各类人员相应的责权利

企业不仅要向信息化组织机构的各类人员分配任务，还要赋予他们相应的责任和权力。只有责、权、利三者有机结合，才能充分调动各类人员的积极性，否则会导致信息化项目的失败。例如，我国某个著名的家电制造企业在做 ERP 选型时，企业最高领导层过于关注价格因素，迫使软件供应商彼此进行"价格战"，最终中标的企业因为项目利润太低，没有派出最好的项目实施人员，因而给项目的最终失败埋下了隐患。在这个案例中，信息技术人员有责无权，对于信息化硬件和软件的选型工作没有发言权，企业最高领导层过于压低信息化的资金投入，使企业无法采购到优质的硬件、软件及咨询服务，极大影响了企业信息化的效果。

7. 将各部分融合为有机整体

通过上述步骤，企业已经设计、搭建了一个初步的组织结构，接下来的工作是通过设定各部门之间的职权关系、领导和被领导关系，并建立内部交流沟通的信息系统，使各部门、各层级之间融合为有机整体。

综上所述，一个单位在其信息化过程中，要在信息化战略目标的指导下，通过目标分解、业务分类、责权设计、部门整合，进行科学而合理的组织结构设计，以保证信息化工作的顺利进行。

需要指出的是，一个单位的信息化组织是一个复杂的工作，要在基本原则和步骤的指导下，结合单位的具体情况，做相应调整。另外，这个过程不是一劳永逸的，单位要根据信息化的动态需求，对组织工作进行动态调整。

3.2 信息化组织机构

【例 3-3】 联想的信息化组织机构[①]

联想集团公司是国内较早成功实施信息化战略（包括 ERP 等大的信息化项目）的大型企业，曾经被国家立为企业信息化标杆。其信息化成功的关键因素之一就是建立了强有力的信息化组织机构，促进了企业的变革。

第一，信息化建设是典型的"一把手"工程。因为信息化建设涉及公司的方方面面：战略上，它事关联想的发展战略能否实现；内部运作上，它要求变革传统的作业流程，并可能涉及原有责权利的重新分配；同时，它是一个系统工程，需要公司各部门之间的整体协调和配合。没有一把手的重视和投入，很难保证项目的顺利推进和实施效果。

第二，要有切实有效的落实机制。落实一把手工程要有专门的信息化管理机构，为此联想较早建立了强有力的 CIO 管理机制。由一位资深的高级副总裁担任 CIO，她长期主管公司的内部管理（包括人财物），对业务非常了解，是制定公司战略的主要成员之

[①] 改自：劳动和社会保障部中国就业培训技术指导中心. 企业信息管理师（上册）. 北京：机械工业出版社，2003.

一。这种角色定位保证了联想信息化战略与公司发展战略的有机衔接,能够对业务起到有效的推动作用。CIO下设信息化推进部,由具有十几年业务经验的助理总裁担任该部门负责人,负责公司的信息化规划、推进、协调、管理和知识共享。信息化推进部负责招集相关业务部门和增值链部门,对公司的业务战略进行研讨,结合目前的技术趋势和相关解决方案,草拟公司的信息化战略,由CIO审核批准后执行。信息化推进部还负责对公司大大小小的信息化项目进行立项审批、监理和评估。对涉及信息化建设的部门和合作单位(如应用开发维护、咨询公司、平台维护)明确其职责,从组织上保证实现公司信息化建设和运作(见图3-1)。

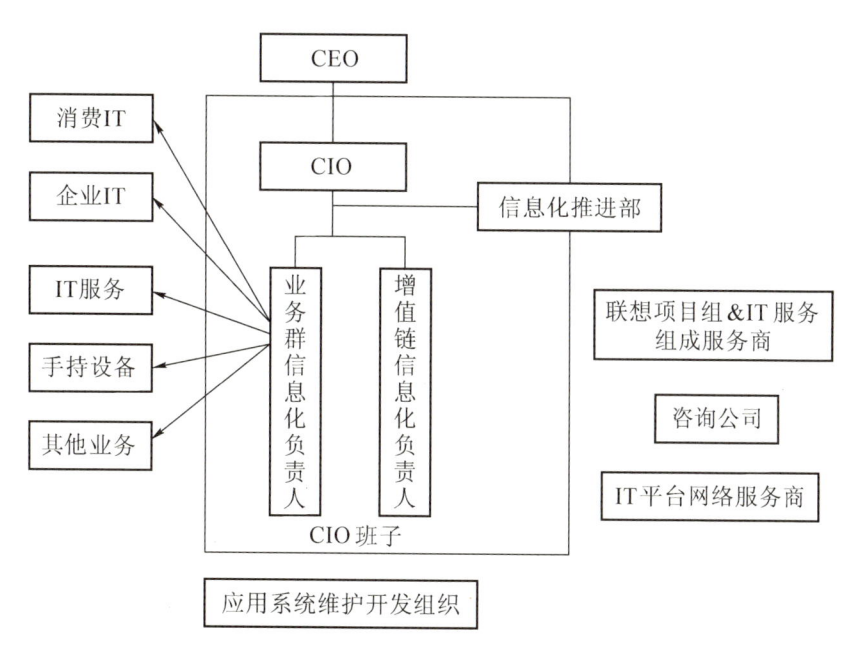

图3-1 联想信息化组织图

第三,业务主导是信息化成功的前提。事实证明,信息系统的建设要结合公司业务发展需求做出前瞻性规划,是企业发展策略和核心竞争力的重要组成部分。业务部门应成为信息化项目推进的主导者,要有熟悉全局业务,有决策能力,且有权威性的业务骨干的积极参与。同时,业务部门是信息系统的最终使用者,要与IT部门作为一个有机的整体来推进项目。联想信息化组织机构明确规定了业务群和增值链信息化负责人,参与公司信息化项目建设组织领导工作,使信息技术与业务管理的有机结合得到保障。

第四,有效的项目组织管理是信息化成功的保证。要首先确定项目组关键岗位的人选。项目总监是项目实施各方都能接受的权威领导,能把握项目进展、关键问题和重大转折;项目经理是项目班子的一把手,必须有极强的大局观、奉献精神及责任感。大型管理项目还应有项目经理助理和各专业组组长,他们同项目经理组成项目实施队伍的领导班子,班子成员既各有分工、侧重,同时还要有明确的议事决策程序和决策落实推进程序。明确项目组各成员的角色，发挥每个人的特长，注重培训和培养。

第五，组织的持续变革推动信息化的深入应用。业务流程重组是对管理基础的变革，是企业需长期不懈开展的工作。要做好业务流程优化和重组，会经过多次变革。联想 ERP 项目实施时，面临业务流程重组难度过高、工作量过大两方面的矛盾，不可能一次就实现流程的清理、规范、重组进而优化的全面目标。为了保证项目的平衡推进，项目组根据联想的实际情况达成共识，将原来的"从根本上优化业务运作模式"的项目目标调整到力所能及的层次上，即在保证"实现信息系统的集成性、准确性和实时性"第一层次目标的同时，努力向第二层次目标"优化业务运作流程"迈进，进而为"从根本上优化业务运作模式"的第三层次目标打基础。基于以上思想，联想业务流程的优化变革一直在持续进行，即使在上线以后，ERP 系统也基于管理思想发展和业务流程优化而不断优化、升级。

正如例 3-1 介绍的那样，随着信息化的不断演进，无论信息化工作还是承担工作的组织机构都在不断变化。早期，信息化组织机构的雏形是依附于业务部门的技术支持小组。在 20 世纪 60 年代，企业利用计算机辅助会计人员进行业务处理，相关计算机技术人员为用户提供技术支持，这种小型团队，可以被看成最早的信息化组织机构。后来，企业在实施大的信息化项目（如涉及企业全员的 ERP 项目）时，为了组织管理工作的顺利实施，建立了多级管理机制（领导小组、项目主管、技术支持部门、业务协调组等）。这种临时的多级管理机制对后期信息系统上线应用与运维起到了保障作用，并逐步固化演变成为现代主流的信息化组织——CIO 机制（如例 3-3 所示）。

随着信息技术的普及和应用，信息化组织机构也在不断变化。现代意义上的信息化组织机构，有广义和狭义之分。广义的信息化组织机构，是指整个组织机构。持这种观点的研究者认为，信息技术渗透应用到组织中的各个岗位，组织的每个成员都是信息的需求者、采集者、分析者。除了专门机构的专职员工以外，其他部门也或多或少地承担了部分信息管理工作，因此信息化组织机构与组织机构是等价的。狭义的信息化组织机构，是指组织中专门负责信息化管理的机构，也称信息部门（或 IT 部门）。本书不做特别说明时，信息化组织机构特指组织的信息部门。

3.2.1 信息化组织机构的类型

组织是一个开放的社会系统，与组织活动相关的信息部门也在不断变化，可以把它归结为 4 种类型。

1. 隶属业务部门的信息部门

在信息化建设初期，信息化还局限在单项业务应用，或者局限在从单项业务向单一管理职能过渡的时期。此时，信息化组织机构只隶属某个业务部门。

例如，仅有物资出入库管理系统时，组织的信息管理机构，可能只是物资供应处仓库管理科下面的一个信息技术室。如果信息系统的应用扩展到一个部门的数据综合处理，信息技术小组就可能需要升级为一个科，成为物资供应处下面的信息技术科。

这类信息部门常见于中小企业，信息化建设的水平比较低。信息部门在组织结构中的地位，可以用图3-2来表示。

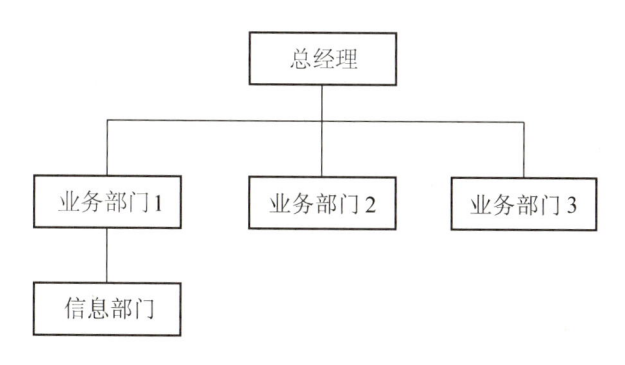

图 3-2　隶属业务部门的信息部门

2. 与业务部门平级的信息部门

随着计算机应用的普及，组织对信息管理的作用认识得越来越深刻。信息系统也从单项管理职能的 MIS 应用，到各职能部门的综合联网，实现跨部门的信息共享。此时，信息组织机构便很可能从所属职能部门中独立出来，直接由相关副总经理领导，成立一个专门的管理机构。由高层领导直接负责信息化组织机构，这是目前比较普遍的情况，可用图3-3来表示。

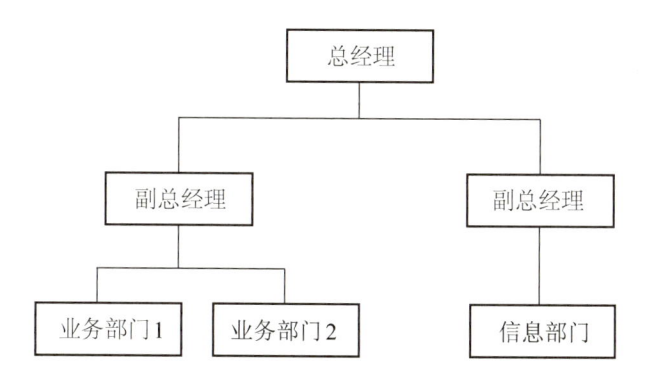

图 3-3　与业务部门平级的信息部门

3. 由总经理直接领导的信息部门

在有的企业，信息化工作十分重要，信息部门可能直接归总经理领导。例如，在当今的信息经济时代，大型生产制造、银行、证券、保险、航空等行业的企业已经完全离不开大型信息系统的支撑。组织不仅要有专门的信息部门，还要把它置于总经理的直接领导下，以便使信息技术更好地与组织战略融和。此时，组织内的多个信息系统联结成一个有机整体,实现了信息在内部和外部间的无缝对接。这种情形在大型组织中较常见,可用图3-4来表示。

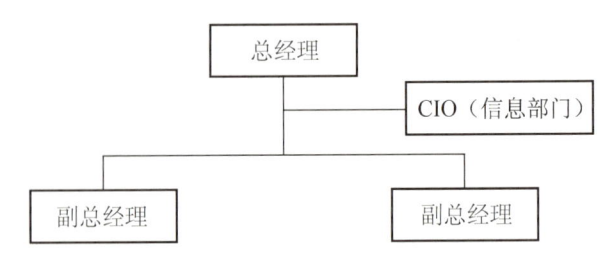

图3-4 由总经理直接领导的信息部门

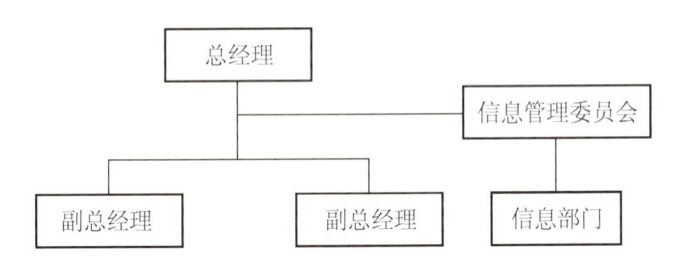

4. 由信息化管理委员会直接领导的信息部门

大型组织有时会由高级业务管理人员、高级信息技术人员等人共同组成信息化管理委员会,对信息部门进行直接管理和指导。信息化管理委员会的主要职责包括:确定组织信息资源系统发展方向,并把信息战略和组织的总体战略结合起来;确定信息化的资金预算,确定信息管理组织的基本结构;确定信息资源系统的主要管理人员,并明确其权力与责任;明确信息资源系统的职能岗位与工作标准,确定相关规章制度。大型组织实施大型信息系统工程时,就可能采用这种形式(如图3-5所示)。由于信息化工程浩大,牵扯方方面面,需要听取多方的意见,由各利益群体代表组成信息化管理委员会,有利于发挥集体决策的优势,从全局角度更好地统筹安排信息化建设工作。

图3-5 由信息化管理委员会直接领导的信息部门

3.2.2 信息化组织机构的职能

随着信息化建设的深入,信息化组织机构的职能不断扩大。概括起来,该机构有如下主要职能。

1. 信息化战略制定及管理工作的组织

信息部门的首要职能就是协助领导制定符合战略发展需要的信息化战略规划,通过调研、分析,提出组织信息化的整体发展设想和方案,并组织协调各部门的工作,以实现规划所规定的各项信息化工作。

2. 信息系统研发与管理

信息系统为组织的各项业务运作和决策服务，它是随着组织的发展而逐步完善的。信息系统的研发与管理是信息化组织机构承担的主要任务。信息部门要对组织的各项活动进行研究分析，确定组织信息系统的战略发展规划与工作计划；或自主研发信息系统，或购买成熟的产品及其服务，或将系统开发和应用外包给专业公司。

3. 信息系统运行维护与管理

信息部门负责计算机网络及信息系统的安装、运行和维护工作，保障信息系统正常运转，即负责设备运行维护与管理、网络维护、软件维护和信息处理等工作。设备运行维护与管理包括信息系统的中心计算机（服务器）、终端计算机、网络设备、高级打印机和系统备份设备等的运行维护和管理；网络维护包括通信线路、网络安全、用户及其权限等的维护和管理；软件维护包括系统软件和应用软件维护，尤其是应用软件的维护；信息处理包括批处理工作的执行、分布式打印输出、集中数据录入、数据备份、历史数据转储等工作。

4. 信息资源管理与服务

信息部门要制定组织内外部的信息资源及其利用规范（标准），协调和督促组织成员合理利用信息资源。既要负责组织内部信息和与组织有关的外部信息资源的采集、维护和安全利用工作，又要负责向组织内部各用户提供信息、技术资源的咨询服务与帮助，在软硬件知识上对信息系统的使用者进行培训，对组织内各部门跨平台网络应用、PC 间数据交换和集中式计算环境等提供培训和技术支持。

综上所述，信息部门的最基本职能是协助制定组织信息化战略规划和协调管理，承担信息系统组建任务，保障信息系统的正常运行和对信息系统的维护更新；衍生的职能是向信息资源使用者提供信息、技术支持和培训等。

3.2.3 信息化组织机构的岗位设置

为了实现信息化组织机构的职能，必须配备相应的专业人员。信息化组织机构一般包括 3 个部门，分别是系统研发与管理部、系统运行维护与管理部、信息资源管理与服务部。

1. 系统研发与管理部

系统研发与管理部是信息部门最基本的组成部分，其主要岗位包括系统分析员、系统设计员、程序员和测试员。

系统分析员的主要任务是通过现行系统的运行环境、作业流程、用户需求情况的详细调查分析，确定目标系统的功能结构、性能指标、资源配置、逻辑模型等，为系统设计提供依据。系统分析员应该既懂管理，又懂技术，具有创新意识和组织能力。系统分析员包括高级系统分析员、系统分析员、方法和过程分析员、运行研究分析员等。

系统设计员的主要任务，是根据系统分析结果，采用恰当的设计方法确定实施方案。系统设计员应该熟练掌握各种软件设计方法，可以由系统分析员兼任。系统设计员包括数据库设计员和程序设计员。

程序员是根据系统设计员编写的模块设计说明书，专门负责编写程序和调试程序。程序员必须懂得相关程序设计语言，熟练掌握编程和测试技巧，具有程序设计及迅速查找程序中的错误并修改的能力。

测试员负责对程序进行各种测试，将程序缺陷消灭在萌芽状态，避免程序正式运行后对业务造成严重损失。好的测试员能够根据情况，灵活采用各种测试方法，提高测试的效率。

2. 系统运行维护与管理部

系统运行维护与管理部是信息部门正常运行的保障。该部门的主要岗位包括资料保管员、系统培训员、网络管理员、设备管理员、控制台操作员、数据录入员等。

资料保管员主要负责对系统开发和维护过程中的文档资料进行搜集整理。他们主要应该具备组织、整理各种文件资料（纸介质、磁介质等）的能力。

系统培训员是承担系统运行培训任务的工作人员，他们主要负责对数据录入员和系统最终用户的培训工作。

网络管理员负责网络设置、管理以及维护，实施网络及数据安全策略，他们需要掌握较全面的网络知识和技能。

设备管理员主要负责对系统硬件进行维护、保养、备份、修理及恢复更新。他们是系统正常安全运行的保护神，必须全面掌握相关设备知识。

控制台操作员负责系统软件、应用软件等软件系统的进入、运行、退出和监护工作。他们的主要职能是保证系统的正常安全应用。控制台操作员必须熟悉硬件性能，尤其要熟练掌握软件的操作方法与使用技巧，懂得软件操作规程，能快速判断和处理误操作与运行异常情况。

数据录入员的职责是输入系统所需要的原始数据。他们既可能是信息部门中的初级计算机专业人员，也可能是分布在业务部门中的职能人员，如会计、统计员、质检员。他们要熟悉数据录入的格式要求及机器性能，快速准确地录入信息，完成信息存储工作。

3. 信息资源管理与服务部

信息资源管理与服务部负责信息资源的统一管理，体现组织对信息资源的日益重视。这个部门的主要岗位有资源管理员、信息员、信息服务与技术支持人员：

（1）资源管理员主要从组织全局角度，确定各类信息的搜集范围、搜集方式、传递方法，实现组织信息资源的有效整理、分类、传播及开发利用。

（2）信息员具体负责信息的搜集、整理和发送工作。信息员专门负责搜集来自组织内部和外部的信息，并做分类、筛选，把有用的信息提供给领导，以辅助决策。信息员应该具有敏锐的观察力、一定的文字修养。

(3) 信息服务与技术支持人员主要负责响应业务部门的请求，帮助业务人员解决技术故障，培训业务人员的计算机技能。

技术支持专家负责指导和协助业务人员解决技术故障。

信息咨询员负责提供专题信息咨询服务。

应该指出的是，不是所有组织都一定要按照上述方式来配备人员（如图 3-6 所示）。即使是大型企业，在建设不同类型的信息系统时，或者在信息化的不同阶段，也可以根据实际情况适当增减、灵活机动地安排。举例来讲，信息部门的某些岗位可以放到业务部门，或者临时从外部招聘员工。例如，数据录入员、信息员可以是相关职能部门的职能人员，他们的行政关系隶属职能部门，而不在信息部门。又例如，企业可以委托专业软件开发公司的开发人员参与系统研发部的工作。

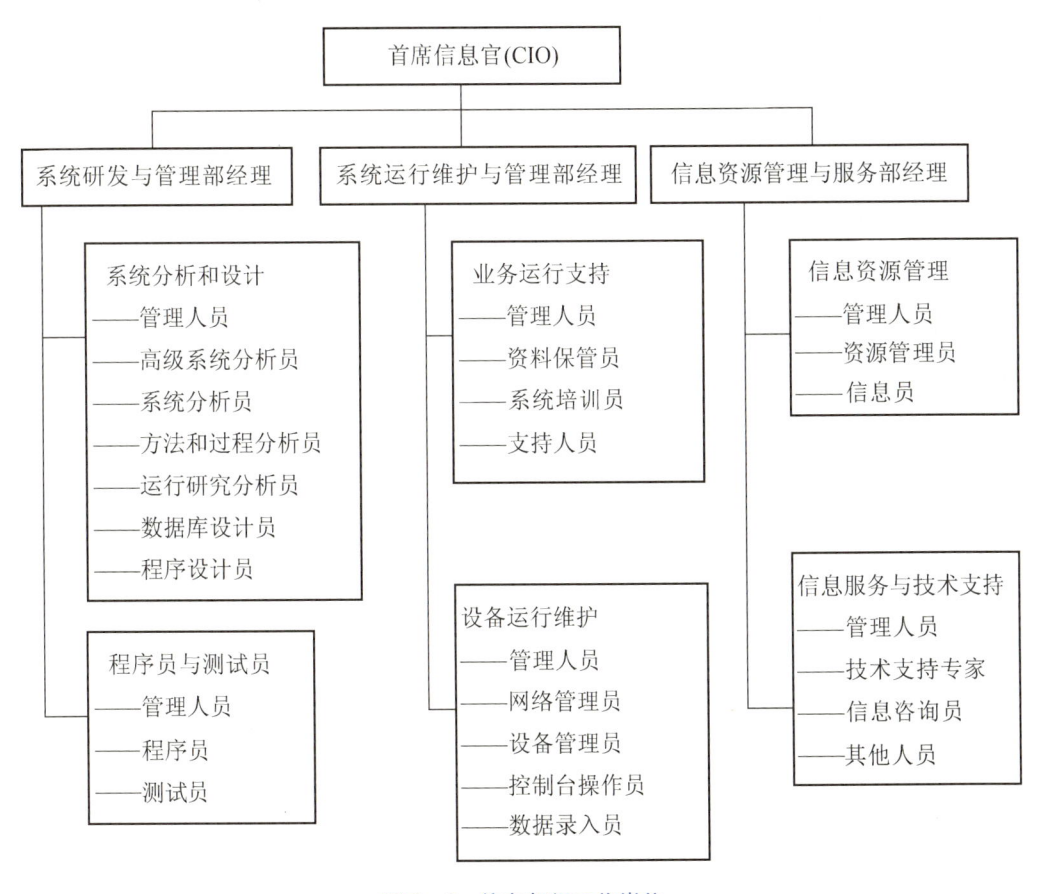

图 3-6 信息部门工作岗位

3.2.4 信息化组织机构的设置原则

组织在其信息化过程中，应该依据自身的规模、发展水平、信息化发展阶段、信息化人才情况，科学地设置信息化管理机构和岗位。在设置机构和岗位时，可参照以下原则：

1. 效率原则

信息部门是为了履行信息化管理职能而设置的组织机构。由于信息化建设过程涉及面广，因素众多，情况错综复杂，因此在组织机构的设置上，必须做到科学设计，合理安排。最好做到因事设岗、因岗定编，保证每项职能都能够落实，每项工作都有相应的部门和人员负责，从而保证信息化建设的效率，保证运行顺畅。

2. 精简原则

虽然信息化是一个涉及方方面面的系统工程，但是信息化组织机构的设置应该务求精简。对于业务性质相同或者类似的部门要进行岗位简化与合并；或者采用全新的方式来适应新的发展需要，例如将部分岗位外包出去。

3. 灵活原则

灵活原则有两层含义：一是要根据实际情况灵活选择；二是要根据情况变化灵活调整。一方面，在信息化组织机构和岗位的设置上，没有统一模式，组织必须根据自身情况做适当选择，教条主义的僵化思想是行不通的；另一方面，信息化是一个动态过程，随着信息化建设工作的推进，信息化职能会有所变化，职能重点会改变，企业必须审时度势，及时做出机构和岗位的调整，以满足新形势的要求，避免过时的机构和岗位消耗企业资源，造成人力和财力的浪费。

总之，不管采取什么样的组织结构，目的都是要在组织中形成统一指挥的信息化组织体系，以便实现对信息化建设的有效管理。

3.3 CIO 机制

3.3.1 CIO 的产生背景

CIO 即 Chief Information Officer，中文译为首席信息官或信息主管。CIO 一词最早产生于政府部门。美国政府部门面对浩瀚的文件档案资料时，深感信息资源的重要性，于是在 20 世纪 50 年代大力开展政府部门的信息化工作，在此过程中，将主管信息化的专家称为 CIO。

随着信息化工作的不断深入，越来越多企业意识到信息主管的价值，CIO 一词逐渐得以普及。

一开始，企业只有信息技术专家，没有 CIO。由于企业信息化初期的主要工作是零散的技术改造，如财务电算化、办公自动化、计算机辅助设计。这些系统主要提高了单项业务的效率，对企业的管理活动影响不大，信息人员的作用体现在技术方面的软硬件维护、技术紧急支援等。

随着信息系统的大量应用，企业有了信息部门负责人，仍没有真正意义上的 CIO。虽说管理信息系统、计算机集成制造系统、客户关系管理系统等开始在各部门广泛应用，信息技术开始提高企业管理效率和生产经营效率，但是技术的辅助色彩仍然十分明显，信息人员在企业中仍然侧重技术方面，如信息系统规划、系统选型、网络建设、人员培训。

只有到了信息集成阶段，企业进入战略信息管理时期，才有了真正意义上的 CIO。此时，CIO 进入企业的战略决策层，能够从企业经营战略的角度，全面规划企业信息化战略，全面整合企业各方面的信息化资源，整体推动企业的信息化建设（如例 3-3 所示）。

3.3.2 CIO 机制的含义

CIO 机制是组织信息化发展比较成熟以后的一种信息化管理机制。具体来讲，CIO 机制是以 CIO 为核心，以信息技术部门为支撑，以业务部门为信息化实施主体的信息化管理体系。这个体系由四大部分组成。

1. CIO

CIO 在该体系中处于核心，在信息化战略层面扮演实质性的作用，类似于公司的总经理。CIO 向企业的信息化管理委员会负责。CIO 的主要职责是参与战略决策和部署具体工作。

首先，CIO 可以参与信息化乃至企业整体战略的制定工作。然后根据企业的经营战略，考虑企业的信息化战略。在信息化战略通过信息化管理委员会的审批后，CIO 要负责企业信息化的推进工作，包括基础设施建设、人员配置、资源调配、拟定各种管理制度等。

2. 信息化管理委员会

信息化管理委员会有时也被称为信息化领导小组。它可以是一个固定机构，也可以是一个松散机构。其成员包括企业的高层领导和部门领导。信息化管理委员会的主要职责有 3 个方面：一是战略制定，二是战略调整，三是信息发布。首先，信息化管理委员会负责企业的整个信息化战略的规划。另外，在信息化实施过程中，出现原定规划的重大调整时，应该由信息化管理委员会对变更方案进行讨论和决策。而且，信息化管理委员会还是重大信息化政策的发布者，这样就可以提高信息化工作的地位，以得到企业员工的更多重视。

3. 信息部门

信息部门有时也被称为信息中心，或者信息技术支持中心。信息中心既是信息技术的支持中心，也是各项企业信息的管理中心。信息部门的主要职责是搜集、整理、统计信息资源，向决策层提供相关数据信息，信息系统的建设、管理与维护，以及开展人员培训、提供紧急技术支援服务等。不同企业应该根据自己的实际情况，拟定信息部门的职责。

4. 业务部门的信息人员

在CIO机制中，业务部门是信息化的实施主体，通常会配置相应的信息人员岗位。在信息化建设初期，或许只有少数兼职人员，其主要工作是配合信息化项目的开展，更多扮演了"代言人"角色。随着信息化工作的逐渐成熟，往往要设立专职人员，组成部门级的技术支持中心，负责系统运行、维护等工作。

总之，CIO机制的出现，标志着信息化工作在企业中的成熟。CIO直接参与企业的战略管理，表明企业进入了技术与经营相结合的战略信息管理阶段。

3.3.3　CIO的职能

【例3-4】　宝供储运的CIO[①]

唐友三是宝供储运公司的CIO。他建议老板重新开发物流信息系统，但老板刘武并不愿意投入那么多资金。然而，唐友三没有放弃，在之后的足足半年时间里，他不断地向刘武"灌输"自己的思想。当时，宝供储运有一套在DOS平台上用电话线连接的"原始"内部网络，能够利用它在全国范围的办事处里传递简单信息，这套系统问题频出，常常掉线、操作复杂、稳定性差，并且与客户宝洁公司没有数据传输接口……1998年，宝供储运最主要的客户（宝洁公司）出于降低成本的考虑，结束了与宝供储运的铁路总代理合同，引入了其他物流商。

这件事对刘武的触动很大，他一下子就意识到不仅自己的企业不能再有"小富即安"的心理，而且一定要去开发更多新客户。IT实施的关键在于企业的一把手，而一把手思想上的这种变化显然很快就被唐友三察觉到了。他不失时机地再次建议老板上马新系统。

先进的信息系统需要较多资金投入，但是公司利润正在明显下降。唐友三很清楚自己手里不会有大量资金，要做成这件事就要在每个地方都做到精打细算。于是他决定在硬件上能省就省，最后加起来一算，硬件部分大概只花了10万块钱。然后，唐友三又托朋友开发了切合企业实际的物流管理信息系统，也是精打细算，一个为期半年的至少值40万元的项目才付了10万元。

---

① 资料改自：张鹏，尹小山. IT的"味道"——"宝供储运"的成长故事. IT经理世界，1999（15）.

新系统上线后又遇到新问题。一些资格比较老的管理人员，因为不熟悉计算机技术，多少有些抵触情绪。唐友三给这些员工开培训课，还把刘武也搬出来。刘武经常现身说法："我也不懂电脑，但是我现在上班第一件事就是打开电脑看信息，你们学不学，自己看着办吧"。

1999年2月，唐友三到苏州正式与飞利浦的物流部门谈判，3天就拿下了一个长期的大单子。飞利浦物流之所以坚决地选择宝供储运，是因为别的储运公司都无法向飞利浦提供需要的信息。飞利浦要求那些公司一周传真一次，一个月报告一次，但这有时候都很难实现。当时，飞利浦甚至不知道自己的库存量有多少、进了多少货、出了多少货，而现在飞利浦把单子交给了宝供，当天就可以知道前一天的所有库存情况。

这已经不是唐友三第一次靠信息系统赢得订单了。市场部的人经常开玩笑说，我们的CIO简直就是"金牌市场经理"。

从例3-4可以看出，CIO的工作职能不是单一的。概括地来讲，CIO大致有3个基本职能：

1. 战略的参谋者

CIO作为战略决策层的成员之一，在企业的高层领导中扮演了战略参谋的角色。CIO可以把业界、竞争对手的信息化成效以通俗易懂的形式介绍给CEO及其他企业高层管理人员，使他们意识到信息技术对企业管理能够起到实在的改造和创新作用，使其由衷地支持企业的信息化建设。例3-4中的唐友三在公司转型中扮演了相当重要的角色，他不断向公司老板灌输信息化的必要性，使其在公司经营的困难关头，能够意识到采用信息技术推动企业发展的可能性。

严格来讲，CIO并不能决定企业战略，但是他可以通过自己的工作影响战略决策的形成，使信息技术在企业战略的选择和执行中起到更好的支持作用。

2. 战略的执行者

当企业实施信息化工程时，CIO是企业信息化战略的执行者。由于企业信息化涉及企业的各项职能，从采购到销售，从生产到库存，方方面面都要实现系统集成，因此需要在企业业务和信息技术之间进行协调，以解决具体的技术问题，避免管理冲突，使企业战略从蓝图变成现实。例3-4中的唐友三在实施物流管理系统过程中，从硬件、软件到员工培训，都能够结合企业实际，积极想办法，在有限的成本下，取得最好的效率，把企业战略落到实处。

3. 信息的传播中介

企业信息化涉及企业内外的众多利益群体，CIO需要扮演信息的传播中介，发挥"桥梁"作用，使各方得以顺畅沟通。在企业外部，有国内外的硬件和软件提供商、咨询机构、监管监理机构，CIO要把外界的新技术、新信息、新趋势介绍给企业内部，尤其是介绍给企业高层管理人员；在企业内部，CIO要搜集了解企业的信息化需求，把它传达出去，让外界了解企业需求，以便为企业提供合适的解决方案。例3-4中的唐友三不仅是外部信息的引入者，还把公司信息化建设的成就宣传给用户，让用户看到公司的实力，因而赢得了订单，也赢得了公司同仁的尊敬。

当然，CIO还可能扮演其他角色，如教师、教练角色，将信息化理念灌输给企业的各级员工。

总之，CIO的职能范围是可以变化的，其中的核心功能是战略的参谋者、战略的执行者，以及信息的传播中介。

3.3.4 CIO 的知识和能力

CIO应该具备哪些知识和能力呢？概括来讲，CIO应该具备技术和业务两方面的知识；而且要有沟通能力、协调能力、项目管理能力。

1. 技术知识

信息技术是一门专业技术，只有具备扎实的技术根底，才能履行CIO的基本职能——战略参谋。如果不懂信息技术，就不可能把企业的战略思想和意图用最佳的IT实践来实现，在信息化建设项目的实施过程中就会很被动，受制于人。缺乏技术知识的CIO往往会被舆论所左右，没有办法独立判断，更多依赖于成熟的甚至是落后的技术，不可能主动和创造性地开展工作。

【例3-5】 大数据和云服务时代的CIO要善于用技术来推动业务创新

1号店的首席技术官韩军强调技术升级与创新。网上超市1号店初建之时，网上零售业的竞争已经相当激烈。韩军通过一系列的技术升级，推动了1号店的快速发展。早在2011年初，1号店就着手改变数据仓库分散的局面，筹划构建 Integrate Data Warehouse，这就是1号店目前统一大数据平台的前身。1号店还做了一个PIS智能价格系统。该系统不仅包括1号店商品的进价、销售价格、销量，也引入了同行网站所售商品的信息及其售价变化（全网72个竞争对手共1 700多万种商品的价格变化），还有行业数据，借助数据的处理，能够随着数据的变化实时动态地推荐不同的价格。目前1号店80%的商品价格就是完全由这套系统来设置的，做到了实时响应市场的变化，同时减少了失误。1号店的这种个性化推荐效果实现的收入，目前占到了公司整体营收的10%。

2. 业务知识

以企业管理变革为主要内容的信息化建设不仅涉及企业战略、人力资本、企业文化、项目管理等管理知识，还涉及供应链、市场营销、研发、制造、物流等业务知识。CIO只有懂业务，才能合理确定项目的优先次序，发挥IT的服务功能。

【例3-6】 IT要与气象业务相结合

国家气象信息中心副总工程师沈文海坚信"IT要与气象业务相结合"。沈文海说：

"接触气象预测等一线业务工作的 IT 人员有更广阔的发展空间。仅仅沉醉于 IT 领域，甚至有些自我陶醉的苗头，这种 IT 精英们早晚会被时代淘汰。"

由于各业务单位提出的一般都是计算机、磁盘等硬件的购买需求，主动提出业务需求的情况还比较少。信息中心必须去挖掘潜在需求，将信息技术与气象知识深度融合。正是秉承这种思想，信息中心在完成气象信息化基础建设之后，大力推进信息的加工处理与共享服务，搭建了国家气象局突发公共事件预警信息发布系统，为各地有效防御和减轻突发气象灾害损失奠定了坚实基础。

3. 沟通能力

信息化项目是一个管理系统工程，实施中还将涉及很多部门和人员，遇到很多困难和矛盾。CIO 要善于沟通与交流，要能化解这些困难和矛盾，确保项目的顺利实施。

信息化建设中有两类主要的沟通方式，一是与上级的沟通，二是项目实施过程中与干系人的沟通。鉴于信息化项目在实施过程中会面临很多难题，需要领导的协调和帮助，CIO 要将问题考虑清楚，这样才能有针对性地和领导沟通。在项目推进过程中，既有技术问题，也有人的问题，最难的还是人的问题，人的思维惯性很难改变，因此就应讲究策略和方法，对不同的人使用不同沟通方法。总之，沟通没有一招灵，不同情况下采用不同对策。而且并不是所有的沟通都是完美高效的，肯定会存在沟通不到位的时候，因此要经常沟通，反复沟通。

4. 协调能力

出色的协调能力是不断解决问题、持续推进各项工作的保证。在信息化项目的实施过程中，因为业务繁杂，参加的单位和人员广泛，CIO 要注意避免陷入具体需求的泥潭当中。任何一个信息化建设项目都不可能满足用户的全部需求，矛盾不可避免，如果 CIO 缺乏良好的协调能力，就容易导致小问题和小冲突越演越烈，进而影响整个系统的进度。

CIO 在协调项目时，要把握好原则和妥协的分寸。如果一味坚持自己的观点，毫不妥协和让步，就可能侵犯他人的利益，导致项目的延误、终止，CIO 本人也会被撤职；当然，如果一味退让或妥协，也可能一事无成。

5. 项目管理能力

CIO 必须具备极强的项目管理能力。项目的预算、成本、工期、目标、范围、资源、计划等这些工作十分复杂，需要 CIO 有科学的规划能力和出色的控制能力。IT 项目的高投入、高风险、低成功率决定了 CIO 的项目管理能力极其重要。

本章小结

信息化管理是复杂的系统工程，需要信息化组织机构对各类资源进行统筹协调，根据情况变化而不断修正调整策略。

信息化组织部分介绍了确定信息化目标、将总目标分解为目标体系、明确相应的活动、进行活动与资源的匹配、建立信息化组织机构、赋予各类人员相应的责权利等活动。

信息化组织机构则是体现责权利的组织结构，它有隶属业务部门、与业务部门平级、由总经理直接领导、由信息化管理委员会直接领导共4种类型，主要由3个部门组成，分别是系统研发与管理部、系统运行维护与管理部、信息资源管理与服务部。在信息化组织机构设置过程中，要因时而异，使组织机构保持效率、精简、灵活的原则。

组织信息化发展到比较成熟的阶段时，会出现CIO机制，即以组织CIO为核心，以信息技术部门为支撑，以业务部门为信息化实施主体的信息化管理体系。CIO机制涉及CIO、信息化管理委员会、信息部门、业务部门的信息人员这4个部分。CIO是战略的参谋者、战略的执行者、信息的传播中介。CIO应该具备技术和业务两方面的知识，特别要有沟通能力、协调能力、项目管理能力。

关键词

信息化组织、信息化组织机构、岗位、信息化组织机构的设置原则、CIO机制、CIO职能、CIO的知识和能力

练习题

1. 什么是信息化组织？
2. 举例说明信息化组织存在的必要性。
3. 信息化组织的步骤有哪些？
4. 什么是信息化组织机构？它有哪些人员和岗位？
5. 信息化组织机构的职能是什么？
6. 概述CIO的概念、职能以及所应具备的知识与能力。

网络学习题

1. 从网上（如it168、ccidnet）搜集和阅读《信息中心向何处去》《企业信息中心应如何改革》等文章，体会组织信息部门的设立原则。
2. 从网上搜集资料，了解海尔集团信息化组织机构的构成。
3. 从网上搜集资料，了解高校信息化的演进情况，同时考察高校CIO机制。
4. 搜集国家机关信息中心和大企业信息中心的资料，并将事业单位的信息化组织机构与大企业的信息化组织机构加以比较，体会两者的区别。
5. 近年来，国内各级政府纷纷设立"大数据局"或"大数据中心"等，为什

么？考察它们的机构组成与职能。

思考题

1. 结合身边的实例思考：信息化组织机构应该具备哪些职能？
2. CIO 机制是如何产生的？它的含义是什么？
3. CIO 的日常工作包括哪些？其中最困难的工作是什么？
4. 结合你的所见所闻，请思考：什么样的人能胜任 CIO 工作？

第 4 章 信息化项目管理

学习目标与要求

本章主要介绍信息化实施中的项目管理。重点介绍项目的基本概念，信息化项目的含义、类型、特征，项目管理知识体系；具体阐述信息化项目启动、计划、执行、监控、收尾 5 个阶段所需完成的工作内容，及其采用的主要项目管理工具。

通过本章的学习，要求同学们：
- 了解信息化项目的含义、类型、特征。
- 了解项目管理的基本知识体系。
- 掌握信息化项目启动、计划、执行、监控和收尾阶段的工作内容。
- 掌握项目范围管理、进度管理、成本管理、风险管理等领域的主要管理工具。

4.1 项目管理概述

4.1.1 项目的基本概念

1. 项目定义

项目是为达到特定目的，使用一定资源，在确定的期间内，为特定发起人提供独特的产品、服务或成果而进行的一系列相互关联的活动的集合。我们说建造活动纵贯人类文明史，从史前建造供人居住的茅屋，到建造现代的水坝、运河、大桥以及其他大型建筑，大到人类的探月工程、载人航天工程，小到基于 Internet 技术开发的无数信息系统，我们都可以称之为项目。

项目是一个多目标的系统，项目目标包括成果性目标和约束性目标。项目的成果性目标有时也简称项目目标，指通过项目开发出的满足客户要求的产品、系统、服务或成果。例如，建设一个视频监控系统是一个项目，建成后的视频监控系统就是该项目的产品。项目的约束性目标也叫管理性目标，是指完成项目的成果性目标需要的时间、成本以及要求满足的质量。例如，要在一年内完成一个 ERP 项目，同时还有满足验收标准（质量要求），就是 ERP 项目的管理性目标。

项目的目标要求遵守 SMART 原则，即项目的目标要求是 Specific（具体的）、Measurable（可测量的）、Attainable（可以达到的）、Relevant（有相关性的）、Time – bound（有明确时限的）。项目目标的确定需要一个过程，而且确认的项目目标需要被项目团队各层次的管理人员所了解。特别是项目经理，应该对项目目标的定义有正确的理解。

2. 项目特点

项目有别于日常工作，需要利用有限的资源（人力、物力、财力等）在规定时间内完成任务，还要使最终交付物满足性能、质量、数量等指标的要求。项目具有非常明显的特点：

（1）临时性，指每个项目都有一个明确的开始时间和结束时间，临时性也指项目是一次性的。

（2）独特性，项目要提供某一独特产品，提供独特的服务或成果，因此"没有完全一样的项目"，项目可能有不同客户、不同用户、不同需求、不同产品、不同时间、不同成本和质量等。项目的独特性在 IT 行业表现得非常突出，因此有必要在项目开始前通过合同明确地描述或定义最终的产品是什么，以避免项目相关方因不同的理解导致冲突，这些冲突严重时可能导致项目失败。

（3）渐进明细，项目目标是逐步完成的。在项目前期，项目的产品、成果或服务是不可见的，只能粗略地进行定义，随着项目的展开才能逐渐明朗、完善和精确。

3. 项目生命周期

每个项目从开始到结束，都有一个完整的生命周期。为了更好地管理项目，项目经理首先会将项目分成几个阶段来管理。通常情况下，大多数项目的生命周期是从技术上来划分其阶段的，包括立项（系统规划）、开发（系统分析、系统设计、系统实施）、运维及消亡 4 个阶段。阶段的交付物通常都要经过技术正确性的评审，并在下一阶段开始前得到批注。阶段之间要完成技术交接或移交。

也可以按管理活动出现的先后顺序，把项目的生命周期划分为启动、计划、执行和收尾等 4 个典型的阶段。

但无论从技术视角还是从管理视角来划分项目的阶段，项目生命周期的定义通常都应包括如下内容：

- 每个阶段应完成哪些技术工作？

- 每个阶段的交付物应何时产生？对每个交付物如何进行评审、验证和确认？
- 每个阶段都有哪些人员参与？
- 如何控制和批准每个阶段？

4. 项目相关方

项目相关方是指那些积极参与项目，或是其利益会受到项目执行的影响，或是其利益会受到项目结果影响的个人和组织，他们也可能会对项目及其结果施加影响。一般情况下，项目相关方除项目组成员、客户、供应商等项目当事人之外，还可能包括政府的有关部门、社区公众、新闻媒体、市场中潜在的竞争对手和合作伙伴，甚至项目班子成员的家属等。

不同的项目相关方对项目有不同的期望和需求，他们关注的目标和重点常常相差甚远。项目管理者应对项目相关方的角色有深刻的认识，这样才能得到更多的资源和支持，从而提高项目的成功率。

4.1.2 信息化项目

作为特殊的项目，美国项目管理协会把信息化项目定义为：在特定的时间、质量、资金等的约束下，以应用信息技术为目标的一系列活动。

1. 信息化项目的分类

在信息社会中，信息化项目广泛存在，人们可以从不同的角度对它进行分类。

按照所属产业的不同，信息化项目可分为 3 种类型：信息产品（设备）制造项目、软件与系统集成项目和信息服务项目。其中，软件与系统集成项目包括操作软件项目、系统软件项目、集成软件项目、工具软件项目和应用软件项目等。信息服务项目包括邮电通信服务项目、计算机网络服务项目、广播电视传媒项目和信息咨询服务项目等。

按照物理形态的不同，信息化项目可分为 2 种类型：有形产品型项目和无形产品型项目。其中，有形产品型项目的交付物是有形的硬件产品，如大厦的智能布线项目。无形产品型项目交付的是无形的服务，如信息咨询项目。

按照用途的不同，信息化项目可分为 2 种类型：开发型项目和应用型项目。其中，开发型项目是为了解决理论或实际问题而研制新技术或新产品，如软件开发项目。应用型项目是应用已有技术满足用户的信息需求，如政府信息化项目、企业信息化项目、公共信息化项目。

按照应用范围的不同，信息化项目可分为 4 种类型：社会公共事务型项目、行业领域型项目、企业型项目和家庭/个人型项目。其中，社会公共事务型项目主要为全社会范围的公共事务处理提供信息产品或服务，如电力调度项目、银行卡项目、铁路订票项目、医院电子病历项目。企业型项目为特定企业提供信息产品或服务，如企业财务信息管理项目、企业 ERP 项目。家庭/个人型项目为家庭或个人提供信息产品或服务。

2. 信息化项目的特征

信息化项目建设的指导方法是"总体规划、分步实施",它除了具备项目的一般特征外,还具有以下几个显著特征。

(1) 信息化项目要以满足客户和用户的需求为根本出发点。

(2) 目标的模糊性和渐进性。这是由于项目前期,客户本身还不太清楚自己的需求,只提出一些初步的设想和要求。随着项目的展开,客户借助开发的原型,逐步认清自己的需求,项目目标逐渐完善和精确。因而,信息化项目经常出现客户和用户的需求不够明确、复杂多变的情况。

(3) 高度依赖智力资本。信息化项目属于智力密集型、劳动密集型项目,对人力资源的依赖度非常高。任何一个信息化项目的成败,直接取决于项目成员的技术水平、责任心和工作稳定性。例如,软件开发项目包含大量技术性强、细致、复杂的工作,需要开发人员具有较高的技术水平和丰富的开发经验,以及较强的责任心、创造力和团队合作精神。同一个团队开发难度相似的系统,工作状态不同,项目质量可能差别很大。

(4) 信息化项目是系统工程。信息化项目包含技术、管理和商务等方面,是一项综合性的系统工程,需要相关各方的足够重视,必要时应"一把手"挂帅,并且多方要密切协作。

(5) 较高的不确定性。信息化项目不是简单选择最好产品的行为,而是选择(或开发)最适合用户需求和投资规模的产品、技术和服务的活动的集合,涉及更多的工作是设计、调试与开发。这种高新技术的应用,一方面会带来成本的降低、质量的提高、工期的缩短,另一方面也会带来相应风险。

信息化项目的上述特征,增加了信息化项目管理的难度。

【例 4-1】 王可的烦恼

这几天,项目经理王可的心情简直沮丧到了极点,因为他刚接手一星期的大通公司物流信息系统项目可谓举步维艰!该项目的合同金额是 14.3 万元人民币,要求在 140 天内完成。本来任务就不轻松,现在又遇到许多问题:项目范围不断变化,客户总是今天要求这个,明天要求那个;派出去的客户需求分析人员的经验不足,将项目需求写得混乱不清;项目组开始出现士气低落的苗头,有的程序员开始偷偷和其他项目组接洽,想跳到别的项目去;有的程序员晚来早走,待在办公室里也提不起精神。

王可感到,尽管项目才刚刚开始,然而似乎已经陷入困境。

例 4-1 提到的物流信息系统项目，就是由一系列活动组成的：从前期接触客户和签订合同，到系统调研、设计、编码、测试，直至最终系统上线运行和用户培训等。这些活动要在严格的时间和费用限制下完成，由项目经理负责协调和控制。正如例 4-1 所示，IT 项目在执行过程中会遇到各种各样的问题，如项目范围的蔓延、项目质量难以监控、人员流动性大，因而直接影响工期和成本。要解决这些问题，需要全面、系统的规划和全过程的跟踪。头痛医头、脚痛医脚的"救火式"管理是行不通的，必须运用科学的项目管理方法。

4.1.3 信息化项目管理的特点

现代的项目管理最早产生于国防领域，后来扩展到建筑行业，现在则渗透到公共事务、金融、信息化建设等各行各业中。

信息化项目管理是为了满足甚至超越项目利益相关方对项目的需求和期望，应用理论知识、技能、工具和技巧以完成信息化项目目标的管理活动。信息化项目管理主要具备 3 个特点，即系统性、目标导向性和项目经理负责制。

1. 系统性

由于信息化项目是一个复杂的社会系统工程，所以信息化项目管理十分注重综合性管理，全过程都贯穿着系统工程的思想。信息化项目管理把信息化项目看成一个完整的系统，依据系统论"整体—分解—综合"的原理，将信息化工程分解为多个工作包，并指定相关人员负责，再由他们分别按要求完成工作、达成目标，然后汇总，综合成最终的成果；同时，信息化项目管理把信息化项目看成一个完整的生命周期，强调部分对整体的重要性，促使管理者不要忽视其中的任何阶段，以免导致总体效果不佳甚至失败。

2. 目标导向性

信息化项目管理是一种多层次的目标管理方式。它通过确定项目组织内部的任务分工，把项目组织的任务转换为具体的工作目标，对目标的执行过程进行调控，并对目标完成的结果进行评价。目标经过层层分解，细化到最小的单位和个人，有利于目标的执行、控制与实现。这样，就能保证项目工作达到项目产品的要求，从而实现客户需求或期望的项目目标。

3. 项目经理负责制

信息化项目管理的体制是项目经理负责制，这是一种基于团队管理的个人负责制。一方面，每个项目成员的工作都关系到项目的最终交付成果；但另一方面，项目经理十分关键，他要从系统管理的角度出发，处理各种冲突和意外事件，创造和保持一种环境，使项目组能齐心协力地完成预定的使命和目标。

4.1.4 项目管理知识体系

【例 4-2】 高人指点

烦恼的王可找到公司最资深的项目经理老鲁,想请他指点一二。老鲁听完王可的故事,淡然一笑,说:"这样的事太多了。小周的项目尾款现在还没有收回来。客户说软件还没有达到他们想要的目标,其实就是少了一个'权限申请表管理'功能,而且这个功能在合同和开发方案里都不包含。"老鲁随口又举了几个例子。例如,万清公司的物流信息系统项目也碰到了范围变更的难题。市场人员为了尽快拿单因而一味地迎合客户,在没有完全弄清客户的实质要求时就签订了合同,合同中有关项目范围的语句含混不清。对此,项目组的技术人员都反映项目进行不下去了。又如,负责新世界物流信息系统项目的经理更倒霉,经常遭到客户的干涉,客户甚至会完全无视项目进度计划,随意变更项目过程,回头还会责难项目经理为什么进度没有按照计划进行。

王可越听心越凉,这样的项目管理也太难了吧……该怎么办呢?老鲁安慰他,一是要努力积累经验,提高领导能力,二是要系统学习项目管理知识。

通俗来讲,项目管理知识体系是对项目管理原则的系统化概述。

1. 项目管理知识体系的产生背景

传统的项目管理三大要素分别是满足时间、成本和质量指标的要求。评价项目成功与否的标准也就是这 3 个条件的满足与否。除此之外,现在最能体现项目成功的标志是客户和用户的认可与满意。使用户满意是当今企业发展的关键要素,这就要求加快决策速度,给职员授权。项目管理中项目经理的角色从活动的指挥者变成了活动的支持者,他们尽全力使项目团队成员有效完成工作。

正是在上述背景下,经过工程界和学术界的不懈努力,项目管理已从经验上升为理论,并成为与实践结合的一门现代管理学科。国际项目管理协会(International Project Management Association,IPMA)和美国项目管理学会(Project Management Institute,PMI)作为世界上最权威的两大项目管理研究机构,分别构建了自己的项目管理知识体系。其中,美国项目管理学会的项目管理知识体系的应用范围更广一些。

项目管理的知识体系(Project Management Body of Knowledge,PMBOK),是 PMI 早在 20 世纪 70 年代末提出的,《项目管理知识体系指南》(A Guide to Project Management Body of Knowledge,也称 PMBOK Guide,或《PMBOK 指南》)是美国项目管理学会的核心出版物,自 1996 年第一版面世以来,每 4~5 年更新一次版本,分别于 2000、2004、2008、2013、2017 年出版,目前培训考试使用的是《PMBOK 指南》第 6 版。《PMBOK 指南》现已成为项目管理专业从业人员专业资质培训认证的主要内容,可以用于评估项目管理从业人员的知识能力水平。

2. 项目管理知识体系的内容

在PMI提出的《项目管理知识体系指南》中，项目管理被划分为5个过程组、10个知识领域，如表4-1所示。

表4-1 PMI提出的项目管理知识体系

序号	项目生命周期	过程组	知识领域
1	项目生命周期	启动过程组	整体管理
2	项目生命周期各阶段	计划过程组	范围管理
3	阶段内和阶段之间的过程	执行过程组	进度管理
4		监控过程组	成本管理
5		收尾过程组	质量管理
6			资源管理
7			沟通管理
8			风险管理
9			采购管理
10			相关方管理

项目管理过程组（project management group）指的是项目管理输入、工具与技术和输出的逻辑组合，包括启动过程组、计划过程组、执行过程组、监控过程组和收尾过程组。项目管理过程组不同于项目阶段。

启动过程组（initiating），定义一个新项目或现有项目的一个新阶段，授权开始该项目或阶段的一组过程。

计划过程组（planning，也译为规划），明确项目范围，优化目标，为实现目标制定行动方案的一组过程。

执行过程组（executing），完成项目计划中确定的工作，以满足项目规范要求的一组过程。

监控过程组（monitoring and controlling），跟踪、审查和调整项目进展与绩效，识别必要的计划变更并启动相应变更的一组过程。

收尾过程组（closing），完结所有过程组的所有活动，正式结束项目或阶段的一组过程。

知识领域，可以理解成同类活动的相关概念的集合。例如，项目工期的估算、优化、控制等活动都是和进度相关的活动，应将其一并归入项目进度管理知识领域。《PMBOK指南》里10个知识领域的含义具体如下：

（1）整体管理，是指为确保项目各项工作能够有机协调和配合所展开的综合性和全局性的项目管理过程,包括制定项目章程和项目计划、指导与管理项目工作、监控项目、实施整体变更控制、结束项目或阶段等过程。

(2) 范围管理,是指为了实现项目目标,对项目的工作内容进行控制的管理过程,包括编制范围管理计划、搜集需求、定义范围、创建工作分解结构、确认范围、监督项目和产品的范围状态、管理范围基准变更等过程。

(3) 进度管理,是指确保项目最终按时完成的一系列管理过程,包括定义活动、排列活动顺序、估算活动持续时间、制定进度计划、控制进度等过程。

(4) 成本管理,是指确保项目的实际成本不超过预算成本的管理过程,包括制定成本管理计划、估算成本、制定预算和控制成本等过程。

(5) 质量管理,是指为了确保项目达到客户所规定的质量要求而实施的一系列管理过程,包括制定质量管理计划、管理质量和控制质量等过程。

(6) 资源管理,是指为了保证所有资源都得到最有效的利用而采取的一系列管理措施,包括制定资源管理计划、估算活动资源、获取资源、建设团队、管理团队、控制资源等过程。

(7) 沟通管理,是指为了确保项目信息的合理搜集和传输而实施的一系列措施,包括制定沟通管理计划、管理沟通和监督沟通等过程。

(8) 风险管理,是指对各种不确定因素的识别与控制措施,包括制定风险管理计划、识别风险、风险估计与量化、实施风险应对和监控风险等过程。

(9) 采购管理,是指为了从项目实施组织之外获得所需资源或服务而采取的一系列管理措施,包括编制采购管理计划、实施采购、控制采购、结束采购等过程。

(10) 相关方管理,是指对项目相关方的需要、希望和期望的识别,通过沟通上的管理来满足其需要、与相关方一起解决问题的过程,包括识别项目相关方、制定项目相关方管理计划、管理和监督相关方参与等过程,强调不仅要管理相关方的期望,更要保证他们的适度参与,而后者是影响项目成败的非常关键的因素。

表4-2反映了项目管理知识体系中49个管理过程与5个过程组及10个项目管理知识领域的映射关系。要管理好一个信息化项目,管理者除了需要掌握项目管理知识体系之外,还要了解相应的IT知识、标准、项目所在行业的业务知识等。

表4-2 项目的5个管理过程组和10个项目管理知识领域的映射关系

知识领域	项目管理过程组				
	启动过程组	计划过程组	执行过程组	监控过程组	收尾过程组
整体管理	制定项目章程	制定项目计划	指导和管理项目工作 管理项目知识	监控项目工作 实施整体变更控制	结束项目或阶段

续表

知识领域	项目管理过程组				
	启动过程组	计划过程组	执行过程组	监控过程组	收尾过程组
范围管理		编制范围管理计划 搜集需求 定义范围 创建 WBS		确认范围 控制范围	
进度管理		规划进度管理 定义活动 排列活动顺序 估算活动持续时间 制定进度计划		控制进度	
成本管理		制定成本管理计划 估算成本 制定预算		控制成本	
质量管理		制定质量管理计划	管理质量	控制质量	
资源管理		制定资源管理计划 估算活动资源	获取资源 建设团队 管理团队	控制资源	
沟通管理		制定沟通管理计划	管理沟通	监督沟通	
风险管理		制定风险管理计划 识别风险 实施定性风险分析 实施定量风险分析 规划风险应对	实施风险应对	监控风险	
采购管理		编制采购管理计划	实施采购	控制采购	
相关方管理	识别项目相关方	制定项目相关方管理计划	管理相关方参与	监督相关方参与	

4.2 项目启动

项目启动是信息化项目管理的第一个环节。虽然它包含的项目管理活动并不是太多，但是好的开始是成功的一半，充分的准备工作有助于项目的顺利实施。项目启动阶段的管理活动涉及10个项目知识领域中的2个知识领域，分别是整体管理知识领域的制定项目章程、相关方管理知识领域的识别项目相关方，具体内容见表4-2。

4.2.1 制定项目章程

制定项目章程是编写一份正式批准项目并授权项目经理在项目活动中使用组织资源的文件的过程。项目经理可以参与甚至起草项目章程，但通常由高级管理层签发项目章程。项目经理是项目章程的实施者，项目章程也是项目经理寻求各主要相关方支持的依据。项目章程宣告一个项目的正式启动、项目经理的任命，并对项目的目标、范围、主要可交付成果、主要制约因素与主要假设条件等进行总体性描述。项目章程所规定的是一些比较大的、原则性的问题，通常不会因项目变更而对项目章程进行修改，遵循"谁签发，谁有权修改"的原则。它在项目进展过程中的作用是随时提醒项目团队，不要陷入无谓的细节纠纷中，要牢记项目的最核心使命。

在项目进入启动阶段时，公司会任命项目经理，授权其着手组建项目小组，了解项目背景并拟定项目章程。只有充分了解项目背景，才能有效把握用户需求，以便将项目章程简明扼要地表达出来。项目背景信息主要包括客户背景和客户现状信息。了解客户信息的方式很多，包括直接交谈、浏览客户网站、联系并访问与客户打过交道的人员等。如果公司有历史项目数据库，项目经理可查阅档案，从而了解客户公司的发展历程、主营业务等。了解客户，不仅有助于项目经理尽快与客户找到共同语言，迅速建立良好的合作关系，还有助于项目经理深入了解客户。在起草和审查项目文档时，项目经理应能够正确判断项目建议书是否满足了客户的真实需求，以及在当前的客户环境、实施组织环境、外部环境下是否可行。

4.2.2 识别项目相关方

前面已经说过，项目相关方是指利益受该项目影响（受损或受益）的个人和组织，如项目团队、信息系统的最终用户、硬件供应商。尽早识别项目相关方及其利益关注点，有利于提高项目的成功率。

项目相关方可能随着项目的进展而变化，所以相关方识别不是一次性的活动，可能需要不定期地进行。由于项目相关方数量众多，而项目经理的时间和精力都有限，因此要对相关方进行分类。从相关方的利益点、影响力、与项目的紧密程度、影响项目的时间阶段等方面进行分类，以便于项目经理在项目的各个阶段认清主要相关方的主要利益诉求。

4.3 项目计划

【例4-3】 项目启动后该做什么

王可参加了项目管理培训课后,按照课堂上的要求,梳理了一遍项目启动流程。不想不要紧,一琢磨才发现自己遗漏了很多要点。比如,没有制定项目章程,没有对客户背景进行分析。大通公司是一家民营企业,老板对信息化持怀疑态度,对钱"抠"得很紧;基层员工大多数没有接触过信息管理软件,一开始提不出什么需求来,等看了软件原型,又会提一大堆要求。假如项目组无法满足这些要求,员工就把意见反馈给老板,因而更加强化了高层对项目的排斥态度。一系列问题导致今天的局面。好在项目才刚刚开始不久,虽然错过了启动阶段,但还可以弥补。以前,王可的计划都是一两页纸,只包括项目交付物和大概的时间进度,现在要做一份正规的项目计划,他还真不知道该从哪里着手。

凡事预则立,不预则废。放任自流的项目是不会成功的。信息化项目计划阶段共有24个管理活动,范围最广,囊括全部知识领域,具体内容见表4-2。

制定项目计划是一个搜集项目各管理领域计划的结果,是汇集成一份综合的、经批准的、现实可行的、正式的项目计划文件的过程。项目计划的最重要用途是指导项目执行并为执行过程中的项目检查、监督和控制提供依据,同时也指导项目的收尾工作。

制定项目计划时应注意项目计划要和项目规模相符。几个人在两三个月内就能做的小项目,可能只需要一份两页纸的项目计划书。需要上百人用3年时间才能完成的大项目,就要求一份厚重的项目计划书。但是,计划书不是越厚越好,应该详则详,该略则略。另外,项目计划不是由项目经理一个人闭门造车拟订的,它是团队智慧的结晶。项目计划必须是自下而上制定出来的。项目团队成员要就与自己密切相关的部分制定相应计划,并逐层上报和汇总,最后由项目经理进行综合,形成综合性的、整体的项目计划。在制定项目计划的过程中,项目经理和项目团队成员也要充分听取其他主要项目相关方的意见,以便把相关方的需求尽可能反映到项目计划中,以避免相关方对项目执行结果产生理解上的分歧。

项目计划的种类很多。由于任何规模的项目都必须满足任务、时间和资源这3个硬约束,因此,范围计划、进度计划和成本计划是必不可少的主要项目计划。

4.3.1 项目范围计划

项目范围计划是对信息化项目的最终交付物及工作范围的说明。项目经理要在理解合同内容的基础上编制项目范围说明书，并应用相应工具做出范围计划。

1. 在合同的基础上编制项目范围说明书

项目范围说明书是一份定义主要项目交付物的文档，包括项目的商业目的、产品或服务描述、交付物、目标等内容。项目范围说明书还是日后项目相关方对项目工作范围的共识，一旦在实施过程中需要对项目各绩效指标进行折中取舍时，项目范围说明书就成了参照依据。

项目范围说明书的编制过程就是定义项目范围的过程。这个步骤把项目的主要可交付成果划分为较小的、更易管理的单位。

2. 用 WBS 生成范围计划

接下来，要根据项目范围说明书，用 WBS 来生成范围计划。

WBS 是工作分解结构（Work Breakdown Structure）的简称，是项目范围计划的重要分析工具。它将项目范围不断分解和细化，最终以列表的形式有层次地体现项目任务，便于项目团队清楚地认识完成项目范围所需要考虑的工作内容。WBS 由任务编号和任务名称组成，每个项目任务的编号唯一。WBS 通常可依照以下方式来分解：

第一层，整个项目，编号为 1。

第二层，项目阶段，按照项目生命周期分成 4~5 个项目阶段，编号为 1.1、1.2 等。

第三层，把每个阶段划分为子阶段，编号为 1.1.1、1.1.2、1.2.1、1.2.2 等。

第四层，确定每个阶段（子阶段）中的主要交付物，编号为 1.1.1.1、1.2.2.3 等。

第五层，如有必要，把交付物划分为更小的子交付物。

第六层，完成这些（子）交付物所需完成的工作。

WBS 的分解层次要根据项目规模和难易程度而定。通常 WBS 的最底层称为工作包（work package），是单个人在一周内可以完成的工作。工作包的最小责任单位是个人，这样便于责任到人，为后面制定人力资源计划打下基础。

【例 4-4】 WBS 的制定

学了 WBS 后，王可试着开始分解项目范围。他先把项目分成需求调研、系统设计、程序开发、测试、试运行、交付、项目总结 7 个阶段，然后对各个阶段逐一分解。王可牢记 WBS 的原则，该简则简，该细则细。

这样分解后，工作任务确实清楚多了。王可把做好的 WBS 拿给老鲁看，老鲁表扬王可想得周到，把代码编写的工作分解得很清楚，不过还是给他提了一个建议，界面美工不用再细分了。既然用户对界面没有特殊要求，美工部的小陈又有丰富的工作经验，他一个人在 4 天内就可以完工，那么可以把界面美工作为一个工作包来处理。

经王可重新修订后，WBS 的部分结果如图 4-1 所示。

	任务名称
1	⊟ 1 项目管理软件开发
2	⊟ 1.1 需求调研
3	1.1.1 用户需求调研
4	1.1.2 需求分析
5	⊟ 1.2 系统设计
6	1.2.1 总体设计
7	1.2.2 详细设计
8	⊟ 1.3 程序开发
9	1.3.1 界面美工
10	⊟ 1.3.2 代码编写
11	1.3.2.1 人员管理模块
12	1.3.2.2 任务分派模块
13	1.3.2.3 任务监控模块
14	1.3.2.4 项目效益分析模块
15	1.3.2.5 客户售后服务模块
16	⊟ 1.4 测试
17	1.4.1 模块测试
18	1.4.2 集成测试
19	1.5 试运行
20	1.6 验收
21	1.7 项目总结

图 4-1 大通广告公司项目管理系统的 WBS

目前较常用的工作分解结构表示形式主要有两种：分级的树型结构和表格形式。前者类似于组织结构图，优点是层次清晰、直观、结构性强，缺点是不容易修改，尤其对于大型的、复杂的项目，很难用它表示出项目的全景，在中小型项目中倒是应用得较多。后者如图 4-1 中创建的工作分解结构，直观性较差，但缩进图表方式可以反映出项目的所有工作要素，尤其适合大型的、复杂的项目。

综上所述，编制项目范围计划其实就是创建工作分解结构的过程。如果没有工作分解结构，就谈不上项目的进度计划、成本计划、质量计划、人力资源计划和风险计划等。

4.3.2 项目进度计划

信息化项目容易出现延期现象，这是因为各种突发事件常常会打断项目的进度计划。有人可能认为，既然计划赶不上变化，那就干脆不要进度计划吧。这种错误的看法会使项目控制失去时间参照系，导致更多的时间延误。其实按照科学的方法和合理的步骤是完全可以制定切合实际的项目进度计划的。

1. 制定项目进度计划

首先，定义项目活动。如果 WBS 计划得当，这一步只需对 WBS 活动进行确认即可。

其次，对活动进行排序。WBS 只列出各项活动，并没有揭示活动间的逻辑关系，项目团队并不清楚工作是以并行或串行，抑或交叉的方式进行，也不清楚活动间的约束关系（例如，开始编码前必须先完成客户需求调研）。项目经理可以结合项目的具体情况，巧妙安排活动的先后次序。如果项目时间紧，则可以在满足活动内在逻辑约束的前提下，尽量使活动并行，这样可以缩短项目的总工期。

再次，对各活动所需时间进行估计。活动时间的估计方法主要是依据历史记录，或者是项目团队的经验。时间估计必然会存在一定误差，可以用加权的方法进行修订，比如：

$$活动时间 = \frac{最乐观时间 + 4 \times 最可能时间 + 最悲观时间}{6}$$

最后，可以用网络图或甘特图来表示项目活动及历时，以便于项目团队直观地把握进度。网络图的绘制方法在许多管理学教科书中均有论述，本书不再赘述。除了手工绘制，还可以使用项目管理软件（如 MS Project）。按照上述步骤，指定每个活动的用时及前序活动（开始本项活动前必须先要执行完毕的活动），即可自动得到网络图或甘特图。以王可的项目为例，其甘特图如图4-2所示。

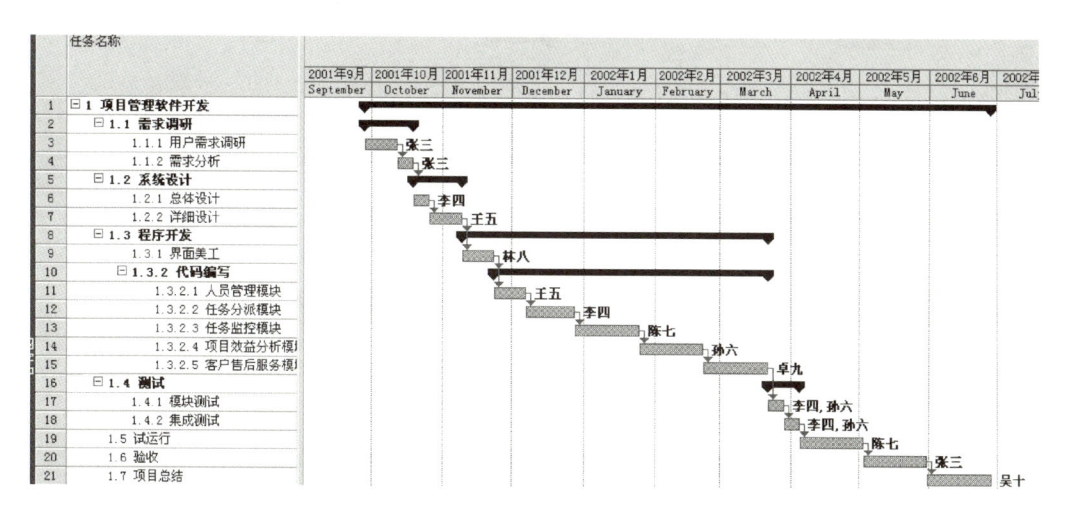

图 4-2 项目进度计划甘特图

在甘特图中，需要特别关注关键路径。它是项目中用时最长的工作路径，在这条路径上，任何一项活动的时间改变，都会直接导致项目总工期的改变。而其他非关键路径上活动的历时改变，并不一定改变项目总工期。例如，如图4-2所示的活动是串行方式，环环紧扣，每个环节的延误都会导致总工期的延误，所以整条路径都是关键路径。一般在项目管理软件中，关键路径会被标记为红色，以便引起项目经理和项目团队成员的重视。

2. 调整项目进度计划

初步的项目计划生成后，如果项目总工期远远超过了合同约定，则要进行调整。项目进度调整（进度压缩）是指在不改变项目范围、进度制约条件、强加日期或其他进度目标的前提下缩短项目的进度时间。进度压缩的方法主要有两种：

（1）赶工：缩短关键路径上单项活动的作业时间，具体方法可用追加资源、改进方法和技术、使用高素质的资源或经验更丰富的人员。该方法下常常要增加费用，因此需要在成本和进度间进行权衡。

（2）快速跟进：改变活动的排序，将顺序工作改为并行工作，适用于能够通过并行活动来缩短项目工期的情况，往往会造成返工和风险增加。

例如，在如图4-2所示的甘特图中，项目总工期是195天，超过了合同规定的140天。

如果加派人手，把关键路径中的1.3.2.3活动的工作时间从20天变成7天，项目总工期就会立刻减少13天。同时，还可以将1.3.2.1～1.3.2.5的代码编写活动全部改为并行。此时，项目总工期就变为130天，符合合同的140天约束条件。

调整后的项目进度计划如图4-3所示。

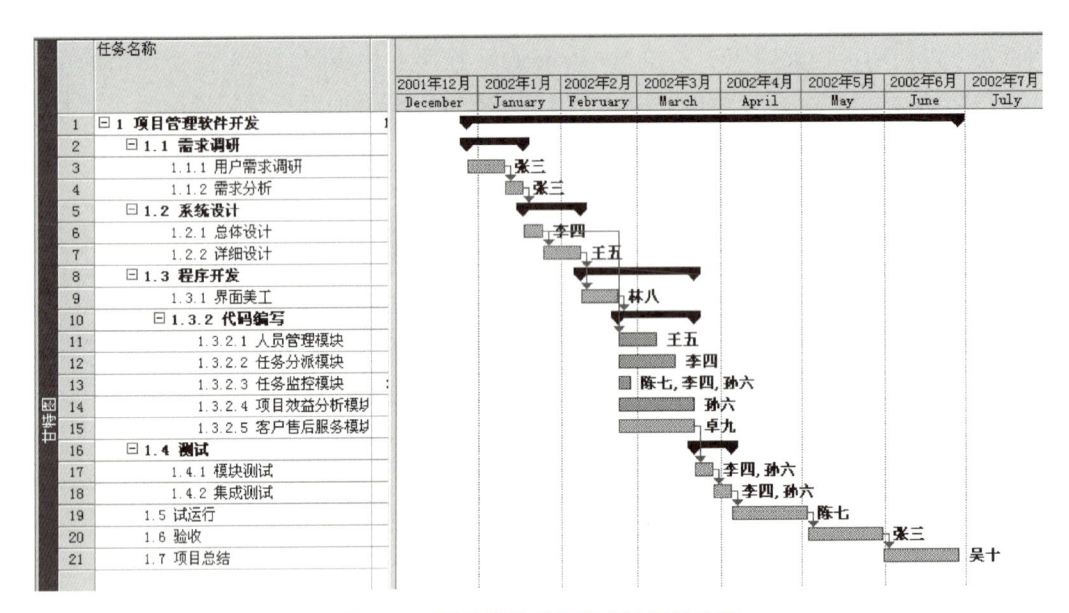

图4-3 调整后的项目进度计划甘特图

需要指出的是，制定项目进度计划时，要考虑诸多因素，如项目拥有的人力和财力、项目组成员的工作能力和工作状态、合同中关于项目进度的承诺、客户的具体要求。

3. 进度计划包括的种类和用途

（1）里程碑计划：由项目的各个里程碑组成。里程碑是项目生命周期中的特定时刻，在这一时刻，通常有重大交付物完成。此计划用于项目相关方高层对项目的监控。

（2）阶段性计划（概括性进度表）：标明了各阶段的起止日期和交付物，用于相关部门的协调。

（3）详细甘特图计划：标明了每个活动的起止日期，用于项目组成员的日常工作安排和项目经理的跟踪。

4.3.3 项目成本计划

项目成本计划是在满足工程质量、工期等合同要求的前提下，对项目实施过程中所发生的费用进行估算的管理活动。

1. 成本的估算方法

可以采用的成本估算方法主要有 3 种。类比估计法，即用先前类似项目的实际数据作为估计现在项目的基础。参数建模法，即以项目的某些关键特征为参数，通过建立数学模型来预测项目成本。累加估计法，即逐个估计单个工作的成本，然后累加得到总成本。项目经理在具体估算成本时，要考虑合同价格、预期利润、盈利率等因素，并根据项目实施过程中的实际情况做出调整。如果是全新项目，没有历史数据可供参考，则只能采用累加估计法，对人力资源的单位价格、差旅、招待、通信、办公等其他费用进行单价估计，如每趟差旅的平均费用、每次招待的平均费用。这些单价要依据项目的规模、复杂度、地域及公司财务制度标准等因素来确定。在资源单价已知的情况下，估计资源使用量，进而核定各项工作的成本，然后累加即可。当项目不确定性较高时，项目成本计划要预留风险准备金，通常按照项目总成本的 5%计提。

2. 项目成本计划的生成

在 Project 软件中，将员工和资源分配到 WBS 的各项任务中，并分别指定员工的工时费用，以及交通、办公等项目的费用，系统会自动根据任务工时与单位费率进行加总。

以王可的项目为例，项目总成本是人民币 131 763. 33 元，如图 4 –4 所示。

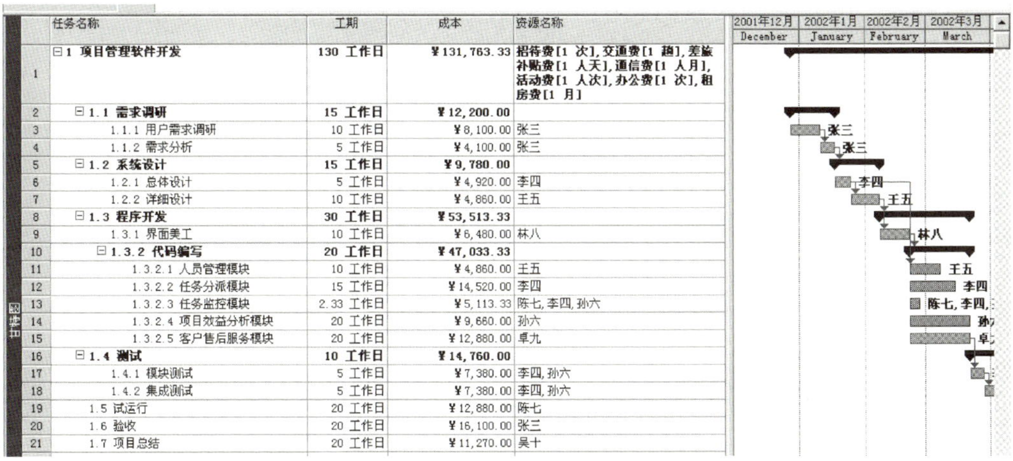

	任务名称	工期	成本	资源名称
1	1 项目管理软件开发	130 工作日	¥131,763.33	招待费[1 次],交通费[1 趟],差旅补贴费[1 人天],通信费[1 人月],活动费[1 人次],办公费[1 次],租房费[1 月]
2	1.1 需求调研	15 工作日	¥12,200.00	
3	1.1.1 用户需求调研	10 工作日	¥8,100.00	张三
4	1.1.2 需求分析	5 工作日	¥4,100.00	张三
5	1.2 系统设计	15 工作日	¥9,780.00	
6	1.2.1 总体设计	5 工作日	¥4,920.00	李四
7	1.2.2 详细设计	10 工作日	¥4,860.00	王五
8	1.3 程序开发	30 工作日	¥53,513.33	
9	1.3.1 界面美工	10 工作日	¥6,480.00	林八
10	1.3.2 代码编写	20 工作日	¥47,033.33	
11	1.3.2.1 人员管理模块	10 工作日	¥4,860.00	王五
12	1.3.2.2 任务分派模块	15 工作日	¥14,520.00	李四
13	1.3.2.3 任务监控模块	2.33 工作日	¥5,113.33	陈七,李四,孙六
14	1.3.2.4 项目效益分析模块	20 工作日	¥9,660.00	孙六
15	1.3.2.5 客户售后服务模块	20 工作日	¥12,880.00	卓九
16	1.4 测试	10 工作日	¥14,760.00	
17	1.4.1 模块测试	5 工作日	¥7,380.00	李四,孙六
18	1.4.2 集成测试	5 工作日	¥7,380.00	李四,孙六
19	1.5 试运行	20 工作日	¥12,880.00	陈七
20	1.6 验收	20 工作日	¥16,100.00	张三
21	1.7 项目总结	20 工作日	¥11,270.00	吴十

图 4 –4　项目成本计划

4. 3. 4　其他项目计划

除范围、进度、成本这 3 个主要约束条件以外，信息化项目还要考虑供应商能力、人力资源等约束条件，所以针对其他项目管理领域的计划也不能少。下面介绍项目的人力资源计划、沟通计划、质量计划、风险计划、采购计划和相关方管理计划。

1. 人力资源计划

对于信息化项目而言，人是最宝贵的资源。项目人力资源计划的核心是确定项目团队的组织结构和任务分配。组织结构用组织结构分解图（Organizational Breakdown Structure，OBS）来表示，它能揭示每个组织单元负责的工作内容，是在一般组织结构图基础上的细化。而任务分配的工具是责任分配矩阵（Responsibility Assignment Matrix，RAM），它将 WBS 中的每项工作指派给具体执行人，以保证事事有人干、人人有事干。对于小型项目而言，最好采用责任分配矩阵，把工作落实到个人；对于大型项目而言，将工作指派给部门或团队更有效。

需要指出的是，项目团队被批准后，项目经理要把项目团队的组织结构分解图和项目团队责任分配矩阵正式分发给关键项目相关方。同时，项目经理要编制项目团队成员通讯录，以方便团队内部的信息沟通。

在王可所负责项目的责任分配矩阵（部分）中，如图 4-5 所示，列出了团队成员的名字及其负责完成的任务情况，并规定了主要任务的交付物。

	资源名称	工时	开始时间	完成时间	输出成果
1	⊟ 张三	280 工时	2001年12月28日	2002年5月30日	
	用户需求调研	80 工时	2001年12月28日	2002年1月10日	需求调研报告
	需求分析	40 工时	2002年1月11日	2002年1月17日	需求分析说明书
	验收	160 工时	2002年5月3日	2002年5月30日	验收报告
2	⊟ 李四	258.67 工时	2002年1月18日	2002年4月4日	
	总体设计	40 工时	2002年1月18日	2002年1月24日	系统设计书
	任务分派模块	120 工时	2002年2月22日	2002年3月14日	任务分派模块的代码；模块使用说明
	任务监控模块	18.67 工时	2002年2月22日	2002年2月26日	任务监控模块的代码；模块使用说明
	模块测试	40 工时	2002年3月22日	2002年3月28日	模块测试结果报告
	集成测试	40 工时	2002年3月29日	2002年4月4日	集成测试结果报告
3	⊟ 王五	160 工时	2002年1月25日	2002年3月7日	
	详细设计	80 工时	2002年2月22日	2002年2月7日	详细设计说明
	人员管理模块	80 工时	2002年2月22日	2002年3月7日	任务监控模块的代码；模块使用说明
4	⊟ 孙六	258.67 工时	2002年2月22日	2002年4月4日	
	任务监控模块	18.67 工时	2002年2月22日	2002年2月26日	任务监控模块的代码；模块使用说明
	项目效益分析模块	160 工时	2002年2月22日	2002年3月21日	
	模块测试	40 工时	2002年3月22日	2002年3月28日	模块测试结果报告
	集成测试	40 工时	2002年3月29日	2002年4月4日	

图 4-5 项目的责任分配矩阵

2. 沟通计划

沟通是为了特定的目标，在人与人之间、组织或团队之间进行信息、思想和情感的传递或交互的过程。沟通渗透在项目生命周期的全过程中，项目沟通管理建立在管理沟通的基础上，服务于项目管理及项目相关方的共同利益。

许多项目的失败在于沟通不善。例如，有的项目经理只会埋头解决技术问题，却不知道定期向客户和公司领导报告项目的进度、资金耗费等情况，导致上级和客户对项目进展一无所知，因而对项目管理水平产生不信任感。尤其是在大型项目中，各项目相关方有不同的信息需求，为此项目经理更有必要制定有针对性的沟通计划。

一份项目沟通计划应包括以下内容:

(1) 沟通模式,即沟通的载体(邮件、电话、面对面的交流)、沟通的频率(定期、不定期)、沟通的对象(客户、公众、媒体、本公司的管理层)等。

(2) 会议计划,即会议的目标、举办时间、地点、规格(参会者的来源、职位)、信息传播(会议简报的发送)等。

(3) 报告计划,即项目报告提交时间、内容、撰写人员,甚至是报告的格式。一般来讲,项目管理办公室会根据不同类型的项目,建立相应的项目文件结构体系和文件模板。项目经理在使用时,可以根据项目自身的特点,对文件模板进行选择或调整。

3. 质量计划

由于项目的一次性特征,一旦出错会给项目带来无法挽回的影响和损失,因此,项目质量管理强调质量计划。项目成员要从一开始就树立质量意识,从而保证项目的整体质量。

制定质量计划时主要需要考虑以下几方面:

(1) 合同对质量的约束条款。

(2) 企业的质量政策,如采购原材料、设备的质量;项目产品的质量保证;对环境、健康和安全的保证。

(3) 质量检验标准,即项目最终交付物的各项指标,如软件的缺陷数量、响应时间、最大用户访问数量。

(4) 质量检验流程,即定义通过什么手段或方式来检查或证明项目的某个环节是否符合既定的质量标准。

(5) 对质量检验结果的管理计划,包括发布质量检验结果、保存质量检验文件、对质量偏差整改的跟踪计划等。

信息化项目的质量计划往往以文字形式给出,具体内容可灵活调整。

4. 风险计划

项目风险是指妨碍项目成功的可能性。项目管理中有一个墨菲定律,即"If anything can go wrong, it will"(如果某件事可能出错,它就会出错)。许多信息化项目因为缺乏风险意识,最终导致项目走入窘境。虽然有些风险是难以预测或无法预见的,且制定有效的风险计划并非易事,但是,有意识的风险识别和应急预案还是能对项目风险的规避和分散起到有效作用。

制定风险计划的主要过程包括:列举项目风险;评估风险的发生概率及后果,识别主要风险;制定风险应对计划。

最终的项目风险计划应当明确有哪些风险、怎样应对、谁来管理,具体包括以下内容:

(1) 项目风险清单:项目经理要列举项目风险,并识别主要风险及风险发生的概率。如果项目风险较多,还可以对风险进行分类。

（2）项目的主要风险应对计划：对于发生概率高、后果严重的风险，可以采用规避、转移、分担等方法，或者从源头消除风险事件，或者引入其他主体来共同承担风险。而对于后果轻微的小概率风险事件，则可以采取不予埋睬，或者提取风险准备金等对策。

（3）项目风险管理计划：确定项目的风险管理机构及人员组成。对于大型项目，可以外请专业机构进行风险的识别、评估和跟踪。对于小项目，则可由项目经理兼任风险管理人员。

5. 采购计划

信息化项目涉及不少软硬件采购工作，需要用尽量少的资金来购买满足质量标准的所需资源。项目采购计划是确定要采购的项目需求的过程，包括是否采购、怎样采购、采购什么、采购多少、什么时候采购等决策。

制定采购计划时，要考虑项目的进度计划、成本计划、质量计划等各种约束条件。例如，某企业迁址，要在一个月里搬迁完毕，工期要求很急，项目组要在15天内完成大厦的布线及信息系统的安装工作。但这远远超出项目团队的能力范围，必须外购服务。对于大多数项目采购而言，最通常的制约因素是资金。

6. 相关方管理计划

项目相关方的高效识别和管理，是项目成功的重要因素之一。相关方管理计划应详尽地说明相关方的识别标准、流程和激励措施。随着项目的进展，相关方的利益诉求、相关方对项目的影响力都可能发生变化，因此需要不断修订相关方管理计划。

综上所述，我们了解了计划过程所产生的所有子管理计划，项目计划可以包含一个或多个子计划，可以根据情况进行增减。例如，有的软件开发项目十分重视以往经验的积累，强调文档保存，则可能增加项目文档管理计划，对文档格式及内容要点、审批流程进行规定。而小型信息化项目（如为本企业的员工提供一次计算机技能培训），则可能没有项目采购计划、项目风险计划等。另外，使用Project等计算机辅助软件，不仅可以快速生成计划，还能以图形的方式形象、直观地反映项目活动和WBS的对应关系、活动之间的依赖关系、资源之间的调配关系等。

4.4　项目执行

项目执行是采取必要行动以确保完成计划的活动。在整个项目生命周期里，项目执行阶段耗用的资源是最多的，时间也最长，其效果是项目成功的关键。俗话说得好，良好的计划是成功的一半，另一半就是计划的执行情况。

项目执行阶段的管理活动涉及10个项目知识领域中的7个知识领域，共计10个活动，具体内容见表4-2。

项目经理在此阶段的主要管理活动包括项目团队的获取及管理、管理沟通和相关方参与、管理质量、实施采购等。

4.4.1 项目团队的获取及管理

项目经理的主要职责之一就是组建和激励项目团队，为团队营造积极的工作氛围。

项目经理要根据项目合同、范围说明书来挑选合适的团队成员。如果内部员工的技能和数量不能满足要求，则可以采用内部员工推荐、外部招聘、外包等方式来找到合适的成员。鉴于团队成员的专业背景、性格差异很大，很多成员彼此不熟悉，而且没有合作经历。因此，项目经理需要将一盘散沙似的"群体"转化为目标一致、有凝聚力和战斗力的"团队"。

为提高团队整体的战斗力，管理学家提出了很多激励理论，如马斯洛的需求层次动机理论、赫兹伯格的双因素激励理论、泰穆汗的权力理论。但理论不能照搬，激励方法应该因时因人而异。常见的激励措施有培训、团队建设、奖惩等。培训可以解决员工知识习得、技能陈旧的麻烦，团队建设可以减少工作态度消极等问题，而奖金，旅游等更大范围的赋权等，可以激励员工保持良好的行为习惯。激励措施常常综合使用，以便使团队成员更好地了解自己、了解他人、了解如何更有效合作。

在实施团队管理时，项目经理还可以借助现代的项目管理软件。这些软件提供了各种图表，如人力资源平衡表、人力资源使用情况报表、人力资源超负荷报告，帮助项目经理查看人力资源的调配情况。如果项目经理发现某个员工在前 3 周每周工作 80 小时，在后 4 周每周工作 140 小时，则可以借助软件进行任务的再分配。

4.4.2 管理沟通和相关方参与

项目需要建立沟通制度，确定信息的格式和内容，以及信息的整理者、发送者、接收者等。如果项目沟通流程混乱，客户直接向程序员提出修改要求，软件版本将不好控制，则项目很容易出现范围蔓延、工期延误等问题。

信息分发是指向项目相关方及时提供所需信息，包括实施沟通管理计划以及对预料之外的信息索取要求的应对策略。信息可以是纸质或电子文档，既包括工程图纸、设计规范、测试计划等技术文档，也包括项目计划、范围说明书、会议记录等管理文档。由于沟通的复杂性会随着项目成员人数的增加而增加，因而要增加沟通的渠道，常用的沟通方式有单独谈话、项目会议、项目简报、通知、项目报告、项目总结等。其形式也多样，例如，有的项目经理要求项目成员站着开会，且根据项目需要每周或每天早晨召开一次会议。这种没有椅子的会议迫使人们把精力集中在真正需要沟通的问题上，虽然会议频繁且简短，但是沟通效果很好。总之，只有将信息及时、准确地发送给项目的利益相关方，才能避免因为沟通不畅而影响项目相关各方的关系，产生不信任感，造成项目实施困难。

在项目的整个生命周期中，管理相关方的参与，就是通过与项目相关方保持沟通，管理相关方的期望，保证他们的适度参与，解决他们之间的问题，为项目推进助力，并尽量减少对项目的干扰。

4.4.3　管理质量

信息化项目需求往往前期模糊，后期逐渐明确，项目范围经常变更。为了确保项目变更不影响交付物质量，需要做出质量保证，建立项目质量标准和项目过程执行规范，并定期、不定期地比较、跟踪和反馈。

项目经理应和质量控制部门一起制定项目过程规范，确定项目必须执行的过程及可选过程等；组织项目团队进行培训，明确项目中必须遵守的过程，以及审计计划、审计措施等；同时走访客户，说明公司的质量保证措施以及项目组准备采用的做法，并接受客户的合理建议，在一开始就建立客户对项目的信心。

在项目实施过程中，项目经理要对项目过程进行审计，检查相应的代码、文档或者其他交付物是否已产生，内容是否完整且符合规范。审计报告要报送高层和客户。针对审计报告中提出的问题，项目经理要进行问题分析和跟踪，确定问题是人为疏忽、意识缺失、没有时间还是其他原因造成的。针对每一种原因，制定下一步的培训和整改计划，力求不再犯相同的错误。同时，项目经理要和客户沟通，说明项目改进措施，减少客户的担心，增强客户的信心。

4.4.4　实施采购

这一项工作主要是指：从潜在的供应商处获取适当的信息、报价、投标书或建议书；选择供货方，审核所有建议书或报价，在潜在的供应商中选择，并与选中者谈判直至确定最终的合同。在项目管理团队决定外购时，先要分析需求、明确资源，再比较选择合适的采购策略。选择合适的供应商，直接关系到项目的进度、质量和成本控制。初次合作时，建议项目经理采取规范的流程，以确保找到合适的合作伙伴。

供应商的选择往往要经过多个步骤：

首先，制定一个评估标准。例如，用加权分析法对关键指标赋予权重，关键指标包括报价、交货期、供应商资信等。

其次，对接收到的标书或建议书进行评估。建议书可分成技术（方案）部分和商业（价格）部分。各部分应独立评估。

最后，对所有供应商按照评估分数从高到低进行排序。对于重要的采购项目，这一过程可能要重复几次。

根据初步的评估结果，先选择合格的供应商，再根据情况开展更详细的评估。

4.5 项目监控

项目监控是指通过监督项目执行情况，在必要时采取纠正措施来保证项目进展与目标方向匹配的活动。监控并非一时的行动，而是动态的过程。它不断衡量项目进展情况，监控与计划不符的偏差，在必要的情况下采取措施对计划加以修正。

项目监控阶段的管理活动涉及全部 10 个项目知识领域，共计 12 个活动，具体见表 4-2。其中，项目经理的主要任务包括：识别项目进度、成本、范围、风险、质量等方面的偏差，并采取相应措施；控制项目变更；编制项目报告；创造并维持健康的客户关系。

【例 4-5】 客户的质问

王可拿着精心制定的项目计划，看着项目进度甘特图，心里十分高兴，计划周详就是不一样！团队成员都清楚自己要完成的工作、每项工作的截止日期及交付物的质量标准。大家的方向一明确，工作劲头就高了，原来迟到、早退的人在任务面前也打起了精神。

正当王可为项目管理走上正轨而暗自庆幸时，大通公司的总经理打来了质询电话，质问项目组为何迟迟没有回应他们的需求修改请求。王可猛地想起来，客户上周提出了很大的需求变动，项目组的成员都极力反对，尤其是大周。要是答应修改，大周这一个月的工作就得全部推倒重来。王可看到大家的态度这样激烈，就想缓一缓，结果就给耽误了，听大通公司方面的口气，似乎很不高兴。

这个项目变得更棘手了……

4.5.1 整体变更控制

由于信息化项目是一个系统工程，某一处的变更就会导致"牵一发而动全身"的后果。例如，客户要求增加服务器的数量，这就不仅会直接影响项目范围和成本，还会间接影响项目进度。因此，需要有一个正式的评估过程来分析和决定，是否同意变更请求。

整体变更控制是对变更的识别、评价、权衡的管理活动。项目经理首先根据项目计划和绩效报告来识别变更；再通过项目经理个人的思考，或者整个项目变更控制委员会的讨论，来评价变更有无必要、利弊如何；最终，决定何时采取何种方案。例如，既可以立刻响应用户要求，马上采购服务器；也可以说服客户多等几个月，因为硬件技术更新频繁，等到那时以更便宜的价格买到同样规格的服务器。

需要指出的是，当变更申请出现时，项目经理要严格遵守项目变更控制流程，填写项目变更申请审批表，进行变更评估。不管变更是否被通过，都要记录在册。尤其在拒绝变更时，一定要陈述拒绝的理由，并以积极的方式处理拒绝带来的负面影响。

4.5.2　范围控制

从20世纪90年代开始，人们就认识到信息化项目是一个针对项目目标不断沟通和协商的过程。由于信息化项目通常存在范围蔓延的趋势，因此必须控制项目范围，以既保证应该做的工作得以完成，又保证没有在不必要的工作上浪费资源。

项目经理要以项目范围管理计划为基准，结合有效的变更控制流程，对项目范围进行管理。项目经理和团队成员应该随时关注项目范围的执行状况并做记录。在项目的每周例会上，项目经理可以用项目交付物管理一览表作为辅助工具，带领项目团队检查项目范围执行状况。如果项目交付物和原定验收标准不相符，就意味着出现了偏差，这时需要分析范围偏差原因，确定纠偏策略，避免项目范围的无谓扩大。

4.5.3　进度控制

项目进度偏差是衡量项目绩效的重要指标之一。如果不能对进度偏差进行及时、有效的管理，就有可能造成比偏差本身更加严重的影响。

对项目进度的管理应以项目进度计划为依据，项目经理通过获取项目进度的实际信息，对照项目进度计划，识别进度方面是否存在偏差。当偏差被确定后，要分析造成偏差的原因，分析该偏差对项目总体表现造成的影响。同时，征得项目相关方对该偏差的意见。如果偏差可以接受，则调整项目进度计划；否则要制定具体的纠正措施，把偏差挽回到可以接受的范围内。

项目进度调整后要进行项目进度计划的版本升级。在新版本中要说明版本编号、主要变更内容、版本升级原因和相关文件。

4.5.4　成本控制

传统的成本控制只考虑计划成本、实际成本，而没有考虑项目工作进度。有时，实际成本小于计划成本，并非成本节省，实质上是项目进度严重滞后。成本控制最常用的方法是挣值管理（Earned Value Management，EVM），适用于所有行业的所有项目。挣值管理有3个基本指标：

（1）计划成本值（Planned Value，PV，计划值），是为计划工作分配的经批准的预算，等于各项目活动计划成本值之和。

（2）实际成本值（Actual Cost，AC），是在给定时段内，执行某工作而实际发生的成本，等于各项目活动实际成本值之和。

（3）挣值（Earned Value，EV），是对已完成工作的测量值，用分配给该工作的预算来表示，等于计划成本值与完成百分比乘积之和。

挣值管理通过分析实际绩效与基准之间的偏差，来确定项目的当前状态，有4个评价指标：

（1）进度偏差（Schedule Variance，SV），是测量进度绩效的一种指标，表示为挣值与计划值之差。用于判断项目进度是落后还是提前。当 SV 小于0时，说明进度滞后；当 SV 大于0时，则说明进度超前。进度偏差计算公式为：

$$SV = EV - PV$$

（2）成本偏差（Cost Variance，CV），是在某个给定时点的预算亏空或盈余量，表示为挣值与实际成本之差。它是测量项目成本绩效的指标。当 CV 小于0时，说明成本超支；当 CV 大于0时，则说明有节余或效率高。成本偏差计算公式为：

$$CV = EV - AC$$

（3）进度绩效指数（Schedule Performance Index，SPI），是测量进度效率的指标，表示为挣值与计划值之比。它反映的是项目团队利用时间的效率。当 SPI 大于1.0时，说明进度超前；当 SPI 小于1.0时，则说明进度滞后。SPI 的计算公式为：

$$SPI = \frac{EV}{PV}$$

（4）成本绩效指数（Cost Performance Index，CPI），是测量预算资源成本效率的指标，表示为挣值与实际成本之比。它是最关键的EVM指标，用来测量已完成工作的成本效率。当 CPI 小于1.0时，说明成本超支；当 CPI 大于1.0时，则说明成本节省。CPI 的计算公式为：

$$CPI = \frac{EV}{AC}$$

对于计划值、实际成本和挣值这3个参数，既可以分阶段（以周或月为单位）进行检测和报告，也可以针对累计值进行监测和报告。项目团队可根据项目绩效，预测分析项目的当前状态，并决定是否需要采取纠正或预防措施。

4.5.5 其他领域的控制

1. 质量控制

项目实施过程中，项目团队在项目质量保证员的带领下，根据项目质量计划进行定期检查，如展开项目评审。当程序缺陷数量高，出现了质量偏差时，则要返工，甚至重新设计系统。当项目范围发生变化时，也需要对项目的质量计划做相应调整。项目的质量计划每次调整后都应该及时进行版本更新，并记录更新的原因和相关参考文献资料。

2. 沟通控制

在项目实施过程中，项目经理要同时面对项目客户、项目实施组织的管理层和项目团队成员等多方，需要向各方及时地沟通和报告项目状况，使他们及时获取项目的真实信息，并做出正确反应。项目交付物管理一览表、项目进度管理表、项目质量管理表、项目人力资源管理表、项目成本管理表、项目风险管理表、项目变更申请和审批汇总表等是项目经理报告的依据。

需要注意的是：

（1）给客户的项目报告要针对客户的关注点，文字简明扼要，内容通常包括项目进度状况、交付物检验结果、项目问题、需要客户配合的事项等。通常在每个项目阶段结束的时候，都要召开客户会议，以向客户汇报项目状况。

（2）给管理层的项目报告通常包括当前预算的使用情况、进度状况、客户满意度情况、项目利润情况等内容。

（3）给项目团队的项目报告要清晰、详细、直接，具有可操作性，可以使项目团队进一步明确项目目标，促进配合，分享项目经验与教训等。

3. 风险控制

项目计划预估的风险与实际情况很可能是不一致的，风险的概率和损害后果都可能会产生变动。因此，项目经理有必要跟踪风险、披露风险，并不断应对新风险。

首先，项目经理要和管理部门及用户一起，定期审查项目的最重大风险事项。常用的方法是列举十大风险事项追踪表，对各风险事件的目前排名、以前排名、上榜次数、解决情况等进行总结。例如，范围蔓延风险，本月在风险事件中排名第二，上个月排名第三，连续3个月都列入了十大风险事项追踪表。对此的解决方法是项目相关方共同开会，澄清项目范围。

其次，项目经理可采用风险管理审查会议，向各方披露风险及处理情况。这样可以一举多得：第一，可以唤起管理层和客户的风险意识；第二，可以集思广益，得到更多备选方案；第三，可以增强项目利益人的信心。风险披露证明项目团队已经意识到重大风险，已适时建立应对策略，并有效地加以执行。

最后，还要根据实际情况，及时采取预防或补救措施。要把问题的解决放在第一位，而不是追究问题的责任。否则，项目团队成员就可能因为害怕被处罚而隐瞒风险征兆，导致小风险酿成大事故。

4. 采购控制

信息化项目中的软硬件采购及各种外包服务，都受合同的法律效力约束。合同签署后，项目经理有责任管理合同，监督合同的执行、合同的修改，以便使供应商的交付物与合同保持一致。

一方面，合同的顺利执行基于合同内容的理解。许多项目经理可能对合同的法律地位认识不足，对于合同内容理解得不深刻，因而引发不必要的经济纠纷。例如，有的项目经理以口头或者书面的方式要求承包商重做已经交付并得到认可的工作，而没有意识到，这种行为按照合同条款来看，是授权承包商完成额外工作，承包商可以据此依法索取报酬。

另一方面，在变更合同时，项目经理不要忽视关键项目成员和法律专业人士的参与。大部分项目都涉及变更，大到新增开发系统，小到更换服务器型号，较大的变更还会涉及合同变更。因此，项目经理要在专业人士的帮助下，审查并评价变更对合同的影响，对重要会议和电话进行记录，将与合同无关的不必要的变更控制在一定范围之内。

项目监控涉及全部项目管理知识领域，由于篇幅有限，这里只阐述了主要知识领域的控制活动，其余的控制活动请参见项目管理相关教材。

4.6 项目收尾

【例 4-6】 项目有必要收尾吗？

公司最近的活儿越来越多，大通公司的项目还没有完成，王可又接到一个新项目，他只好要求大家尽快完成手头的工作。在团队的共同努力下，软件测试完毕，在客户处运行正常。王可长长地舒了一口气，尽管还有尾款回收等结束工作没有完成，但是可以将其转交给销售部门。王可开始埋头准备新项目的启动工作，他决定好好复习一下项目管理知识。但是，老鲁过来提醒他，是不是该开个项目总结会。王可有点不情愿，工作这么紧，开会的时间里可以干好几件事了，有必要总结吗？

项目收尾阶段的管理活动是项目整体管理中的结束部分或阶段。虽然收尾阶段和启动阶段一样，工作量都不是太多，但是它们都是项目管理中不可或缺的一环。收尾工作组织得当，可以加快工作节奏，尽早释放项目资源并投入到新项目中去；而且，该阶段还可以及时总结得失，为日后的项目管理工作积累经验。

4.6.1 项目验收

项目验收是项目收尾管理中的首要环节，只有完成项目验收工作后，才能进入后续的项目总结、系统运维以及项目后评价等工作阶段。项目的正式验收包括验收项目产品、文档及已经完成的交付成果。项目验收的依据是项目前期签署的合同内容以及对应的技术工作内容，如果在项目执行过程中发生了合同变更，还应将变更内容一并作为项目验收的依据。验收工作一般由监理、业主和承建单位共同进行，需要完成正式的验收报告。验收报告包含了验收的主要内容及相应的验收结论，参与验收的各方应对验收结论签字确认，对验收结果承担相应的责任。对于软件类的项目，除了依据项目前期的合同内容，以及执行过程中发生的变更内容外，通常还需要将软件需求规格说明书作为验收依据。

4.6.2 项目总结

项目总结的目的就是检查项目团队成员及相关方是否按规定履行了所有职责，主要活动包括整理项目文档、项目团队内部总结、客户满意度调查、项目后评估和召开项目总结大会等。

1. 整理项目文档

文档整理的具体目的是将项目各阶段的主要资料和文件进行检查分类，把缺少的文件补充完整，然后采取合适的方式将其保存起来，以备将来使用。如果在项目实施过程中遵循了文件管理计划，则整理文档的工作量不大。项目文档整理完毕后，项目资料一般是交给公司的项目管理办公室进行统一管理和维护。在交接的过程中，项目管理办公室会检查项目文档的质量，需要的时候会提出一些整改建议。

2. 项目团队内部总结

项目团队进行内部总结，不仅对团队成员来说是一次学习和提高的机会，也有利于形成项目管理的知识库。内部总结工作主要包括整理项目资料数据、总结项目实施过程中出现的问题、思考项目流程的有效性、归纳关键的成功因素等。

项目经理在带领项目团队进行经验教训总结时，要鼓励成员畅所欲言，尤其要敢于对项目的教训进行回顾总结。

3. 客户满意度调查

在项目结束阶段，应该调查客户对项目的满意程度。调查的内容应该包括产品质量、产品性能、产品性价比、服务质量、项目管理、技术支持、综合管理等方面。调查内容既要涉及项目的执行情况，也要涉及公司的整体项目管理水平。

4. 项目后评估

项目后评估包括两个方面：对项目完成情况的评估和对团队成员的绩效评估。前者主要是评估项目结果是否达到了公司管理层对项目的预期要求。此项工作通常由项目管理办公室牵头，由项目团队一起参与完成，评估内容以项目预期目标和项目计划为依据，通常涉及项目的范围、进度、质量、成本等方面。后者则是针对项目团队和项目经理，除了考虑项目任务的完成情况外，还应考虑职能部门和项目团队成员的反馈。

5. 召开项目总结大会

与项目启动会议相呼应，项目总结大会也必不可少。会上，项目经理应向各相关方

（管理层、客户方、项目实施人员等）报告项目的实施过程和结果，借此巩固和加强同客户的友好关系，为将来的进一步合作打下良好的基础。

总之，项目管理是理论与实践的结合。项目经理既需要学习理论，也需要在实践中不断总结经验。项目的独特性决定了项目的实际情况千变万化，没有必要全盘照搬《PMBOK 指南》的管理活动。

本章小结

信息化项目是在特定时间、质量、资金等约束下，以应用信息技术为目标的一系列活动。除了独特性、一次性等共同的项目特征以外，信息化项目还具有其他特征，突出地表现在其目标的模糊性和渐进性、对智力资本的高度依赖及较高的不确定性等，这些特征加大了信息化项目的管理难度。

信息化项目管理是为了满足甚至超越项目相关方期望的管理活动。它既需要科学的工具和技术，也需要项目经理的实践经验，既是科学，也是艺术。

美国项目管理协会出版的《PMBOK 指南》提出 10 个知识领域，它们蕴含在项目启动、计划、执行、监控、收尾这 5 个阶段中。

在项目启动阶段，主要是起草项目章程和识别项目相关方。

在项目计划阶段，特别要注意范围、进度、成本这 3 个关键计划，同时不能忽视项目的人力资源计划、风险计划、沟通计划、质量计划、采购计划、相关方管理计划等其他计划。项目计划可以根据项目规模、类型进行调整。

在项目执行阶段，要保持项目团队的工作热情；跟踪项目进展状况；识别偏差，并采取相应措施；管理项目变更；编制项目报告，创造并维持良好健康的客户关系。

在项目监控阶段，要定期测量和监控进展，识别实际绩效与项目计划的偏差，必要时采取纠正措施，或管理变更以确保项目或阶段目标的达成。

在项目收尾阶段，要对项目做必要的总结，它关系到客户满意和项目经验积累。

关键词

项目、信息化项目、信息化项目管理、项目启动、项目计划、项目执行、项目监控、项目收尾、项目相关方、项目管理知识领域、项目范围定义、整体变更控制、WBS、关键路径、进度控制、成本估算、挣值管理、质量控制、责任分配矩阵、沟通计划、风险控制、采购控制

练习题

1. 什么是信息化项目，它有哪些分类？
2. 项目启动、计划、执行、监控、收尾阶段分别包括哪些主要工作？

3. 什么是挣值分析？为什么它是衡量项目执行情况的首选方法？

4. 在项目执行中间的某次周例会上，项目经理王可用下表向大家通报了目前的进度。请据此分析：该项目是提前于进度，还是滞后于进度？是超出预算，还是在预算范围内？该项目的成本偏差、进度偏差、成本执行指数、进度执行指数分别是多少？

活动标识	PV 计划成本/万元	AV 实际成本/万元	完成百分比	EV 挣值/万元
A	10	9	80%	
B	7	6.5	100%	
C	8	7.5	90%	
D	9	8.5	90%	
E	5	5	100%	
F	2	2	90%	

5. 项目监控包括哪些内容？

6. 项目绩效报告的发送对象是谁？包括哪些内容？

7. 什么是项目变更管理？项目变更管理的关键是什么？

网络学习题

1. 在网络、专业杂志（如《IT 经理世界》《商业周刊》）上，阅读 3 篇近期关于激励 IT 员工的文章，用一页纸总结其主要观点。

2. 在信管网（http://www.cnitpm.com）上阅读项目管理十大领域中你所感兴趣的某两个领域的管理案例，试着分析存在的问题及应采取的管理策略有哪些？并将案例及你的分析结果分享到课程学习论坛里。

3. 运用搜索引擎查找信息技术采购方面的文章，着重阅读采购的具体过程及主要的经验和教训。

思考题

1. 举一个你身边的项目范围蔓延的例子。思考一下，项目在什么情况下会发生范围蔓延现象？范围蔓延会不会变成好事？在什么情况下会变化？

2. 你所在的公司面临信息技术人员短缺的困难吗？公司采取了哪些措施来招聘和留住员工？你认为这些策略有效吗？为什么？

3. 阅读《微软研发：团队》一书，你认为微软公司对开发团队的管理方法能否适用于中国的 IT 企业？为什么？

4. 讨论 IT 项目风险的一般来源及其管理策略。

第 5 章 信息系统运作

学习目标与要求

本章主要介绍信息化实施中的信息系统运作。首先,概述了信息系统运作的理念与内容;其次,介绍了信息系统应用操作与培训的意义与内容;再次,描述了信息系统运行与维护的基本内容;最后,对信息化标准以及规章制度建设进行了阐述。

通过本章的学习,要求同学们:

- 掌握信息系统及其生命周期的概念。
- 理解信息系统运作的基本概念、内容和过程,信息系统安全问题及其防护措施,组织管理层次与主要的应用系统。
- 了解信息系统操作与人员培训的内容,信息系统运行与维护管理的主要内容。
- 了解信息化标准与相关规章制度。

【例 5-1】 两个办公自动化系统的不同命运

两年前,A 公司和 B 公司先后购买了 C 公司的办公自动化软件 (LX_OA 1.0)。最近,C 公司的客户服务人员对 A 和 B 两个客户的 LX_OA 系统应用情况做了回访。他们发现:目前 LX_OA 已成为 A 公司上至领导下至员工不可或缺的办公工具,公文收发、文件交换、任务提示、协同办公、知识共享、内部邮箱等大大提高了企业的办公效率,乃至浏览公告牌、新闻、邮箱等已成为 A 公司员工每日必做的日常工作,OA 系统改变了他们的办公方式。最近该公司领导又批准了信息中心追加资金的申请,准备升级服务器并上马即时通信系统。与 A 公司 OA 运行得红红火火相反,B 公司除了刚上线时,员工都注册账户和邮箱外,现在只有办公室和计算机室的一些人用 LX_OA 发发新闻、邮件,其他人(包括领导)都很少使用它。同样的系统缘何有不同的境遇呢?经过进一步对比调查,C 公司发现:

(1) A 公司领导重视,组织并带头参加信息化讲座和系统操作等全员培训;而 B 公司因为领导更迭,批准 OA 系统的领导调走,新领导对 OA 漠不关心,培训工作只注重软件操作，领导和员工办公自动化意识薄弱。

（2）A公司设立了以副总裁为CIO的信息中心，统一管理企业的信息化工作，建立了完善的信息化工作制度（包括OA使用要求、规范和考核指标），促进了全员使用OA的自觉性和积极性，进而提高了企业的信息管理效率；而B公司，尽管负责项目实施的计算机室的同志做了大量的宣传和操作培训工作，但缺乏明确可行的OA应用规范，员工可用可不用，领导也不监察，从而导致系统运行效果差，浪费了投资。

（3）A公司信息中心的软件应用、维护和管理工作到位，有专职的系统维护人员，负责网络及应用系统维护和服务，包括系统配置管理、问题解答、在线服务、安全措施等。而B公司没有专职维护人员，OA系统由办公室懂IT的几个人轮流负责，系统维护和服务差，出现了几次服务器宕机事故（最长持续2天），极大地影响了OA系统的正常运行。

从例5-1两个企业OA系统应用对比分析不难看出，良好的信息系统运作，将会给组织带来切实的效益；相反，不良的信息系统运作将造成人财物的浪费，甚至给组织带来灾难。

一个组织建设和应用面向业务管理的各类信息系统（如办公自动化系统、ERP系统），提高组织信息资源的利用率，实现组织发展战略，是组织信息化工作的目标。然而信息化项目建设完成后，信息系统作为一种工具，能否避免"IT投资黑洞"，产生效益，很大程度上取决于它从投入运行开始，能否优质、高效、安全地被使用。如何将信息系统这种人机一体化的高技术性工具用好，为组织的管理决策和各项业务的运行提供良好服务，是信息系统运行中人们主要关注的问题。运行一个复杂的信息系统通常涉及组织的方方面面，特别是需要对不同层次的人（用户）进行必要的培训，并依照有关的法律、法规、制度、标准，在保障信息系统安全的前提下，由不同的人（用户）完成对系统的个性化操作（包括应用、运维和管理等工作），这些活动都属于信息系统运作的范畴。本章概述了信息系统运作的概念、目标和工作内容，以及其中人们普遍关注的信息系统安全与防护问题；重点介绍了信息系统应用、操作和培训，信息系统运行与维护管理，信息系统运作所涉及的信息化标准、规章制度建设。

5.1 信息系统运作概述

5.1.1 信息系统及其生命周期

信息系统（information system）的概念很多，大同小异。一般来说，作为现代信息处理的主要工具，信息系统是一个以提供信息服务为主要目的的数据密集型、人机交互的计算机应用系统。从组成上看，信息系统是由人、硬件、软件、数据和处理规程5个部分构成的有机整体。在技术层面上，信息系统具有如下4个特点：

- 涉及的数据量大。数据一般需存放在辅助存储器中，内存中只暂存当前要处理的一小部分数据。
- 绝大部分数据是持久的，即不随程序运行的结束而消失，而需长期保留在计算机系统中。
- 这些持久数据为多个应用程序所共享，甚至在一个单位或更大范围内共享。
- 除具有数据采集、传输、存储和管理等基本功能外，还可向用户提供信息检索、统计报表、事务处理、规划、设计、指挥、控制、决策、报警、提示、咨询等信息服务。

信息系统和任何事物一样，有一个产生、发展和消亡的过程，这个过程周而复始，形成信息系统的生命周期。信息系统的生命周期可以划分为5个阶段：系统规划、系统分析、系统设计、系统实施、系统运行与维护，如图5-1所示。

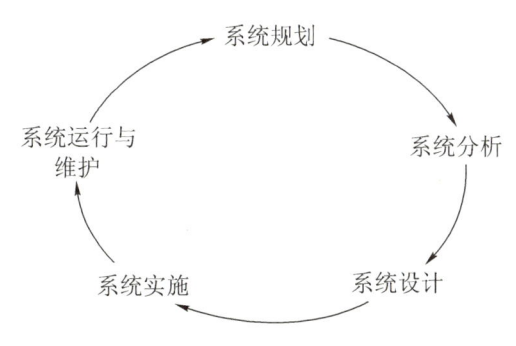

图5-1 信息系统的生命周期

1. 系统规划阶段

系统规划阶段的任务是在对组织的环境、战略、目标、现行系统的状况进行初步调查基础上，根据组织信息化战略的要求，确定具体信息系统的开发策略，对建设新系统的需求做出分析和预测，同时考虑建设新系统所受的各种约束，研究建设新系统的必要性和可能性。围绕需要与可能，给出拟建子系统建设的优先级以及备选方案，并对这些方案进行可行性分析，写出相应的可行性分析报告。最后，在可行性分析报告审议通过后，将新系统建设方案及实施计划编写成"系统开发计划书"（信息系统规划）。

2. 系统分析阶段

系统分析阶段的任务是根据系统开发计划任务书所确定的范围，对现行系统进行详细调查，描述现行系统的业务流程，指出现行系统的局限性和不足，确定新系统的基本目标和逻辑功能要求，即提出新系统的逻辑模型，包括数据流程图、数据字典、处理逻辑说明、存取分析等。系统分析完成后形成"系统分析说明书"。

3. 系统设计阶段

系统设计阶段的任务是根据系统分析说明书中规定的功能要求，考虑实际条件，具体设计实现逻辑模型的技术方案，即设计新系统的物理模型，包括系统总体设计和详细设计两部分内容。这个阶段完成后的技术文档是"系统设计说明书"。

4. 系统实施阶段

系统实施阶段的任务是将设计的系统付诸实现。这一阶段的任务包括计算机硬件等设备的购置、安装和调试，系统软件和开发工具的购买，网络连接与调试，程序的编写和调试，人员培训，数据文件转换，系统测试与转换等。这些任务互相联系、互相制约、并行展开，必须精心安排、合理组织，即系统实施应制定实施计划，分阶段完成，每个阶段应写出实施进度和状态报告（参考第 4 章）。比如，系统测试是这一阶段的重要环节，包括模块测试、子系统测试和系统联调等，具体测试前应设计测试计划书，系统测试之后写出系统测试分析报告。系统实施最终应该提供面向项目管理的"项目实施报告"、面向开发人员的"系统（程序员）技术手册"、面向不同用户的"用户使用手册"等相关文档。

5. 系统运行与维护阶段

信息系统运行与维护是应用信息系统的阶段。在这个阶段中，信息系统的价值能否体现，需要从资源管理的视角使用和管理信息系统，以期发挥其最大效用。信息系统投入运行后，需要定期进行人员培训，记录系统运行的情况，经常进行系统的维护和评价，根据一定的标准和规格对系统进行必要的修改，评价系统的工作质量和经济效益。将不能修改或难以修改的问题记录在案，定期整理成新需求建议书，为下一周期的系统规划做准备。信息系统的运行是信息系统生命周期的最后阶段，是信息系统开发完成后投入使用直至系统退化的重要阶段，也是信息系统发挥作用、体现信息管理服务于用户的阶段。这一阶段的主要技术文档是"系统运维日志"。

5.1.2 信息系统运作举例

【例 5-2】 某公司信息系统的运作

某公司根据发展目标，从管理的角度出发，提出了公司的信息系统建设方案。通过市场调查和技术分析，公司从市面上成熟的 ERP 中，选择了某国际知名品牌的 ERP 系统。

截至 2016 年底，公司已经按照模块化的思想，实施了全业务流程的 ERP 系统，包括 OA、CRM、SCM、EIS 等子系统在内的多套应用系统上线并逐渐发挥了作用。其中的 CRM，采用基于公共云端的范客户关系管理系统 VCRM 方案。企业内部建设了私有云，在私有云上，初步建立了全业务的集中式实时数据库群。企业私有云集中了上百台服务器。企业桌面 PC 和 LapTop、移动终端上千台。网络拓扑采用星形三级交换结构，楼宇间以有线网络和楼内全无线 Mesh 网络架构相结合的方式搭建网络。Switch、HUB、Router 等网络设备上百台。

公司各部门业务人员，经过分阶段的技术、业务和相关法规制度的培训，已经比较熟练地使用各自的应用系统，为各种事务处理和业务管理服务。

公司把原有的计算机中心改制为信息技术服务中心，并在各二级部门设置专职信息技术服务员，有了健全的技术支持队伍和机构。信息技术服务中心作为公司信息化的核心管理单位，负责信息基础设施和系统的运行管理工作，尤其是公司主干网络的运行管理、主要服务器和网络核心设备的运行维护、防病毒等信息安全系统的运行维护、公司对外网络和出口的运行管理、公司 ERP 机房的管理和 VPN 的管理，并对信息化的核心技术提供支持。在对技术人员进行法规制度、信息安全、文化道德等方面的培训后，信息系统运行的人员支持得到了保障。

公司为了保障信息系统的健康运行，逐步制定和完善了各种规章制度，包括信息系统日常运行监管制度、机房管理制度、信息接报制度、故障与问题管理制度等。同时，公司完善了系统相关的技术支持文档，基于系统开发阶段的技术文档和运行阶段的用户文档、支持文档等，建立了档案管理制度，健全项目建设文档，为系统维护提供基本依据。项目建设过程中所形成的需求分析报告、系统设计说明书、系统功能说明书、工作报告、技术报告、用户手册、项目会议纪要等文档资料不仅是系统的完整描述，也是系统运行维护的重要资料。在项目建设过程中，由于时间和精力的限制，人们往往忽视这些文档资料的收集和整理。一个好的系统建设过程应该是从设计、建设、运行维护到改造升级这样一个不断循环的过程。因此，建立健全的项目建设文档，不仅给运行管理带来很大的便利，也为系统升级改造提供了基本资料。有些系统的生命短暂，就是因为建设过程中的文档资料不齐全，导致系统无法维护与改造升级。

通过例 5-2 可见，随着组织信息化进程的深化，大量的信息系统上线支撑着组织的各项业务活动，信息系统能否安全稳定运行进而产生效率或效益显得尤为重要，同时也变得异常复杂。因此，设立专门的机构（信息化组织），对其"运用"和"操作"进行专门的筹划安排，这便是信息系统运作。

信息系统的"运作"有运用与操作的内涵："运用"含有运筹与应用的意思，是针对某种应用目的而进行的策划；"操作"是指具体的、切实可行的、规范的动作。本质上，信息系统运作是指信息系统运行过程中的不同人的行为总和，包括一系列的策划、操作、运行与维护管理等工作。从组织管理的需要出发，信息系统运作就是把信息系统当作一种工具，并通过一系列围绕信息系统的技术操作、管理运行和业务应用等活动，提高组织的效率或效益，以支持组织管理目标的最优化。具体地，信息系统运作可以包括如下内容：信息系统安全防护，信息系统应用，信息系统操作，人员培训，信息系统运行与维护，信息化标准和规章制度建设等。

不同于一般的工具，信息系统可以说是一种涉及人、数据、软硬件、标准等多种因素的系统工具。信息技术的高新性、网络环境的虚拟性、电子数据的不可见性、人的主观能动性等，使得它的运行和操作既复杂而又充满风险。宏观上，信息化标准与规章制度建设是组织信息系统运作的前提和依据。信息系统运作的主要目标就是：通过组织和筹划，保证信息系统优质、高效、安全地运行，以提高组织信息资源开发与利用效率，进而满足管理目标最优化的需要。通过精心而适度的维护，尽可能延长信息系统使用寿命，以保证投资效益。通过良好的运作，不仅使信息系统可以为组织提供所需要的高质量信息，并且节约人财物及时间，带来高效率和高效益；通过实施各种信息系统安全防护措施，构建稳健可靠的信息系统，为组织在竞争环境下的生存和发展提供技术保障。

5.1.3 信息系统安全防护

信息系统的安全防护，是信息系统运作的首要内容。把好信息系统运行安全关，是保障信息系统健康运行的重要举措。

【例 5-3】 大学校园中的信息安全问题

1. 耗子吃网线，机考变混乱

1998 年夏临近期末的一天，在某大学计算中心的机房中，上千名新生正在紧张地参加计算机基础课的上机考试。突然考场一片哗然，因为同学们连不上网络考试系统，从而导致考试被迫中断。虽然问题很快被技术人员排查到——原来是连接考试系统服务器的网线被耗子咬断了。但由于对突发事件准备不足，考试不得不改天重新进行，因而引起了极大的教学混乱，导致了严重的教学事故。

2. 黑客入侵网络账户数据库

1997 年，黑客入侵某大学的网络中心，导致学校网络中心存放用户上网记录的网络账户数据库被毁。由于没有数据备份，上千名师生的储值记录丢失，引起一场不小的风波。为了应对突如其来的危机，学校果断决定，根据核定后每位师生的损失金额，网络中心提供加倍的免费机时，从而使危机逐步平复。随后，网络中心加强了防火墙、入侵检测、防病毒、实时异地备份等安全措施，类似事件再也没有发生。

3. 道德败坏的"冒名顶替"——信息认证问题

胡泳、范海燕在他们的《网络为王》一书中，记载了我国首起电子邮件侵权案——1996 年 7 月 9 日北京市海淀区法院开庭审理某大学心理系 1993 级研究生 X 状告同学 Z 的事件。1996 年 4 月 9 日，原告 X 收到美国密歇根大学寄来的同意提供奖学金的电子邮件，她很高兴，当时这份电子邮件被存在该大学计算中心服务器同学 Z 的信箱

(X、Z 合用）中。可是，X 等了很久都没有接到密歇根大学的正式录取通知书。于是 X 托在美国的朋友询问，得到的答复是：4 月 12 日密歇根大学收到以 X 为名的电子邮件，谎称 X 已接受其他学校录取，故不能去该校学习。所以，密歇根大学已把奖学金转给他人。X 以从该大学计算中心服务器取得的电子邮件记录与密歇根大学得到的电子邮件相吻合为依据，诉讼同学 Z 冒名顶替发假邮件，致使自己失去一次出国留学机会，并蒙受损失，请求 Z 赔偿和道歉。虽然法庭上 Z 辩称电子邮件非她所为，但休庭时承认自己出于嫉妒情绪而做错事。最终，法庭调解，双方达成协议：Z 向 X 书面道歉并赔偿一定的经济、精神损失费。而结果是，X 最终重新得到密歇根大学资助赴美成行；而 Z 尽管得到美国丹佛大学奖学金，但因为此起道德败坏事件，推荐人取消了推荐。这个案件尽管得到公正的处理，由此也引发另外两个问题，一个是电子证据的数字签名，即如果 Z 坚称非她所为，没有签名的电子邮件是无法确证 Z 的犯罪事实的；另一个是数据电文证据的合法性。当时，法律还不完善，法庭审判不能采用数据电文为证据。随着信息化技术的发展，基于 PKI 技术的认证系统（CA）逐渐在国内外被广泛应用，数字签名被嵌入许多应用中（如电子邮件）。此外，我国 2005 年 4 月 1 日实施的《中华人民共和国电子签名法》等相关法律，从法律上规范了人们的此类行为，为法庭处理电子数据纠纷提供了保障。

例 5-3 的 3 个例子——网线被咬（实体安全）、账户数据被毁（软件和数据安全）、邮件冒名顶替的违法行为（网络应用安全认证）仅仅是信息时代大量形形色色信息系统安全问题的缩影，但它却从不同角度生动地说明了，信息社会面临如此多而严重的安全问题，影响着各类信息系统的正常运作。在例 5-3 的第二个例子中，网络中心没有采用"数据备份"安全措施，引起校园的"千人危机"，尚可通过应急公关手段快速处理。但如果是一个银行或大型互联网公司（电子商务、社交网络等）的信息系统没有必要的安全防护（如灾难备份）的话，其数据中心被毁（如"9·11"事件中世贸大厦被毁）不仅会引发"千万人危机"，导致银行关门或企业倒闭，更严重的是由此可能产生社会动荡，影响整个社会的安危。历史上曾发生的银行业信息科技事故表明，如果银行系统中断 1 小时，将直接影响该行的基本支付业务；中断 1 天，将对其声誉造成极大伤害；中断 2 天以上不能恢复，将直接危及其他银行乃至整个金融系统的稳定。而应对银行突发灾难的最有效办法，是迅速建立并不断完善金融机构灾难备份和恢复系统，例如，摩根士丹利公司虽然在"9·11"事件中损失惨重，但它在新泽西州建立的灾备中心使其全球营业部第二天可以照常工作，这就是信息系统安全防护的一个很好的例子。

随着社会信息化的发展，网络电子数据已经成为各行各业信息储存和利用的主要形式。在信息社会中，信息系统（包括信息及其相关要素）能否被安全可靠地利用，涉及每个人的工作与生活，是影响组织工作乃至关系国家安危的大事。本质上，信息系统安全与信息资源的利用和权属相关，它主要关注信息资源开发利用过程中面临的如下问题：

（1）可用性（availability）：保证合法用户对信息的使用不会被不正当地拒绝。换言之，对有权限者，什么时候都可用。这里，信息资源既可以是公有的，也可以是私有的。

（2）保密性（confidentiality），也称机密性：保证机密信息不被窃取，或窃取者不能了解信息的真实含义。显然这里的信息是私有信息（组织或个人），由权属（所有权或使用权）支配。

（3）认证性（authenticity），也称真实性：对信息的来源进行判断（身份认证），能对伪造来源的信息予以鉴别。

（4）一致性（integrity），也称完整性：保证信息是一致或完整的，即信息在生成、利用的全过程中，内容不被非法篡改（信息内容认证）。

针对上述4点，信息系统安全防护的主要任务是：

（1）采取技术的和管理的措施，保证信息资源可用，即使信息和信息系统在任何时候可被合法用户使用，主要应对由于突发事件（如自然灾害、偶发事件）、人为攻击（如非法访问、黑客、计算机病毒）等导致的信息系统瘫痪和信息不可用问题，包括实体（如房屋、设施）安全保护、信息系统安全保护（如硬件、软件维护）。同时，防止非法者入侵、盗用或破坏信息资源，包括各类系统访问控制技术、阻隔技术等。

（2）采用数据加密技术，使信息在其处理过程（存储或传递）中，不被非法者获得。即在没有密钥情况下，得到加密的信息无法被破译。

（3）建立有效的责任机制，防止用户否认其行为。例如，通过数字签名等手段，实现信息源（身份）和信息内容正确性（一致性）的认证，即抗抵赖性，为无痕迹的电子操作导致否认、伪造、篡改或破坏等提供甄别手段。

（4）建立可审查的机制，实现责任追究性（accountability）：能追踪资源什么时候被用、被谁用、怎么用（如系统日志）。

通过例5-3不难看到，信息系统不安全的因素形形色色，各不相同，信息系统安全问题呈现的形式是多样的，有实体破坏、黑客攻击、违法行为等。就一个具体的社会组织而言，这些不安全的因素和行为都可能存在。所以，组织的信息系统安全防护是一项典型的系统工程，应该用系统（层次）的方法把可能面临的安全问题和因素，按一定逻辑加以梳理、归纳和分类，以便人们系统地把握它。类似于描述网络系统架构 ISO 的 OSI 七层模型，贾晶等在《信息系统的安全与保密》一书中，把信息系统安全问题归纳在一个七层模型中（如图5-2所示）。它适用于解释任何基于计算机网络的信息系统安全问题——国家的、企业的或个人的信息系统安全问题。

不难看出，各层之间相互依赖，下层向上层提供支持，上层依赖下层因而完善，最终实现数据信息的安全。这里，我们由下到上从"行为规范""实体安全""技术安全"角度，依次说明信息系统安全问题及防护管理方法。

（1）第1、第2层，行为规范防护管理。新的网络文化、日益严重的计算机犯罪、

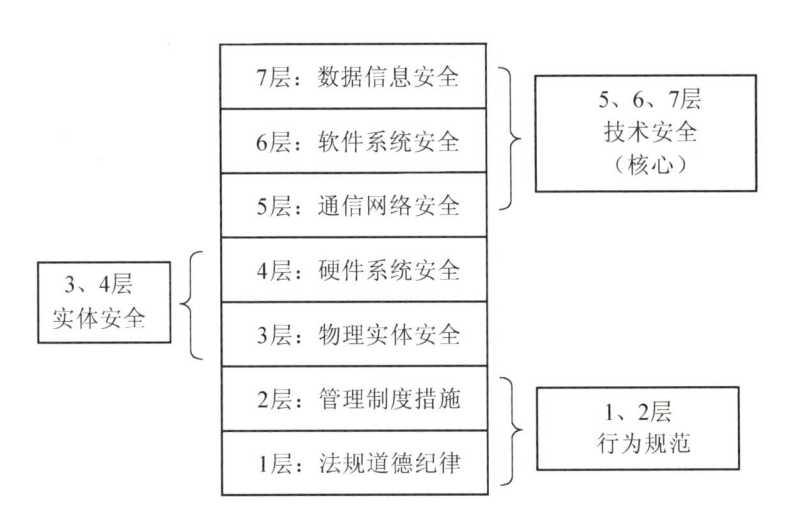

```
                ┌─ 7层：数据信息安全 ─┐
                │  6层：软件系统安全   ├─ 5、6、7层
                │  5层：通信网络安全 ─┘  技术安全
                │                       （核心）
    3、4层 ┌─ 4层：硬件系统安全
    实体安全 └─ 3层：物理实体安全
                │  2层：管理制度措施 ┐  1、2层
                └─ 1层：法规道德纪律 ┘  行为规范
```

图 5-2　信息系统安全层次模型

信息资源开发利用中存在的各种非理性行为（如各类侵权行为），促使国家通过制定法律、规程、政策，来规范和约束人们的思想和行为，将信息安全纳入规范化、法制化和科学化的轨道，如"著作权法""电子签名法""商务部的《关于网上交易的指导意见》""北京市信息化促进条例"。在国家法规政策的指导下，管理组织针对自身的具体情况，进行信息资源安全策略规划，设立相应机制，进行人员的安全教育与培训，以提高其安全防护意识，并制定安全管理制度或管理细则，规范组织内人们的行为，如"×××单位机房管理条例""×××单位信息系统安全管理办法"。第1、第2层主要是从法规和制度上规定一般公民和组织成员对信息系统安全所应承担的义务和责任，即规范和指导人的思想与行为。

（2）第3、第4层，实体安全防护管理。在现实世界中，存在着对信息系统所涉及的硬件及相关物理实体（如机房及其环境）的各种各样的威胁，包括自然灾难（如水灾、火灾、雷击、地震）、人为攻击（偷盗、更换、破坏等）、环境影响（如灰尘、静电、电磁干扰）、设备故障等。第3、第4层主要用各种物理和管理防护手段（非技术的），解决信息系统硬件及其环境的防灾、防盗和防害等安全问题，包括对自然灾害（火、水等）、人为活动（防盗、防破坏等）、硬件损害（断电 UPS、防静电、电磁干扰等）等的防患工作。它们是信息系统可用性不可缺少的基础和保障。

（3）第5、第6、第7层，技术安全防护管理。除了上述非技术层面的安全管理外，信息系统安全更多地通过各种信息安全技术，来解决信息资源（网络、软件、信息等）的可用性、保密性、认证性、一致性等安全问题。它包括通信网络、软件系统和数据信息等层面的安全管理技术，如防火墙、用户权限管理、访问控制、身份认证、数据加解密、数据备份与恢复。它们是信息系统安全管理的关键，保证信息系统的安全运行，最终实现信息的有效开发与利用。

值得指出的是，信息系统安全防护本质上属于风险管理范畴，即为了预防或最大限度降低危害可能带来的损害而进行的管理活动，只有在出现问题的时候才能真正体现其价值。同时，安全问题和对应的安全防护措施是存在等级的，不同等级的安全问题，其影响（或不安全所带来的灾难后果）有轻有重，满足安全防护要求的措施也有强有弱，其投入也就有大有小。很明显，像银行、电信、能源等涉及面广、影响重大的要害部门，面临信息系统安全的问题重大，需要采取高等级的安全防护措施和手段，其投入也大。摩根士丹利灾备中心的建设和运行需要巨大投入，以应对可能的高等级风险（因此在"9·11"事件中得以幸免于难）。而对大学的网络中心来说，所面临的信息系统安全问题的等级相对较低，不必像摩根士丹利那样建立灾备中心来做安全管理，只需采取简单的异地备份策略等，就可满足其安全防护需要。随着信息化改革的深入，越来越多组织在其信息化建设中把信息系统安全防护纳入其信息化规划之中。正如著名的Gartner公司的调查表明：在互联网最热的2000年到2004年之间，信息系统安全防护在世界500强企业IT投资中排在第一位。

5.2 信息系统应用操作与培训

5.2.1 信息系统应用与操作

信息系统的应用，是信息系统服务与支持组织业务的过程。组织（无论是政府还是企事业单位）在其信息化战略的指导下，通过信息化项目实施，建立了众多满足其各级用户需要的信息系统，如在第2.3节介绍的联想集团公司（图2-7）和原国家林业局（图2-9）的信息化例子中，组织在其内网、外网和公网上运行着数以百计大大小小的信息系统。

将满足不同用户需求的信息系统付诸应用是信息系统运作的主要内容。信息系统运作表现为用户（主体）和信息系统的硬软件、数据（客体）之间的有机耦合，相互协作，完成各类信息处理任务的活动。信息系统应用，是信息系统中主客体要素之间关系最具体的体现。只有正确适当地应用信息系统，信息系统才能为实现组织的管理目标发挥真正的作用。信息系统应用要服从组织管理的需要，按照优先级和人财物等客观条件有计划、有重点地应用信息系统。

一般地，复杂的组织管理活动被分为高层战略、中层管理和基层操作3个层次，表5-1列出企业的管理层次和它的典型应用系统及其主要功能。从技术角度看，组织的信息系统可以被分为两大类：面向日常管理的各类事务处理系统（Transaction Processing System，TPS）和面向辅助决策的决策支持系统（Decision Support System，DSS）。

前者是后者的基础，包括大量数据及其处理流程；而后者则需要模型库、知识库和推理机等高级组件，需要进行深度的数据分析、综合（即席）查询和信息展现等。

表 5-1 企业的管理层次和它的典型应用系统及其主要功能

组织层次	典型应用系统	主要功能
战略层	经理信息系统或经理支持系统（含总裁桌面）等	支持高层领导进行企业内外信息（关键绩效指标 KPI、市场调查与分析等）查询与展现；预测分析、决策支持等
管理层	财务管理系统、人力资源管理系统、研发管理系统等	财务报表、人力资源管理、研发管理、成本分析等
操作层	办公自动化系统、企业资源规划、电子商务、客户关系管理等	日常电子办公（文字处理、电子邮件、电子日历等）；产品设计、生产、销售、库存及客户等的管理

经过多年实践，许多先进的管理理念和方法被集成在众多管理信息系统中，成为组织的重要管理工具。组织可以根据其信息化规划，分步骤地、因地制宜地建设或引进使用下列常用的信息系统：

（1）OAS（Office Automation System，办公自动化系统），实现行政事务管理的自动化；OAS 经历了第一代个体办公系统（如桌面 Office、Mail）、第二代基于工作流（work flow）的协同办公系统（如 Lotus Notes）和第三代基于知识管理（knowledge management）的系统。

（2）CIMS（Computer/Contemporary Integration Manufacturing System，计算机集成制造系统），它由 CAD（Computer Aided Design，计算机辅助设计）/CAPP（Computer Aided Process Planning，计算机辅助工艺流程设计）/CAM（Computer Aided Manufacturing，计算机辅助制造）、PDM（Products Data Management，产品数据管理）、ERP（Enterprise Resource Planning，企业资源规划）等系统集成，实现企业生产运作过程的自动化。

（3）CRM（Customer Relation Management，客户关系管理），完成客户信息的深度管理，实现销售过程的自动化。

（4）SCM（Supply Chain Management，供应链管理），实现企业间的供应链管理自动化，以便协同设计、生产与商务。

（5）EC（Electronic Commerce，电子商务）/EG（Electronic Government，电子政务），实现企业商务或政府事务的自动化。

（6）EIP（Enterprise Information Portal，企业信息门户），积累企业知识财富，实现知识管理（Knowledge Management，KM）。

（7）DSS（Decision Support System，决策支持系统）/EIS（Executive Information System，经理信息系统）或 ESS（Executive Support System，经理支持系统），是辅助决策者通过数据、模型和知识，以人机交互方式进行半结构化或非结构化决策的计算机应用系统。它是组织信息化从一般事务处理系统向更高一级发展而产生的先进信息管理系统。它为决策者提供分析问题、建立模型、模拟决策过程和方案的环境，调用各种信息资源和分析工具，如商务智能（Business Intelligence，BI）和专家系统（Expert System，ES）技术，帮助决策者提高决策水平和质量。

图 5-3 示意出不同的信息系统在企业 3 个管理层次中的应用范围（比重的示意图）。

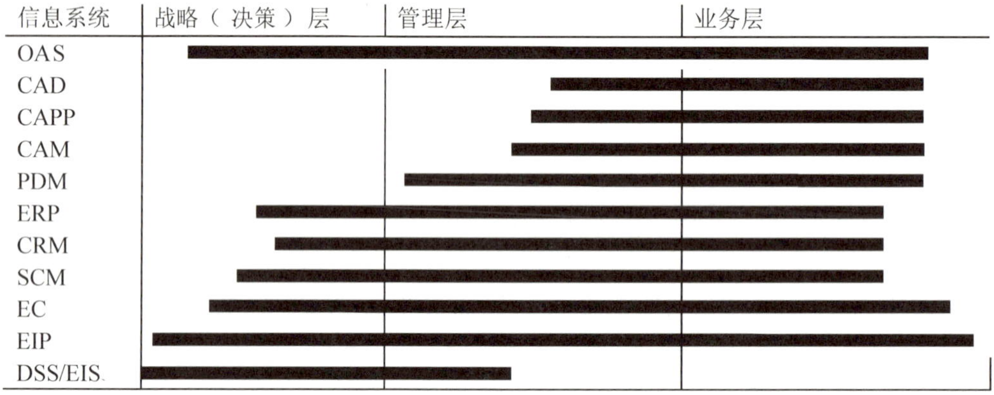

图 5-3 企业管理层次与信息系统应用比重

如同汽车驾驶操作，驾驶员通过方向盘、脚踏板、控制面板等操控汽车安全行驶。信息系统操作主要是通过人机交互（如控制键盘、鼠标）来实现系统应用。正确操作是信息系统正确服务于管理的前提，不同的人员对信息系统进行各自正确合理的操作是信息系统发挥整体作用的基本要求。根据操作性质的不同，信息系统操作可以分为基本操作、业务操作、维护操作。

（1）基本操作，包括利用键盘、鼠标实现操作系统管理、文字处理、电子表格软件、演示文稿、多媒体数据处理（图像处理、多媒体文件浏览与播放等）、上网搜索和收发 Mail、病毒防护基本操作等功能。

（2）业务操作。不同用户在信息系统中的角色不同，所从事的业务内容和性质不同，对信息系统的访问和操作的权限、方式皆不同。这种和业务内容紧密相关的操作称为业务操作。业务操作的内容异同依赖于应用系统的异同。例如，人事管理系统的业务操作包括人事数据的录入、修改、查询、统计、制图、人事制度相关的文本处理、文档管理等很多内容。从运作的角度出发，要求业务操作规范、合法、及时、准确。

（3）维护操作。维护操作是系统维护管理人员对信息系统的操作，主要包括信息系统的维护、数据库管理等重要内容。

5.2.2 人员培训

【例5-4】 大港石化开展HSE信息系统的用户培训[①]

2007年4月16日,大港石化公司根据股份公司HSE(Healthy 健康、Safety 安全、Environment 环境)信息系统上线的整体安排,开展了HSE信息系统高级用户查询培训。

公司党委副书记李超英、副总经理崔秋凯、安全总监张俊泽以及机关处室、各单位领导参加了此次培训。

培训旨在帮助相关领导掌握HSE信息系统的查询方法,了解HSE业务的最新情况。培训内容涉及HSE信息系统的领导查询、遵从性查询、报表审批等功能。

公司前期还对基层单位的最终数据录入用户进行了HSE信息系统操作的培训,培训学习了增、删、改、查等操作,为股份公司搭建HSE业务数据统一平台所需合格数据打下了良好的基础。

信息化项目的实施(包括信息系统应用与操作)是由人来完成的,作为组织管理的有力工具,信息系统是一个面向单位或部门提供全面信息服务的人机交互系统。由于它涉及面广(几乎所有人)且技术性强,所以,为了保证信息系统的如期应用,必须对组织全体相关成员进行事前、事中和事后的培训,从而提高组织成员应用信息系统的意识,具备具体相关知识和技能,保证信息系统的优质、高效、安全运行,最终达到产生管理效率或效益的目的。信息系统人员培训工作的主要任务包括:制定周密的培训计划,针对不同用户选择不同培训方法,开展不同内容的培训(如例5-4中不同层次的培训)。根据培训计划按部就班地实施人员培训,需要开展如下工作:

1. 培训对象分类

信息系统运行大致涉及两类人员:终端用户和系统维护管理人员。

由于组织管理被分为战略、管理与操作3个层次,所以终端用户又可分为高中低3层不同的用户。他们虽然都是信息系统的最终使用者,但其信息需求各不相同,对相关知识和技能的要求也不一样。中高层管理者需要战略和管理的决策信息,其使用信息系统的主要方式是查询,要求操作简便灵活。而低层用户则更多需要的是结合业务要求,完成信息的采集、维护和利用等工作,要求系统操作简单、可靠。与信息化进程相关,对这3类终端用户,也需要不同程度的事前、事中和事后培训。计算机基本操作技能是每个用户事前必须掌握的。而经验表明,在信息化项目(如ERP项目)实施前,对管理者(特别是高层决策人)进行相关知识(如BPR、ERP)的培训,灌输先进的信息化管理理念,提高其思想认识水平,对信息系统建设与组织应用有关系成败的引领作用

---

① 改自:中国阀门网.(2007-04-19). http://www.famen88.com/News/Newsinfo-12409.html.

(如例 5-1)。而在信息化项目（如 ERP）实施中，对相关人员进行的标准化、数据准备与录入维护（如建立 ERP 的 BOM 表）等工作的培训，对系统测试、切换乃至上线成功应用，都是至关重要的。而事后培训则是使信息系统真正收获效益的基础（如例 5-4）。

系统维护管理人员是维护信息系统、保证终端用户能正常使用信息系统功能的专业人员，如例 3-1 大学信息中心下属的用户服务部、网络管理科、系统运行科、数据研发科、基础业务运维科等部门的工作人员。他们通常需要在接受专门的技术（如操作系统、数据库、网络、应用系统、服务管理）和规章制度的培训后，才能胜任工作，为信息系统的正常运行保驾护航。

2. 培训的目标

（1）通过培训，应使用户对信息系统有较全面的了解，缓解或消除其对系统的误解、抵触和恐惧情绪，并知道如何使用和维护系统，如何利用系统提供的信息，提高全员的信息意识。

（2）通过培训，强化用户信息管理的意识。信息系统的作用不应仅局限于提高信息处理的速度和准确性，更不在于实现报表自动化。在信息社会中，信息已成为组织的重要战略资源，信息管理日益成为组织管理的核心。采用先进的信息技术，结合现代管理科学的最新成果，综合处理组织内外部的信息，即建立集成的信息系统，从而辅助组织各级管理人员科学决策，已成为组织管理现代化的发展趋势。

（3）通过培训，应使用户了解新的信息系统对现行系统的新要求，为新系统的运行做必要的准备工作。信息系统在管理中的应用，对既有的管理工作提出了内容更广泛、质量更严格的要求。原来常规的管理工作已远远不满足信息化管理的需要，需要进行业务流程重组（BPR），即必须以科学管理为基础，建立合理的管理体制、完善的规章制度、稳定的生产秩序、科学的管理方法和完整准确的基础数据等，这些都需要通过必要的培训来完成。

3. 培训方式和内容

在信息系统的建立和使用过程中，用户培训工作应密切结合各业务部门的要求和系统建设各阶段的具体需要进行。大多数信息系统只重视在系统调试时集中培训而忽略了信息系统运行阶段的各种内容的长期培训。在信息系统运行阶段，由于系统在实际运行中会碰到各种问题，有必要对用户进行深入广泛而有针对性的培训。这种培训是保证信息系统长期运行的基础。培训内容应随系统运行的需要而定，根据不同对象，开展不同形式、不同内容、不同层次的培训。培训可按照专业教育、技术培训、普及教育 3 个层次，采取多种形式，灵活多样地进行。用户培训的方式有如下几种：

（1）让需要培训的人员参加部分或整个信息化项目的前期实施工作，在实践中学习有关知识，这种方法几乎适用于所有用户。国内外的经验表明，结合重大任务及日常工作，对人员进行这种培训，是提高在职人员的技术水平和业务能力，保证系统一体化的行之有效的方式。

（2）把需要培训的人员送到大专院校等相关培训机构，进行定向代培。这种方式比较适合于培养专职人员和系统维护管理人员。

（3）在系统投入使用前后对人员进行各种操作培训，通过教员现场演示和用户实际操作相结合的方式，逐步提高用户的操作水平。这种方法比较适用于培训终端用户、初级技术管理人员和数据操作员。

（4）举办多种形式的短训班，请有关人员以讲课的方法讲解计算机知识和经济管理知识，加速系统应用开发，提高系统应用水平。这种方式适用于普及教育。

由于不同层次的用户具有不同的知识结构，他们在信息系统应用过程中的作用也不同，因此用户培训的内容和深度也应有所区别。培训内容可包括如下几个方面：

- 计算机知识培训，包括计算机基础、数据库、网络与通信、程序设计方法等。
- 现代管理方法知识培训，包括现代管理理论与方法、业务流程重组、项目管理、决策分析方法等。
- 信息系统及其应用知识培训，包括信息系统开发、主要应用系统及其发展、应用案例等。
- 信息化发展现状与趋势培训，包括信息化绩效评估、行业标杆、成功与失败案例分析、最新或前沿技术及其应用和发展趋势等。

实际培训的内容可根据组织的具体情况适当增减，因人施教，以取得更好的培训效果。

4. 培训教材与相关文档

培训教材主要包括印刷教材或讲义、教员或专家提供的非正式讲课资料（PPT、PDF、音视频等）以及相关网络学习资料、各类信息化项目实施文档（包括 5.1.1 节介绍的系统生命周期各个环节中的技术文档）。除了印刷品，它们大多都是电子形式（可数字化）的文档，有条件的组织会整合这些电子教材，借此建立相应的资料分享乃至网络培训系统，最终形成组织培训的知识管理系统（授权管理、目录管理、知识地图和知识检索等）。这是培训工作信息化的必然结果，也是现代学习型组织发展之必然。当然，这需要相关的制度安排来保障。

5.3 信息系统运维管理

【例 5-5】 中国林业网的运行与维护[①]

中国林业网（http://www.forestry.gov.cn）是国家林业和草原局（国家公园管理局）官网，2000 年建成，具备政务信息公开、在线办事、公众互动交流和综合信息服务等功能，是权威的林草行业政府门户网站。截至 2019 年 8 月 8 日 14 时 50 分，中国林

---

① 参考：李世东. 大数据时代中国智慧林业门户网站建设. 电子政务，2014（3）.

业网访问量突破30亿人次，日均访问量达到约90万人次。中国林业网经过20多年的持续改进，赢得了专业机构和公众的一致好评（参考例6-1），其背后不断完善的运维工作起了决定性作用。原国家林业局信息化管理办公室主任李世东把中国林业网的保障工作总结为如下4点。

1. 细化日常运行管理

为了保障中国林业网健康稳定服务于全国用户，信息中心建立了详细的日常运行管理手册，记录系统的日访问量，落实系统运行状况的日常记录与监测，做好异常访问的及时记录与响应。做好各种应急预案与演练，细化系统资源管理目录，及时做好系统软硬件设施的更新与升级工作。

2. 抓实规范管理

成立了中国林业网编辑委员会，全面加强对信息发布工作的监督和管理。与北京林业大学等签署战略合作框架协议，建立全国林业信息化教育基地、培训基地。新建全国林业信息办主任协作组，每年定期召开会议，交流网站建设经验，发布评测和评估结果，通报信息发布情况，努力提高信息发布质量。林业信息化管理机构进一步向市、县级拓展。定期举办调研培训，增强沟通交流力度，切实提高网站管理者的素质和水平。

3. 建立制度标准

认真梳理了300余个现行标准，制定并出台《中国林业网管理办法》等20余项制度、50余项标准。形成了全国林业信息化示范市、示范县建设等管理机制，大大提升了建设、应用和保障水平。按年度开展全国林业信息化发展水平评测和全国林业网站绩效评估，评测评估侧重点不再局限于建站水平，更多地综合体现了应用系统、信息资源、基础设施、互联网影响力、用户体验度、安全系统及制度保障等各要素水平。按年度出版《中国林业信息化发展报告》，探讨热门话题、突出成就和前沿技术，分析发展形势，对网站的未来做出前瞻性规划。

4. 重视安全运维

原国家林业局统一运维平台基本建成，通过不断优化升级，提高了规范化水平；着力开展运维精细化管理，进一步明确了岗位职责、工作范围及操作流程，提升了运维保障能力；坚持日常信息系统的运维，实行7×24小时值班制度，通过以练带训的形式开展突发事件应急预案的演练，保证了网络畅通和信息安全；互联网出口带宽由100兆扩至200兆，为中国林业网的有效访问提供了保障，推动等级保护工作制度化、常态化。

信息系统应用依赖于信息系统是否正常工作，这便是信息系统的运行。从软件应用方式看，信息系统运行可以分为单机（或离线）系统和网络（或在线）系统两种方式。目前，网络信息系统是应用的主流，它又分为C/S和B/S两种模式。无论哪类信息系统，其运行都面临大量的安全防护问题，因此，需要像中国林业网（如例5-5）那样，建立信息系统运维的组织和规章制度，采用科学规范的运维管理流程，借助强大的运维技术平台，对信息系统进行运维管理，保证信息系统的安全运行，这是信息系统运作的重要内容。信息系统的运维管理包括信息系统的日常运行管理和维护管理。

5.3.1 信息系统日常运行管理

1. 信息系统日常运行管理的内容

信息系统的日常运行管理是为了保证信息系统正常运转而进行的活动，具体包括系统运行情况的记录、审计踪迹、审查应急措施的落实、系统资源的管理、系统升级与退化等内容。

（1）系统运行情况的记录。对系统运行情况的记录应事先制定登记格式和登记要点，具体工作主要由使用人员完成。人工记录的系统运行情况和系统自动记录的运行信息，都应作为基本的系统运行文档，按照规定的期限保管。这些文档既可以在系统出现问题时用于查清原因和责任，还能用作系统维护的依据和参考。

原则上讲，从每天计算机的打开、应用系统的进入、功能项的选择与执行，到下（或接）班前的数据备份、存档、关机（如果需要）等，都要就系统软硬件及数据等的运作情况做记录。运行情况有正常、不正常与无法运行3种情况，由于该项工作较烦琐，为了避免在实际工作中流于形式，一方面要尽量在系统中设置自动记录功能，另一方面，可对正常情况不予记录，对于不正常情况和无法运行情况则应将所见的现象、发生的时间及可能的原因做尽量详细的记录。因为这些信息对系统问题的分析与解决有重要的参考价值。

（2）审计踪迹。审计踪迹（audit trail）就是指系统中设置了自动记录功能，能通过自动记录的信息发现或判明系统的问题和原因。这里的审计有两个特点，一是每日都进行，二是主要是技术方面的审查。

在审计踪迹系统中，建立审计日志是一种基本的方法。通过日志，系统管理员既可以了解到有哪些用户在什么时间、以什么样的身份登录到系统，也可以查到对特定文件和数据所进行的改动。

现在大多数操作系统和数据库都提供了跟踪并自动记录功能。例如，系统管理员可以观察到一天中对某个文件进行访问的所有用户，并分析在他们访问的前后该文件发生了什么变化。在一些数据库系统中还提供审计踪迹数据字典，使用者可以用预先定义的审计踪迹数据字典视图来观察审计踪迹数据。对于审计内容，可以在3个层次上设定：

- 语句审计，是对特定的数据库语句所进行的审计。例如，在一个系统文件中记录所有使用了Create命令的信息。
- 特权审计，指对于特定的权限使用所进行的审计。
- 对象审计，规定对特定的对象审计特定的语句。例如，可以审计在某个文件上进行了修改内容的语句。

（3）审查应急措施的落实。为了减少意外事件引起的对信息系统的损害，首先要制定应付突发性事件的应急计划，然后每日要审查应急措施的落实情况。

应急计划主要针对一些突发性的、灾害性的事件，如火灾、水害，因此，机房值班员每日都应仔细审查相应器材和设备是否良好，相应资源是否做好了备份。资源备份包括两个方面的工作，即数据备份和设备备份，数据备份是必须要做的；在关键领域，还必须进行设备备份。

数据备份的方法有：全盘备份，全文件拷贝；增量备份，每次只对新增部分拷贝；基本备份，对大量不易实现的数据进行重点备份，同时也可以分类进行文件备份；离开主机备份，即将备份文件拷贝到远离主机或文件中心的其他主机或者存储库中。无论是采用何种备份方法，都要保证备份文件是放到灾害和事件影响不到的地方，这样，才能确保事件之后可以依靠所做的备份恢复原系统。

（4）系统资源的管理。在维护信息系统正常运行过程中还有一个常见的问题，那就是如何管理系统的资源。例如，对计算机的使用及打印纸、墨粉的消耗等，都要制定合理的管理方法。对不能充分满足用户需求的资源一般可采用收费的方法来控制。收费既要能使系统的效能发挥到最大，使得信息系统部门的利益和管理措施得到保证，又要做到业务部门愿意接受，不能妨碍业务部门的正常使用，因此，具体的收费模式可以采取先向业务部门调查，再以类似听证会的形式决定。

（5）系统升级与退化。系统升级是指信息系统有新版本时根据相关升级合同进行的系统更新。信息系统退化是指信息系统的维护成本高于其带来的收益时，信息系统的生命周期将要结束。老的信息系统退化后，又要进行新的信息系统规划、分析、设计、实施与运行，信息系统新的生命周期即将开始。

2. 信息系统运行中的 IT 服务管理

【例 5-6】 某公司 IT 服务管理

某公司作为全球领先的超级制造业上市公司，近年来业务迅速增长。由于企业业务运营越来越依赖于 IT，公司对内部 IT 支持部门提出了更高的服务要求。然而公司内基本上没有人关心 IT 部门的业务流程，IT 部门本身就是在一种混乱的状态下进行工作的。因此，IT 服务的效果欠佳，效率不高。如何建立符合管理目标和要求的 IT 服务管理体系，进一步提高公司内部的 IT 服务水平，控制 IT 服务的风险，持续优化 IT 管理和控制体系，缓解目前面临的矛盾，从而达到降低成本、控制风险、持续优化服务质量的目标，是该公司迫切需要解决的问题。

通过考察研究，该公司决定采用 ITIL（Information Technology Infrastructure Library）标准库中的流程管理规范，以实现公司 IT 服务管理的高质量、高效率目标。公司采用"一步规划、分步实施、快速见效、人员—流程—工具联动"的策略，开始实施 ITIL。ITIL 流程框架为整个 IT 部门带来了更加一致的行动，提高了衡量绩效水平的能力，以及从一种更加科学、严谨的角度来考察每一个领域的做事态度。IT 服务管理是 ITIL 中的部分内容，主要包括了服务支持、服务交互两个大的模块和安全管理。在 ITIL 的 IT 服务管理中有服务支持和服务交付这两部分。

经过近 2 年的时间，该公司逐步完成了以下任务，取得明显的成效：

（1）建立基于 ITIL 的一线服务平台、事件管理流程的 IT 呼叫中心，确定一站式统一事件管理的目标，让公司全面接受了 IT 服务管理流程。

（2）对维护资源进行了整合调整，创建基于 ITIL 的高中低三层支撑体系，全面梳理了流程。

（3）对流程关键点进行量化，建立了统一的对外服务标准，以及高中低三层内部考核指标，总结了流程并全面实施流程管理。

经过近 2 年的实施，该公司实现了 IT 服务管理中的主要流程管理内容，包括配置管理、性能管理、问题管理、故障管理、变更管理、发布管理这六大流程和一个服务台。IT 部门每天都要去操作这些流程，因而显著提升了运维管理能力，实现了流程管理的标准化，提高了 IT 服务管理的质量和效率。

例 5-6 中的 IT 服务管理实践证明：信息系统运行过程中涉及大量 IT 服务，IT 服务管理是规范 IT 服务进而提高信息系统运行水平的重要手段。IT 服务管理主要包括配置管理、性能管理、问题管理、故障管理、变更管理、发布管理等流程和服务台等。

（1）配置管理。配置管理（configuration management）是通过技术或行政手段对软件产品及其开发过程和生命周期进行控制、规范的一系列措施。配置管理的目标是记录软件产品的演化过程，确保软件开发者在软件生命周期中各阶段都能得到精确的产品配置。

配置管理过程是对处于不断演化、完善过程中的软件产品的管理过程。其最终目标是实现软件产品的完整性、一致性、可控性，使产品极大程度地与用户需求相吻合。它通过控制、记录、追踪对软件的修改和每个修改生成的软件组成部件来实现对软件产品的管理功能。

具体来讲，配置管理包含如下 4 项内容：

① 标识：识别产品的结构、产品的构件及其类型，为其分配唯一的标识符，并以某种形式提供对它们的存取。

② 控制：通过一定的机制控制对配置项的修改。

③ 状态报告：记录并报告配置项以及元数据的状态。

④ 配置审计：确认产品的完整性并维护配置项间的一致性。

配置管理的流程如图 5-4 所示。

① 制定配置管理计划：配置管理员制定配置管理计划，主要内容包括配置管理软硬件资源、配置项计划、基线计划、交付计划、备份计划等。变更控制委员会（Change

```
┌─────────────────┐
│  制定配置管理计划  │←----┐
└────────┬────────┘     │
         ↓              │ 配
┌─────────────────┐     │ 置
│   配置库管理    │←----┤ 审
└──┬───────────┬──┘     │ 计
   ↓           ↓        │
┌──────┐   ┌──────┐    │
│版本控制│   │变更控制│←---┘
└──────┘   └──────┘
```

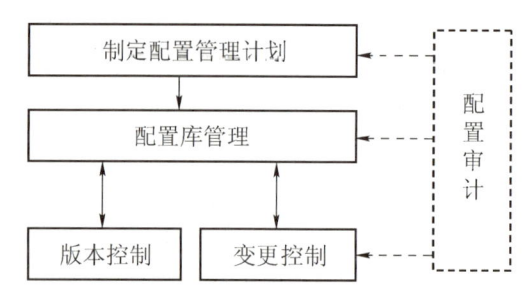

图 5-4 配置管理流程

Control Board，CCB）审批该计划。

② 配置库管理：配置管理员为项目创建配置库，并给每个项目成员分配权限。各项目成员根据自己的权限操作配置库。配置管理员定期维护配置库，如清除垃圾文件、备份配置库。

③ 版本控制：项目开发过程中，绝大部分配置项都要经过多次修改才能最终确定下来。对配置项的任何修改都将产生新的版本。由于不能保证新版本一定比老版本"好"，所以不能抛弃老版本。版本控制的目的是按照一定规则保存配置项的所有版本，避免发生版本丢失或混淆等现象，并且可以快速准确地查找到配置项的任何版本。配置项的状态有3种："草稿""正式发布"和"正在修改"，该规程制定了配置项状态变迁与版本号的规则。

④ 变更控制：在项目开发过程中，配置项发生变更几乎是不可避免的。变更控制的目的就是防止配置项被随意修改而导致混乱。修改处于"草稿"状态的配置项不算是"变更"，无需CCB的批准，修改者按照版本控制规则执行即可。当配置项的状态成为"正式发布"后，此时任何人都不能随意修改，必须依据"申请—审批—执行变更—再评审—结束"的规则执行。

⑤ 配置审计：为了保证所有人员（包括项目成员、配置管理员和CCB）都遵守配置管理规范，质量保证人员要定期审计配置管理工作。配置审计是一种"过程质量检查"活动，是质量保证人员的工作职责之一。

（2）性能管理。性能管理（performance management）：是对硬件设备性能和网络单元有效性的评估，并提出评价报告的一组功能，包括性能测试、性能分析及性能控制。

目前的计算机技术已经得到了广泛应用，并且随着企业规模的不断扩大，业务应用的持续增加，其IT基础设施的架构越来越复杂，依赖于IT技术的业务种类也越来越多，以至于它的每个业务服务器都承担着非常重要的角色。面对这样一个复杂的IT环境，单纯凭借人工方式，已经不能胜任如此庞大、异构系统的维护和监视的工作量，IT系统性能管理的需求也由此产生。

IT系统性能管理的主要目的就是为业务系统保驾护航，保证业务服务器的健康运行。在很多企业中，尽管可能已经布置了一定的服务器监控工具，但是，由于这些监控工具都是针对某一个系统或资源设计的，相互之间无法很好集成，给系统管理人员提供的监控平台各种各样；更为严重的是，由于相互之间无法集成，其监控的管理信息不能共享，导致误报警和重复报警等现象经常发生；同时，由于这些工具只是面向IT资源的监控、管理软件，即使发现问题，也不能将问题与真正的业务联系起来，使影响关键业务的问题被耽搁，因而造成巨大损失。

应用程序性能不理想会给整个企业带来负面影响，包括员工工作效率降低、客户满意度下降和业务损失。应用程序性能问题还会严重影响IT部门的工作效率——因为部门员工要不胜其烦地从开发项目中抽身出来解决性能问题。

当前的网络情况和应用方法要求性能管理解决方案与技术潮流保持同步。为避免性能问题影响关键业务应用，IT团队需要可增强主动性的解决方案，从而确保精确而详尽地监控整个企业的应用性能。

（3）问题管理。问题管理是由一系列连续不间断的环节组成的，它包括问题的发现、问题的归档、解决方案的提出、对解决方案的评定、实施解决方案、宣布解决问题结束和整个过程的数据报告。在信息化组织里的大多数情况下，IT管理者会跳过或误操作其中一个或几个环节，从而导致人力、物力的浪费和工作效率的降低。

问题管理的步骤：

步骤一，制定问题管理程序和实施步骤

首先要做的是建立一套有效的问题管理规范，在这种规范框架内推出解决具体问题的计划。这个计划应该包括以下几个方面：

- 应对问题的程序：当问题被初步发现并证实确实存在后应该做什么，如何进行问题数据的获取和存储，如何具体实施解决办法。
- 给予支持的IT工作人员从中扮演的角色和他们的职责：他们应该主动去发现问题，记录所有有关的信息，实施解决问题的方案。
- 问题解决方案的衡量和评估：应该紧密地跟踪并检查问题解决方案的实施情况，进而检验所制定的问题管理规范的有效性。
- 要对需要应对的问题进行分类：既要有严谨性，把每一个问题纳入管理范围内，又要有优先权，优先解决重要的问题，还要不断改进预先制定的计划。
- 越过一些程序：在一些特殊的问题和疑惑面前，可以选择先避开这些问题，修复系统功能。

步骤二，及时发现并全面认识问题

在这个步骤中可以使用必要的工具来发现问题，可以使用必要的设备来搜集关于问题的具体情况。把所有相关信息数据都集中起来，存储在一个对所有参加问题解决的人员都开放的区域。关注那些受到问题影响的用户，尽量帮助他们，把问题带来的负面影响降到最小。

步骤三，避开问题

一旦问题被发现，应采取所有可能的步骤避开它或把它对用户的影响缩小到最小范围。在理想状态下，应该在问题发现以前就事先有所察觉，并采取一些措施，使得它不会对其他系统、应用程序和用户产生不良影响。但要清醒地认识到，回避问题并不是解决问题的办法。很多时候，IT 工作人员把避开问题看作一种永远的修复，这种做法其实是错误的。这么做只是暂时的，不能永远地解决问题，因为有的系统或软件能够绕开问题，但它不是一直都能起作用，而且一味回避问题可能还会影响到其他系统。

有时候，IT 工作人员使用回避问题的方法太过频繁，以至于把它当作解决问题的办法，这样做不会防止同样的问题重复出现。一般常用的回避问题的方法有：在不查出导致问题原因的情况下重新启动服务器或者网络浏览器；在计算机死机时不去管导致死机情况发生的软件故障，而是盲目地按下 Ctrl + Alt + Del 组合键。

当要暂时回避某一问题时，必须记录下所有问题信息和操作过程，从而使下一环节的 IT 工作人员在采取对策时有所凭据，不至于一无所知。

步骤四，分析问题

在这一步骤中，要发现问题出现的根本原因，评估、测试并提出可供选择的解决方案。查看记录来寻找是否以前也有类似的问题出现过。有效的问题分析可以大大减少解决问题所用的时间。

步骤五，实施解决问题的方案

大多数情况下，一个提供帮助的专业人员不能在没有别人的支持下彻底解决问题，问题的解决通常是由多人共同来完成的，尤其是当问题特别复杂或者同时涉及多个系统与应用软件时。实行对问题的监测、管理，实施解决方案是非常重要的一步，保证它在计划进程之内得到很好的解决。

一旦问题被暂时修复，要把它记录在案并观察一段时间（可以是一个星期）。之后，询问那些曾经遇到这些问题的用户，同样的问题是否再出现过，修复操作是否带来了其他意想不到的后果。如果这些情况都没有发生，才可以彻底排除这个问题。

步骤六，报告问题的现状和发展趋势

这一步要做的就是搜集问题的有关统计数字，发布情况简报，展望问题的发展趋势，并执行必要的预防措施。需要发布的报告包括：

- 已经被彻底解决掉的问题的简要情况报告，内容包括问题的出现、解决问题所需要的时间和具体解决方法等。
- 现存问题的状态报告，内容包括现在未解决的问题有哪些，它们是何时被发现的，为何现在还没有解决，等等。
- 问题发展趋势和统计情况报告，内容包括问题的总计次数和种类，发生的区域和频率，等等。
- 问题产生原因报告，内容包括问题为什么会出现，如何防止同样的问题再次出现。

- 下一阶段的行动计划报告，内容包括管理问题的计划等。

这些报告对 IT 管理者来说是非常有益的，它们既可以为 IT 系统的健康管理提供参考，还可以作为与用户交流的平台提供给 IT 管理者。

步骤七，重新制定问题管理程序

这个步骤为现有问题管理程序的改进和提高提供了一个途径，可以弥补现有程序的不足。这是不断完善工作环节的一部分，也是所有系统管理规范的一部分。

以下几点也是问题管理成功的关键性环节：

① 问题无论大小，都应该被覆盖。有些小问题没有得到及时解决的话，也可能成为大问题，所以把所有问题都记录下来并同样重视起来很重要。反复出现数据的错误最终可能导致硬盘停止工作；局域网连接问题可能会演变成整个网络瘫痪；Windows 系统经常出现的 GPF 错误常常会造成存储不灵；等等。

② 及时调整改进工作程序。很多人认为调整现有的工作程序没有必要，因此他们反对制定工作程序调整规范。这种情况是非常危险的——可能导致 IT 管理者失去对很多问题的控制。

③ 处理问题不仅要严谨，还要设立优先机制。所有问题都应该在考虑范围之内，并给予同样的重视。但是，也应该对一些特别重要的问题给予特别关注，并使这些问题得到首先解决的机会。如果某个问题出现以下一种或几种情况，那么它就是重要的问题并应得到特别的重视：多个用户因此问题而受到影响；重要的商业功能因此问题而受到损害；系统之间转换不顺畅；整个系统几乎处于瘫痪状态；等等。

④ 用户应该及时了解问题的状况。现在，受到某些问题影响的用户往往不容易了解到这些问题的现状。负责管理问题的 IT 工作人员应该以最高的频率向这些用户发布最新动态消息，因为这些用户非常想知道他们应该做什么、这些问题的现状以及计划解决方案。

⑤ 对问题趋势的分析和应该采取的办法也应该及时告诉用户。系统问题管理的目的就是提高每个人发现问题、解决问题的能力。对问题统计数据的分析结果是达到这一目的有重要价值的工具，因为它能够在已有的经验教训基础上帮助发现新问题。

（4）故障管理。故障管理，也叫事件管理或事故管理。故障管理的目标就是尽量减少由 IT 基础设施出现问题而导致的事故和故障对业务产生的负面影响，并防止与这些错误相关的事故再次出现。为了达到此目标，故障管理寻求找到引发事故的根源，并随后采取措施改善或纠正此情况。故障管理流程有被动和主动两个方面。被动方面是指将其看作对出现的一个或多个事故的反应来解决故障；主动故障管理是指在出现事故前预先确定并解决之。故障管理把科学管理理念与实施技术进行了有机的整合，设计了正确的故障处理流程，为快速处理基础设施故障提供了保障。

（5）变更管理。变更管理（change management）是指项目组织为适应项目运行过程中与项目相关的各种因素变化，保证项目目标的实现而对项目计划进行相应的部分变更或全部变更，并按变更后的要求组织项目实施的过程。

变更管理的主要任务包括：①分析变更的必要性和合理性，确定是否实施变更；②记录变更信息，填写变更控制单；③做出更改，并交上级审批；④修改相应的软件配置项（基线），确定新的版本；⑤评审后发布新版本。

软件生存周期内全部的软件配置是软件产品的真正代表，必须使其保持精确。软件工程过程中某一阶段的变更，均要引起软件配置的变更，对这种变更必须严格加以控制和管理，保持修改信息，并把精确、清晰的信息传递到软件工程过程的下一步骤。

实施变更管理的一个更重要且更有意义的作用就是对变更进行度量分析。在项目进行过程中，对变更进行分析，可以很好地了解项目的当前质量状态；定时进行项目复盘，分析组织中变更的产生原因和解决方法，及时了解组织中的常见错误并做有针对性的改正，才能促使组织的开发能力不断得到提高。

（6）发布管理。发布管理是指软件工程过程，用于监督软件发布的发展、试验、部署和支持阶段。发布管理负责计划与实施 IT 服务的变更，并描述变更的各个方面。其主要目标是通过正规的实施变更流程及测试确保应用系统的质量。在企业应用中，发布管理多用于文档的发布，有关流程的规范、操作指导方面，有一套审批流程。在得到高层认可之后作为企业的规定实施，是 IT 管理规范化、制度化、透明化的依据，跟变更管理紧密联系。

发布管理是为变更管理提供支持的，发布管理贯穿了变更的整个生命周期，并且发布管理流程的实施应当在变更管理流程的控制下进行。发布管理可应用于设计开发、受控测试和实际运作 3 种环境。发布管理有效保证了应用的可靠性，最终提供终端用户的满意度。

（7）服务台。当信息技术大规模应用于服务行业之后，服务台概念也被引用进来。服务台是 IT 部门和 IT 服务用户之间的单一联系点。它通过提供一个集中和专职的服务联系点以促进组织业务流程与服务管理基础架构的集成。服务台的主要目标是协调客户（用户）和 IT 部门之间的联系，为 IT 服务运作提供支持，从而提高客户的满意度。服务台不是一个服务过程，而是一个服务职能，目的是为用户和 IT 服务组织提供统一的联系点。在企业 IT 运维管理中，移动用户、分支机构和桌面系统（包括企业的各种应用和使用这些应用的职员）缺乏技术支持，IT 部门可以建立集中的服务台，向所有终端和用户提供统一的技术支持，并降低对分支 IT 人员的要求与依赖。

3. 信息系统运行评价

信息系统的运行评价是指对信息系统的运行状态和质量进行各种衡量，以判断信息系统是否优质、高效、安全地运行，进而指导日常的运行管理活动。

（1）系统评价目的。信息系统建成并运行一段时间后，就要对其做技术性能及经济效益等方面的评价。评价的目的是检查系统是否达到预期目标，技术性能是否达到设计要求，系统的各种资源是否得到充分利用，经济效益是否理想，指出系统的长处与不足，为以后的改进与扩展提出意见。

信息系统的有利与不利之处体现在定性与定量两个方面，因此评价工作难度较大。目前一般都采用多指标评价体系的方法，这种方法先提出信息系统的若干评价指标，然后对各指标评出表示系统优劣程度的值，最后用加权等方法将各指标组合成一个综合指标。

（2）系统评价的内容：

① 在管理方面，评价内容主要考虑提高企业管理水平、优化管理流程、完善规章制度、提高人员素质等。

② 在技术方面，评价内容主要是管理信息系统的性能，主要包括以下几个方面：

- 系统的总体水平，包括系统的总体结构、地域与网络的规模、所采用技术的先进性等。
- 系统功能与层次，如功能的数量与难易程度或对应管理层次的高低。
- 信息资源利用的深度，如企业内部与外部信息的比例、外部信息的利用率。
- 系统的质量，如正确性、可扩展性、可维护性、通用性、效率。
- 系统文档的完备性与系统的安全与保密性。

③ 在经济性方面，评价内容主要是信息系统的成本与效益。信息系统的成本主要有开发成本（development costs）、设备成本（equipment costs）和运行成本（operating costs）。开发成本包括系统分析、系统设计、编码和测试、人员培训、记录文件等方面的成本；设备成本有购买新设备和软件包、设备安装调试、计算机房的设施等方面的成本；运行成本有人力、设备维护、程序维护、管理、文档资料维护等方面的成本。

信息系统的效益主要有直接的效益和间接的效益两个方面。直接的效益可以用货币来衡量，可以对企业产生有形的影响，如减少库存数量、加快流动资金周转速度、增加销售利润、减少人工费用、减少处理时间和错误。间接的效益包括辅助决策、提高工作满意度、增加用户亲切感、改进企业形象等，主要对企业产生无形的影响。因此，信息系统具有价值，包括有形价值（tangible benefits）与无形价值（intangible benefits）。

5.3.2 信息系统维护管理

1. 信息系统维护

信息系统维护是为了使信息系统处于合用状态而采取的一系列措施。目的是保证信息系统正常工作，主要有纠正错误和改进功能两方面的内容。导致信息系统维护的内外部因素有：

- 外部环境的改变，包括国家有关法律政策的改变、企业制定的规章制度的改变。

- 组织管理方式和业务过程的改变。
- 用户需求的增减改变。
- 运行硬、软件平台的变化与升级。
- 设计中存在的问题。
- 其他一些突发事故或者自然灾害的影响。

根据系统需要维护的原因，可将系统维护分成以下4种类型：

① 改正性维护。当信息系统交付使用后，由于软件开发和测试不全面，会有一些意想不到的错误发生，这些错误只在某种特殊的使用条件下才能出现。因此要消除软件中的瑕疵，以保证系统在所有可能的条件下都能正常工作。为了改正这些错误而进行的诊断和修改称为改正性维护。

② 适应性维护。在软件使用过程中，由于新的硬软件配置、数据环境、数据格式、输入输出方式、存储介质等的改变，要求软件能够适应这种变化而做出的调整和修改叫作适应性维护。

③ 完善性维护。在信息系统使用过程中，由于用户需求增加而产生的软件修改或者再开发称为完善性维护。完善性维护可以扩充软件的功能、改善系统的性能、提高系统的运行效率、改善软件的可维护性。

④ 预防性维护。预防性维护是为了避免一些不必要的错误产生、提高软件的可维护性和稳定性而预先采取的一些措施，包括系统结构局部的重新设计、部分软件代码的重新编写和测试等。

在这些维护活动中，完善性维护所占的比例最大，一般占整个维护工作的一半以上。实践表明，维护工作主要是改善系统的性能、增强系统的功能，而不是过多地去纠正错误。

系统维护的主要内容有：
- 程序的维护：为满足用户对程序功能的扩充而修改或重新编写程序。
- 数据的维护：数据项的增减（最为复杂）、数据的改正。
- 代码的维护：代码项的增减、代码值的修正。
- 设备的维护：设备的修理、更新、升级，因突发事故或自然灾害造成设备的更换等。

2. 系统维护流程

在信息系统的运行过程中，维护的工作量会占到系统运行生命期的70%以上，工作量非常大。因此必须对维护工作进行科学的安排，按照科学的流程来维护，同时要做好记录和反馈工作。系统维护的流程如下：

（1）确定维护目标：进行维护问题的分类，确定不同类型维护的目标并进行记录。

（2）建立维护计划方案：根据维护类型和目标制定不同的维护计划和方案，并通知相关工作人员。

（3）维护的实施：如修改程序及调试、更换设备，并将维护的结果进行上报、记录。

（4）修改文档：修改因维护工作而引起变化的文档，以备维护验收。

3. 数据维护——数据库管理与 DBA

【例 5-7】 如何解决数据库不当使用导致 CPU 占用 100% 的问题

某一采用微软 ASP.net 2.0 技术开发的商业门户网站，其后台系统架构在 Windows 2003 Server + SQL Server 2005 SP2 + IIS 6.0 并运行于 4 核 Xeon（TM）CPU 3.00 GHz、2 G内存、100 M 网卡的服务器上。

某日客服部来电反映，网站响应速度变慢。而在 DBA（数据库管理员）上午的例行检查中也发现，任务管理器和性能监察器均显示 CPU 持续占用率高达 100%。而正常情况下 CPU 占用率仅在 10% 以下。

为此，DBA 首先排查是否由操作系统平台，特别是木马或者病毒引起。经过查毒后，果然发现是 ARP.exe 感染了木马，果断进行杀毒处理后，发现 CPU 占用率从峰值的 100% 立即回落，并一直在 50% 和 100% 之间来回震荡（仍然超出正常值）。这表明问题还没有得到彻底解决。把访问该数据库的 Web 应用服务暂停后发现，数据库服务器 CPU 占用率立即回落到 0。显然，问题的症结已经找到，是应用系统的问题。

应用系统引起的性能问题，主要集中体现在重要表的索引建立和使用上，而执行效率低下的 SQL 语句导致查询或更新进程阻塞，直至死锁都是 SQL Server 响应异常缓慢、CPU 占用率高居不下的主要原因。排除掉死锁现象后，经分析可知，很可能是常见表的索引建立和使用问题而引起的阻塞，因而导致 CPU 处理能力下降。通过对问题的更精确的定位，发现需要调整表的索引和索引碎片。通过一番比较和研究，对某个常用表采用索引和信息重建方法后，效果比较明显，SQL Server 2005 的 CPU 占用率已经回落到平均 50% 左右了。继续调整很多重要大表的索引和静态信息计划的重建方法，并且对索引碎片也进行了重新组织，更改了备份计划，让每天备份完成后自动执行索引碎片组织任务。在持续调整优化表和索引，并且重新组织索引碎片后，SQL Server 2005 的 CPU 占用率再度从平均 50% 下降到 10% 左右。随着网站用户量的逐步提升，数据库并发性能和吞吐量将面临进一步的考验。

信息系统是数据密集型的应用软件，数据维护是信息系统维护的核心。在信息系统中，数据通常是由数据库管理的。因此，对数据库进行安全可靠的管理是数据维护工作的重点。数据库管理工作是由数据库管理员（Data Base Administrator，DBA）来完成的。DBA 的职责是：

① 决定数据库中的信息内容和结构。数据库中要存放哪些信息，DBA 要参与决策。因此 DBA 必须参与数据库设计的全过程，并与用户、应用程序员、系统分析员密切合作，共同协商，以完成数据库的设计。

② 决定数据库的存储结构和存取策略。DBA 要综合各用户的应用要求，和数据库

设计人员共同决定数据的存储结构和存取策略，以求获得较高的存取效率和存储空间利用率。

③ 定义数据的安全性要求和完整性约束条件。DBA 的重要职责是保证数据库的安全性和完整性。因此 DBA 负责确定各个用户对数据库的存取权限、数据的保密级别和完整性约束条件。

④ 监控数据库的运行。DBA 还有一个重要的职责，就是监视数据库系统的运行情况，及时处理运行过程中出现的问题。例如，系统发生故障时，数据库会因此遭到不同程度的破坏，DBA 必须在最短时间内将数据库恢复到正确状态，并尽可能不影响或少影响计算机系统其他部分的正常运行。因此，DBA 要定义和实施适当的后备和恢复策略，如周期性的转储数据、维护日志文件。

⑤ 数据库的改进和重组、重构。DBA 还负责在系统运行期间监视系统的空间利用率、处理效率等性能指标，对运行情况进行记录、统计分析，依靠工作实践并根据实际应用环境，不断改进数据库的设计。不少数据库产品都提供了对数据库运行状况进行监视和分析的实用程序，DBA 可以使用这些实用程序来完成这项工作。

另外，在数据库运行过程中，大量数据不断插入、删除、修改，时间一长，也会影响系统的性能。因此，DBA 要定期对数据库进行重组，以提高系统的性能。

当用户的需求增加或改变时，DBA 还要对数据库进行较大的改造，包括修改部分设计，即数据库的重新构造。

DBA 的具体工作包括：

- 安装和升级数据库及应用程序工具。
- 为数据库设计系统存储方案，并制定未来的存储需求计划。
- 开发人员设计了应用后，需要 DBA 来创建数据库对象和数据库存储结构。
- 根据开发人员反馈的信息，按需修改数据库的结构。
- 登记数据库的用户，维护数据库的安全。
- 保证数据库的使用符合相关法规（如知识产权法）。
- 控制和监控用户对数据库的存取访问。
- 监控和优化数据库的性能。
- 制定数据库备份计划，出现灾难时对数据库信息进行恢复。
- 维护适当介质上的存档或备份数据。
- 备份和恢复数据库，联系数据库系统的生产厂商，跟踪技术信息。

5.4 信息化标准与规章制度

中国有句古话叫"不以规矩，不能成方圆"，意思是做事要遵循一定的法则。复杂的信息系统运作行为更需要"规矩",这一点前文(如第2、第3章)已多次提到。例如,在组织信息化体系架构中(如图2-5所示),"技术标准"就是组织信息化必须先要选择或制定的。在全国林业信息化建设总体框架基本构成(如图2-9所示)中,"标准规范体系和安全与综合管理体系"贯穿于林业信息化体系中的应用系统、应用支撑、数据库和基础设施等各个层面,一方面为林业信息资源共享和服务以及政务协同等工作提供技术准则;另一方面从技术和制度多个方面为信息化提供安全服务。信息化标准与规章制度建设,是信息系统运作的基础,只有符合国家的法律法规,遵照国际、国内的行业或部门标准,建立科学规范的规章制度,才能保证信息系统的优质、高效、安全运行。

5.4.1 信息化标准

【例5-8】 编码是这样标准化的

20世纪80年代,某大学各部门先后开始信息化(如建成教务、人事、科研、学生等管理系统)。由于没有网络且缺乏协调规划,大家各自为政地开发自身的业务系统,导致不同系统的人员编码(教职工和学生)都不一样,从而制约了不同部门信息的共享,重复操作、数据不一致等问题极大影响了学校信息资源的开发利用效率。为此,90年代后期随着互联网应用的普及,学校网络中心协同各部门统一了人员编码规范(编码标准化):新的学号、教工号均统一为10位编码,其格式为NNNNLLSSSS。其中,NNNN是4位进校年号,学生为入学年份,教工为进校工作年份(可避免百年虫、千年虫);LL是2位类别码(容量100,00~59分配给学号,60~99分配给教工号);SSSS是顺序号。这为后期(从2005年始)开发和实施数字校园(包括一卡通)提供了极大的便利。

类似的情形也发生在林业信息化进程中,早期我国各个地方(省、市、县)都独立开发了自身的森林资源管理系统,由于没有标准指导,各地系统的编码(如森林类型、树种)都不一样,因此给高一层次(如国家)的森林资源汇总统计带来了巨大的麻烦。为此,政府相关部门先后制定和出台了一系列标准(如"GB/T 14721.1—1993 林业资源分类与代码森林类型""LY/T 1439—1999 森林资源代码 树种""LY/T 2185-2013 森林资源管理信息系统建设导则"),为实现科学、规范的森林资源信息化管理奠定了基础。据报道,2014年8月发布的《林业信息术语》《林业信息元数据》《林业基础信息代码编制规范》《林业信息资源交换体系框架》《林业信息资源目录体系框架》《林木良种数据库建设规范》《造林树种与造林模式数据库结构规范》等林业信息化标准,于2014年12月1日起正式实施。截至2014年底,我国林业信息化正式发布的标准已达到30项。自2009年来,原国家林业局大力推进林业信息化标准建设,不仅发布了《林业信息化标准体系》,还开展了近50项国家和行业标准的研制工作,建立了动态的标准项目储备库。随着更多标准的发布实施,将对规范和指导全国林业信息化建设,支撑生态林业、民生林业发展发挥重要作用。

例5-8从一个侧面揭示了社会组织(学校)、行业的信息化标准工作进程和它的重要性。的确,在我们的周边充满着标准化的工业产品(如通用的干电池、USB接口),标准化是大工业生产的产物,它使基于机械化、电气化的工业走向自动化和规模化,这不仅提高生产的效率和质量,也方便人们的工作与生活。后工业(信息化)时代亦然,作为一种特殊而重要的信息资源,信息化标准是人们长期信息化实践经验和智慧的总结,是针对信息、信息技术和信息产品(包括硬软件、信息系统等)而专门制定的标准。它不仅规范了事,同时也规范了人的行为,能够提高信息化管理的效率,使信息化进程步入规范化、法制化和科学化轨道,成为信息化活动(包括信息系统运作)有序进行与持续发展的保证。反过来,信息化的推进、信息资源的开发、利用与创新活动的发展,也对信息化标准的建立与完善不断提出新的要求。信息化领域的标准研究工作应该按照一般的标准化工作程序进行,如例5-8中的7项林业信息化标准是依据《林业标准化管理办法》(2003年6月24日原国家林业局第一次局务会议审议通过,自2003年9月1日起施行),由全国林业信息数据标准化委员会按照严格的标准化工作程序,组织制定完成的。

1. **标准的定义**

1986年,国际标准化组织发布的ISO第2号指南中对标准的定义(草案)是:"得到一致(绝大多数)同意,并经公认的标准化团体批准,作为工作或工作成果的衡量准则、规则或特性要求,供(有关各方)共同重复使用的文件,目的是在给定范围内达到最佳有序化程度。"同时在附注中指出:"标准应当建立在科学、技术和实践经验的坚实基础上,以促进获得最佳社会效益。"

我国的标准法(GB/T 3935.1—1996)指出:标准为在一定的范围内获得最佳秩序,对活动或其结果规定共同的和重复使用的规则、导则或特性的文件。该文件经协商一致制定并经一个公认机构的批准。

2. **制定标准的出发点**

"建立最佳秩序,取得最佳效益"是建立标准系统的基本目标。这里所说的最佳效益,就是要标准系统发挥出最好的系统效应,产生理想的效果;最佳秩序,指的是通过实施标准,使标准化对象的有序化程度得到提高,发挥出最好的功能。其中的"最佳"有努力方向、奋斗目标两重含义。如果标准所树立的目标很低,就不会有积极的意义;要有全局观念,即从全局出发。企业可以是全局,行业可以是全局,国家更是全局。局部服从全局,小局服从大局,是标准化活动的一条基本原则。"建立最佳秩序,取得最佳效益"集中地概括了标准的作用和制定标准的目的,同时它又是衡量标准化活动和评价标准的重要依据。

3. 标准产生的基础

每制定一项标准，都必须扎扎实实地做好以下两个方面的基础工作。

（1）将科学研究的成就、技术进步的成果同实践中积累的经验加以结合，纳入标准，奠定标准科学性的基础。这些成果和经验，不是不加分析地纳入标准，而是要经过分析、比较、选择以后再加以综合。它是对科学、技术和经验加以消化、融会贯通、提炼和概括的过程。标准的社会功能，总的来说就是将截止时间定在某一点上，将社会所积累的科学技术和实践经验成果予以规范化，以促成对资源的更有效利用和为生产的进一步发展树立目标并创造稳固的基础。

（2）标准中所反映的不应是局部的、片面的经验，也不能仅仅反映局部的利益。不能仅凭少数人的主观意志，而应当同有关人员、有关方面（如研究、情报、用户、生产、供应、销售）等进行认真讨论，充分协商，最后从全局利益出发做出规定。这样制定的标准才能既体现它的科学性，又体现普遍的民主性。标准的这两个特性越突出，在执行中越有权威。

4. 制定标准的对象的属性

制定标准的对象，已经从技术领域延伸到经济领域和人类生活的其他领域，其外延已经扩展到了相当广泛的程度。因此，对象的内涵便缩小为有限的特征，即"重复性事物"。

重复性事物中的"重复"，指的是同一事物反复多次出现的性质，例如：成批大量生产的产品在生产过程中的重复投入、重复加工、重复检验、重复出产；同一类技术活动（如某零件的设计）在不同地点、不同对象上同时或相继发生；某一种概念、方法、符号被许多人反复应用。

标准是实践经验的总结。只有具备重复性特征的事物，才能把以往的经验加以积累。标准就是这种积累的一种方式。一个新标准的产生是这种积累的开始（当然在此之前也有积累，那是通过其他方式），标准的修订是积累的深化，是新经验取代旧经验。标准化过程就是人类实践经验不断积累和深化的过程。

事物因为具有重复出现的特征，才有制定标准的必要。对重复性事物制定标准的目的是总结以往的经验，选择最佳方案，作为今后实践的目标和依据。这样既可以最大限度地减少不必要的重复劳动，又能扩大"最佳方案"的重复利用范围。标准化的技术经济效果有相当一部分就是从这里得到的。

5. 标准的本质特征

统一是标准的本质特征，不同级别的标准是在不同范围内进行统一的；不同类型的标准是从不同角度、不同侧面进行统一的。"统一"并不意味着全部统死，全都统到只有一种。有时只限定一个范围，有时规定几种情况，当然也有绝对统一的情况。有了这个"统一规定"，便可为工作或工作成果确立一个被各方所公认的"衡量准则"，标准的作用归根结底来源于统一，来源于必要而合理的统一规定。

6. 标准文件的格式和颁发程序

标准的编写、印刷、幅面格式和编号方法等有一套统一的规定，这样既可以保证标准的编写质量，又便于资料管理，同时也体现了标准文件的严肃性。至于标准从制定到批准发布的一整套工作程序和审批制度，既是标准产生的科学规律的体现，也是标准本身所具有的法规特性的表现。

7. 标准的级别

根据《中华人民共和国标准化法》（简称《标准化法》）的规定，我国的标准分为国家标准、行业标准、地方标准和团体标准、企业标准5级。

（1）国家标准。国家标准分为强制性标准、推荐性标准。《标准化法》规定："对保障人身健康和生命财产安全、国家安全、生态环境安全以及满足经济社会管理基本需要的技术要求，应当制定强制性国家标准。""对满足基础通用、与强制性国家标准配套、对各有关行业起引领作用等需要的技术要求，可以制定推荐性国家标准。"

国家标准是我国标准体系中的主体。国家标准一经批准发布实施，与国家标准重复的行业标准、地方标准即行作废。

国务院有关行政主管部门依据职责负责强制性国家标准的项目提出、组织起草、征求意见和技术审查。国务院标准化行政主管部门负责强制性国家标准的立项、编号和对外通报，以保证国家标准的科学性、权威性和统一性。

国家标准的编号由国家标准代号、标准发布顺序号和发布的年号组成。根据《国家标准管理办法》的规定，国家标准代号由大写的汉语拼音字母构成，强制性国家标准代号为GB，推荐性国家标准代号为GB/T，如图5-5所示。

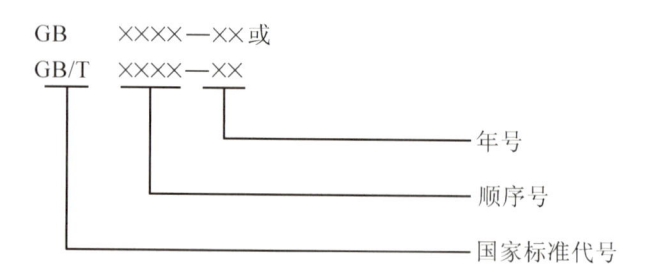

```
GB    ××××—×× 或
GB/T  ××××—××
                │  │  │
                │  │  └─ 年号
                │  └─── 顺序号
                └────── 国家标准代号
```

图5-5　国家标准编号示例

国家标准是需要在全国范围内统一的技术要求，是5级标准中最基本的一级，一般为基础性、通用性较强的标准。

（2）行业标准。行业标准是指全国性的各行业范围内统一规定的标准。《标准化法》规定："对没有推荐性国家标准、需要在全国某个行业范围内统一的技术要求，可以制定行业标准。""行业标准由国务院有关行政主管部门制定，报国务院标准化行政主管部门备案。"

根据 GB/T 4754—2017《国民经济行业分类》的定义，行业是生产同类产品或提供同类服务的经济活动基本单位的总和。随着改革的深化和市场经济的发展，部门对企业的控制逐渐减弱，而行业管理会逐渐加强，设立行业标准是符合现实和发展需要的。有许多国外的行业协会也制定行业或团体标准。例如，美国电气和电子工程师学会（Institute of Electrical and Electronics Engineers，IEEE）、美国材料试验协会（American Society of Testing Materials，ASTM）、英国劳埃德船级社（Lloyd's Register of Shipping，LR）等都制定了大量行业标准，而且在国际上都享有很高的声誉。

行业标准是标准化发展过程中的重要阶段。随着市场经济的发展，为适应行业管理的需要，行业标准应继续有所发展。同时，国家标准也需要行业标准来补充。因为国家标准只能针对经济技术中最基本的方面、最重要的产品。

行业标准和国家标准都是全国适用的标准。行业标准是在国内某个行业内需要统一的技术要求，是专业性较强的标准，在相应的国家标准实施后，该行业标准即行废止。

行业标准编号由行业标准代号、行业标准顺序号和发布年号组成，如表 5-2 所示，由国务院有关行政主管部门统一制定、审批、编号和发布，并报国务院标准化行政主管部门备案。例 5-8 中提到的"LY/T 1439—1999 森林资源代码 树种"就属于行业（林业信息化）标准。

表 5-2 我国软件服务业的一些行业标准

标准编号	标准名称
SJ 11295—2003	信息技术 通用多八位编码字符集（基本多文种平面）汉字 12 点阵字型
SJ/T 10224—1991	CAD 绘制电子产品图样用图形和符号库 标准结构件图形
SJ/T 10367—1993	计算机过程控制软件开发规程
SJ/T 10629.4—1995	计算机辅助设计 设计文件管理制度 设计文件的签署
SJ/T 11156—1998	计算机辅助设计 设计文件档案管理制度
SJ/Z 9047—1987	信息处理——信息交换用以字符串形式表示数值的方法
SJ/Z 9079—1987	光学字符识别打印规范
……	……

（3）地方标准。地方标准是指在某个省、自治区、直辖市范围内需要统一的标准。《标准化法》规定："为满足地方自然条件、风俗习惯等特殊技术要求，可以制定地方标准""地方标准由省、自治区、直辖市人民政府标准化行政主管部门制定；设区的市级人民政府标准化行政主管部门根据本行政区域的特殊需要，经所在地省、自治区、直辖市人民政府标准化行政主管部门批准，可以制定本行政区域的地方标准。地方标准由省、自治区、直辖市人民政府标准化行政主管部门报国务院标准化行政主管部门备案，由国务院标准化行政主管部门通报国务院有关行政主管部门。"

地方标准编号由地方标准代号、标准顺序号和发布年号组成。根据《地方标准管理办法》的规定，地方标准代号由汉语拼音字母 DB 加上省、自治区、直辖市行政区代码前两位数字再加斜线构成强制性地方标准代号，再加 T 则构成推荐性地方标准代号，如图 5-6 所示。

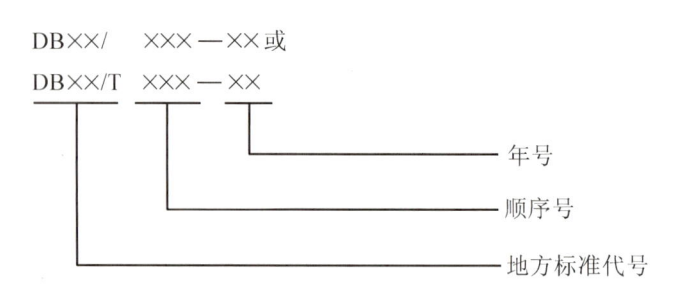

```
DB××/  ×××—×× 或
DB××/T ×××—××
              │   │   │
              │   │   └─ 年号
              │   └───── 顺序号
              └───────── 地方标准代号
```

图 5-6　地方标准编号示例

地方标准由省、自治区、直辖市标准化行政主管部门制定，并报国务院标准化行政主管部门和有关部门备案。在公布了相应的国家标准或行业标准之后，相应地方标准即行废止。

（4）团体标准。《标准化法》规定："国家鼓励学会、协会、商会、联合会、产业技术联盟等社会团体协调相关市场主体共同制定满足市场和创新需要的团体标准，由本团体成员约定采用或者按照本团体的规定供社会自愿采用。""制定团体标准，应当遵循开放、透明、公平的原则，保证各参与主体获取相关信息，反映各参与主体的共同需求，并应当组织对标准相关事项进行调查分析、实验、论证。""国务院标准化行政主管部门会同国务院有关行政主管部门对团体标准的制定进行规范、引导和监督。"

团体标准的编号应由团体标准代号、社会团体代号、标准顺序号和年号组成，格式为"T/社会团体代号 标准顺序号—年号"，如图 5-7 所示。其中，社会团体代号与标准顺序号之间空半个汉字的间隙，标准顺序号与年号之间的连接号为一字线。

```
T /××××××—××××
           │   │   │   │   │   │
           │   │   │   │   │   └─ 年号
           │   │   │   │   └───── 短横线分隔符
           │   │   │   └───────── 标准顺序号
           │   │   └───────────── 社会团体代号
           │   └───────────────── 斜线分隔符
           └───────────────────── 团体标准代号
```

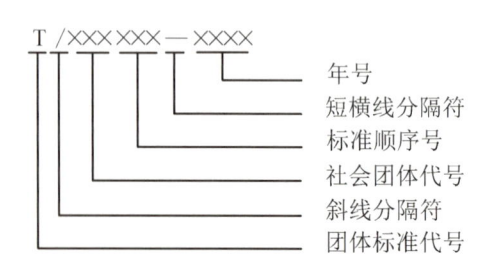

图 5-7　团体标准编号示例

（5）企业标准。企业标准是指由企业的产品标准和为企业内部需要协调统一的技术要求和管理、工作要求所制定的标准。企业标准是企业组织生产经营活动的依据。

《标准化法》规定："企业可以根据需要自行制定企业标准，或者与其他企业联合制定企业标准。""国家支持在重要行业、战略性新兴产业、关键共性技术等领域利用自主创新技术制定团体标准、企业标准。"企业标准编号规则如图 5-8 所示。

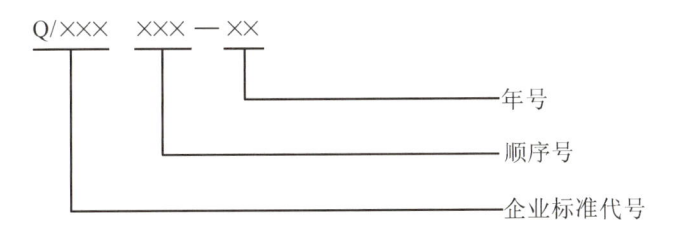

```
Q/×××  ×××—××
                  └── 年号
             └────── 顺序号
     └────────────── 企业标准代号
```

图 5-8　企业标准编号规则

《标准化法》适用于中国境内的一切企业、事业单位、机关、科研机构和学术团体。因此，凡是取得企业法人资格的，无论是国有企业，还是民营企业，或是外商投资企业，都有权利和义务按照《标准化法》的规定制定企业标准，以此作为组织生产的依据。

5.4.2　规章制度

正如 5.1.3 节信息系统安全模型描述的那样，行为规范和管理制度建设是信息系统安全运行的基石。大量信息化实践都证明：信息化规章制度的建设对信息系统运作乃至整个信息化管理工作起着基础而又重要的作用。信息（化）法规是最基础的行为规范，组织在其上构建信息化规章制度，使具体的信息化工作得以有序开展。图 5-9 展示的《重庆市政务数据资源管理暂行办法》，是重庆市大数据应用发展管理局为了顺应时代发展需要，制定并发布的特殊行政法规，用以规范和协调政府各部门的行为，为政府的信息化工作保驾护航。

【例 5-9】　重庆市大数据应用发展管理局与《重庆市政务数据资源管理暂行办法》

为了适应时代发展的需要，大数据（或数据资源管理）局作为政府职能部门的"新事物"，从 2014 年后如雨后春笋般在各地挂牌并开始运转。它的主要职责为统筹和管理政府的数据资源，推进"互联网+政务"或智慧城市建设。其中，它的一项基础性工作就是制定行政区域内的相关政策法规。重庆市大数据应用发展管理局在市政府网站政务公开的《重庆市政务数据资源管理暂行办法》是一部地方性信息化法规文件，为重庆市政务数据资源管理提供依据和保障。

1. 信息法规

法律是由立法机构制定的原则性行为规范（如《中华人民共和国×××法》），而规范则是行政机构根据相关法律制定的行为细则（如《×××实施细则》《×××条

图 5-9　重庆市政府网站政务公开的《重庆市政务数据资源管理暂行办法》

例》《×××管理办法》）。法律规范简称法规，它们都是具备强制性特征的行为规范。

（1）信息法规的定义。信息法规是调整信息活动中产生的各种社会关系的法律规范总称。这里所说的信息活动包括各种法律主体从事的，与信息的生产、采集、获取、加工处理、传播、利用、保存等事务相关的一切活动。这些活动一旦发生，一般都会产生这样或那样的社会关系，如获取与提供的关系、传播与接受的关系。这些关系统称为信息法律关系。

① 信息法规。信息法规调整的是在信息化进程中各组织和个人的信息行为以及相互间形成的信息法律关系，是对信息产业各领域内一定主体及其行为、一定客体以及它们之间关系的规范。

② 信息法规的主体。它是指在信息法律关系中依法享有权利并承担相应义务的人或组织。由于信息渗透在一切社会活动中，信息法律关系所涉及的主体范围十分广泛，如政府部门、经济组织、非营利组织及个人。

③ 信息法律的客体。它是指一定的行为以及在特定环境中的物化和非物化的财产，包括信息资源、信息技术、各相关主体的信息行为 3 个方面。

通过法规来规范和调整社会各方面的行为和利益，明确各种法律主体的权利、义务和责任，可以有效保护知识（信息）产权，合理分配信息生产者、信息传播者和信息使用者的权益。

（2）信息法规的特点和作用。

① 信息法规是国家强制力保证实施的行为规范，具有普遍约束力，具有明确性、稳定性和执行的强制性特征。信息法规是国家权力机关通过立法程序制定的，它具有严肃性和约束力，更能够有效地调整信息活动中的权利、义务关系。

② 法律的规定性。信息法规是信息政策的规范化、条文化。信息法规是比信息政策更成熟的形态。

③ 具体、明确、可操作性强。它调整的客观存在的法律关系比较具体，法律规范能合理而正确地规定信息主体的具体权利、义务关系。

④ 稳定性。信息法规对信息政策的制定与实施有一定的制约作用，信息政策不能违背法律。

信息法规的作用主要表现为：

① 规定信息法律关系主体的各项权利和义务，协调社会与集团个人私利之间的利益平衡，为国家的信息化发展提供法律上的依据和支持。

② 创设新的专门的法律规范，废止、修改传统法规中不适应数字化、网络化生存环境，不利于信息化发展的内容，为国家的信息化发展排除障碍。

③ 协调与信息政策之间的关系；协调与已有的传统法律之间的关系，建立有利于国家信息化发展的社会秩序。

（3）信息法规调整的对象和范围。第一，法规不是万能的、无所不包的，它只是调整人们的社会关系的手段之一，任何时候都无力去规范一切信息活动。第二，信息活动中涉及的信息也并非一切信息，只能是特定意义和范围的信息，甚至不能包括一切社会信息，更不用说自然信息了。第三，尽管如此，信息法规调整的范围仍然是十分广泛的，这一点在信息法规法律渊源的广泛性以及信息法规规范广泛分布于各种各样的法律、法规之中方面，体现得尤为明显。第四，还可以从法律事实的角度对信息活动的范围加以界定，即法律事实。

（4）信息法规的分类。在各种信息法规中，与信息资源管理有关的法律可以归纳为6类，即有关信息采集、信息公开、信息传播、信息市场管理、信息资源利用、信息安全等方面的法规。

① 信息采集方面的法规，主要包括政府机构信息采集活动方面的法规、大众媒介信息采集活动方面的法规、商业机构信息采集活动方面的法规、公益性机构信息采集活动方面的法规、有关公民个人信息采集权利的法律研究，如《中华人民共和国反不正当竞争法》《中华人民共和国商业秘密法》《中华人民共和国专利法》《中华人民共和国商标法》《中华人民共和国消费者权益保护法》。

② 信息公开方面的法规，主要包括政府信息公开方面的法规、商业机构信息公开

方面的法规。改革开放以来，我国开始了这方面的立法行动，先后制定和颁布了一系列法规，如《中华人民共和国公司法》《中华人民共和国证券法》《股票发行与交易管理暂行条例》《禁止证券欺诈行为暂行办法》《国债期货交易管理暂行办法》《中华人民共和国企业法人登记管理条例》《国有资产评估管理办法》《中华人民共和国专利法》《中华人民共和国会计法》《中华人民共和国统计法》《中华人民共和国审计法》。这些法规为规范商业机构的信息公开行为，保障公众的商业信息获取权发挥了重要的作用。《中华人民共和国政府信息公开条例》（2007）和2011年8月中共中央办公厅、国务院办公厅印发的《关于深化政务公开加强政务服务的意见》对政府政务信息公开有规范作用。

③ 信息传播方面的法规，主要包括新闻传播方面的法规、网络传播方面的法规、企业广告宣传方面的法规、图书情报流通和传播方面的法规，如1996年2月1日我国政府发布的《中华人民共和国计算机信息网络国际联网管理暂行规定》（国务院令），2004年9月3日颁布的《最高人民法院、最高人民检察院关于办理利用互联网、移动通信终端、声讯台制作、复制、出版、贩卖、传播淫秽电子信息刑事案件具体应用法律若干问题的解释》。2015年5月1日起施行的《气象预报发布与传播管理办法》规定：气象预报实行统一发布制度，由各级气象主管机构所属的气象台向社会发布，其他任何组织或个人不得以任何形式向社会发布气象预报。科研教学单位、学术团体和个人研究形成的气象预报意见和结论，可以提供给气象主管机构所属的气象台用于制作气象预报的参考，但不得向社会公开发布。

④ 信息市场管理方面的法规，主要包括对信息市场主体、中介和客体的法规，关于信息市场秩序的法规，如《中华人民共和国专利法》《中华人民共和国著作权法》《中华人民共和国商标法》《中华人民共和国广告法》《中华人民共和国反不正当竞争法》《中华人民共和国价格管理条例》《中华人民共和国产品质量法》。

⑤ 信息资源利用方面的法规，主要包括政府信息利用方面的法规，受知识产权法律保护的信息资源利用、私有信息和个人信息的利用方面的法规，如《中华人民共和国专利法》《中华人民共和国商标法》《中华人民共和国著作权法》《中华人民共和国经济合同法》。

⑥ 信息安全方面的法规，主要包括保障计算机信息系统和网络设施安全的法律法规、信息保密方面的法律法规，如《中华人民共和国计算机信息系统安全保护条例》《中华人民共和国电子签名法》《互联网安全保护技术措施规定》。

2. 信息化制度

在信息法规基础上，社会组织结合自身的实际情况，通过建立和执行各种信息化管理制度，规范组织成员的行为，科学管理信息系统的运作，真正使信息化为组织管理带来活力和发展机会。例如，中国林业出版社出版的《中国林业信息化政策制度》按年份罗列了2009—2011年原国家林业局颁布的各类有关林业信息化政策和制度的文件。其中，2009年原国家林业局成立了全国林业信息化工作领导小组，以及原国家林业局信息化管理办公室（简称信息办）和原国家林业局信息中心，从组织制度上强化了林业信息化的专业领导和技术服务工作。而信息办制定或推动的各种林业信息化制度或条例，促使林业信息化走上了快速发展之路。

一般来说，管理规范的组织的每一项具体业务都有一套科学的运行制度。信息化也不例外，同样需要一套规章制度，来确保信息系统的正确和安全运行。信息系统运行管理的相关制度有许多，信息系统文档管理制度和各类机房的安全运行管理制度就是其中两个。

（1）信息系统文档管理制度。

信息系统文档是信息系统开发过程的记录，是系统维护人员的指南，是开发人员与用户交流的工具。规范的文档意味着系统是工程化、规范化开发的，意味着信息系统的质量有了程序上的保障。文档的欠缺、文档的随意性和文档的不规范，极有可能导致原来的系统开发人员流动后，系统难以维护、不易升级，变成一个没有扩展性、没有生命力的系统。所以，建立一个良好的管理信息系统，不仅要充分利用各种现代化信息技术和正确的系统开发方法，还要做好文档的管理工作。

做好企业信息系统文档的管理工作，要求从以下 3 个方面入手：

① 要将文档管理制度化、标准化。首先，要制定出文档标准和格式规范；其次，要明确文档的制定、修改和审核权限；最后，要制定文档资料管理制度，如文档的收存、保管与借用手续的办理方法。

② 要维护文档的一致性。企业信息系统开发建设过程是一个不断变化的动态过程，一旦对某个文档做了修改，要及时、准确地修改与之相关的文档；否则会引起系统开发工作的混乱，给后续系统维护工作带来很大麻烦，而这一过程又必须有相应的制度来保证。

③ 要维护文档的可追踪性。为保持文档的一致性与可追踪性，所有文档都要收全，集中统一管理，分类存放，区分标识，防止重要文档的丢失和遗漏。

信息系统文档（documentation）是系统开发阶段不同人员之间交流的主要介质，也是人员培训和信息系统运维的主要参考材料。

文档是以书面形式记录人们的思维活动及其工作结果的文字资料。信息系统文档主要包括系统手册、用户手册、管理员手册、操作规程及其相应的管理制度。

信息系统文档不是事先一次性形成的，它是在系统开发、运行与维护过程中不断地按阶段逐步编写、修改、完善与积累而形成的。如果没有规范的系统文档，信息系统的开发、运行与维护会处于混乱状态，严重影响系统的质量，甚至导致系统开发失败。当系统开发人员发生变动时，这种问题尤为突出。因此有专家认为，信息系统文档是信息系统的生命线，没有文档就没有信息系统。

文档管理是有序地、规范地开发与运行信息系统所必须做好的工作。目前我国对于信息系统的文档内容与要求基本上有了统一规定。信息系统的文档有多种分类方法：按照产生的频率不同，可以将信息系统文档分为一次性文档和非一次性文档，前者如系统分析说明书、系统设计说明书，后者如开发过程中用户提交的需求变更申请书；按照信息系统生命周期阶段的不同，可以将信息系统文档分为系统规划阶段的文档（可行性报告、系统开发计划书）、系统分析阶段的文档（系统分析说明书）、系统设计阶段的文档（系统设计说明书、需求变更申请书）、系统实现阶段的文档（程序设计报告、系统测试报告、开发总结）、系统运行与维护阶段的文档（用户手册、操作手册与维修修改建议书）；按照文档服务目的的不同，可以将信息系统文档分为开发文档、管理文档与用户文档3类：

- 开发文档：系统分析说明书、系统设计说明书、程序设计说明书、测试计划、测试报告。
- 管理文档：可行性研究报告、系统开发计划、需求变更说明书、开发进度月报、开发总结报告。
- 用户文档：用户手册、操作手册、运行日志/月报、维护修改建议书。

当系统变化较大时，系统文档将以新的版本提出。

所有文档都要搜集齐全、统一保管、专人负责、形成制度。系统文档管理工作主要有：

① 文档管理的制度化、标准化。必须形成一整套文档管理制度，其内容包括：明确必须提供文档的种类、格式规范；明确文档管理人员；明确文档的设计、修改和审核权限；制定文档资料管理制度。

根据这一套完善的制度最终协调、控制系统开发过程，并以此对每一个开发成员的工作进行评价。

② 文档管理的人员保证。项目小组应设文档组或至少一位文档管理人员，负责集中保管本项目已有文档的两套主文本。两套文本内容应完全一致，其中的一套可按相关手续办理借阅。

③ 维护文档的一致性。信息系统开发建设过程是一个不断变化的动态过程，一旦需要对某一文档进行修改，要及时、准确地修改与之相关的文档；否则将会引起系统开发工作的混乱。而这一过程又必须有如下相应的制度来保证：

- 项目成员可根据工作需要在自己手中保存一些个人文档。这些文档一般是主文本的复制件，并注意和主文本保持一致；在做必要的修改时，也应修改主文本。
- 项目开发结束时，文档管理人员应收回开发人员的个人文档。发现个人文档与主文本有差别时，应立即着手解决。
- 当用新文档取代旧文档时，文档管理人员应及时注销旧文档；在文档内容有改动时，管理人员应随时修订主文本，使其及时反映更新了的内容。
- 主文本的修改必须特别谨慎。修改以前要充分估计修改带来的影响，并且要按照提议、评议、审核、批准和实施等步骤加以严格的控制。

④ 维护文档的可追踪性。由于信息系统开发的动态性，系统的某种修改是否最终有效，要经过一段时间的检验，因此文档要分版本来实现。信息系统开发的产品是软件，即程序加文档。程序是供计算机执行的指令，对用户而言是"看不见、摸不着"的。程序执行对与错，用户只有检查结果才知道。程序主要是供计算机"读"的。当然，打印出来的程序，人也可以读，但效率太低。读一份风格独特、注释不充分的程序，犹如读"天书"。没有规范的文档，程序将变得不可维护。

（2）机房的安全运行管理制度。为了使物理意义上的机房处于监控之中，需制定机房安全运行制度。它一般包括如下主要内容：

- 身份登记与验证出入。
- 带入带出物品检查。
- 参观中心机房必须经过审查。
- 专人负责启动、关闭计算机系统。
- 对系统运行状况进行监视、跟踪并详细记录运行信息。
- 对系统进行定期保养和维护。
- 操作人员在指定的计算机或终端上操作，按规定对操作内容进行登记。
- 不做与工作无关的操作，不运行来历不明的软件。
- 不越权运行程序，不查阅无关参数。
- 当出现操作异常时，应立即报告。

除了信息系统文档管理制度和机房安全运行管理制度外，还有其他许多管理制度或安全要求（更实际的例子见 7.3 节的《智慧团结湖应用平台运营管理规范》），比如：

- 必须有重要的系统软件、应用软件管理制度，如系统软件的更新维护、应用软件的源程序与目标程序分离方法。
- 必须有数据管理制度，如重要数据的输入、输出管理。
- 必须有密码口令管理制度，做到口令专管专用、定期更改并在失密后立即报告。
- 必须有网络通信安全管理制度，实行网络电子公告系统的用户登记和对外信息交流。
- 必须有病毒的防治管理制度，及时检测、清除计算机病毒，并备有检测、清除记录。
- 必须有人员调离的安全管理制度。例如，人员调离的同时马上收回钥匙、移交工作、更换口令、取消账号，并向被调离的工作人员申明其保密义务；人员的录用调入必须经人事组织和技术部门的考核和接受相应的安全教育。
- 建立安全培训制度，进行计算机安全法律教育、职业道德教育和计算机安全技术教育。对关键岗位的人员进行定期考核。
- 建立合作制度。加强与相关单位的合作，及时获得必要的信息和技术支持。

本章小结

信息系统运作是信息系统能否优质、高效、安全服务于组织管理的重要手段。信息系统运作是信息系统运行过程中涉及的所有人的一系列的策划、操作、应用与管理行为的总和。

信息系统运作主要包含以下内容：信息系统安全防护，信息系统应用，信息系统操作，人员培训，信息系统运行与维护，信息化标准和规章制度建设等。

信息系统运作关注的核心是信息系统安全防护。信息系统安全包括可用性、保密性、认证性、一致性等问题；需要从行为规范、实体安全和技术安全（网络、软件和数据）多个层面来考虑防护问题。

信息系统应用于组织管理的不同层次：高级战略层、中级管理层和低级操作层。应用系统通常被分为事务处理系统（如OA、ERP）和决策支持系统（DSS，如EIS）。而相应的信息系统操作分为基本操作、应用操作和维护操作3种。需要针对不同用户，选择不同内容，采用不同方式开展不同性质的信息化培训。培训内容包括计算机知识与操作、管理理论方法、信息化实践与信息化发展趋势等。

信息系统运维管理包括日常运行管理和维护管理。日常运行管理除日常监测、记录、问题分析与系统维护、运行评价等内容外，主要体现在IT服务管理上。配置管理、性能管理、问题管理、故障管理、变更管理、发布管理和服务台管理是IT服务管理的主要内容。日常运行管理也需要对信息系统运行进行评价。信息系统维护包括程序、数据、代码、设备等多方面的维护；根据维护原因，信息系统维护分为改正性维护、适应性维护、完善性维护、预防性维护4种类型。数据维护是信息系统维护的核心，其工作主要由数据库管理员（DBA）完成。

信息系统运作的基础是信息化标准和规章制度。信息化标准是面向信息、信息技术和信息产品（包括硬软件、信息系统等）而专门制定的标准。和一般标准一样，其制定程序遵循的规范，也分为国家、地方、行业、团体和企业标准多类。最基本的信息化规章制度是信息法规，组织根据它并结合自身情况建立支持信息系统运作的规章制度，如信息系统文档管理制度、机房的安全运行管理制度。

关键词

信息系统、生命周期、信息系统运作、信息系统安全、终端用户、用户培训、信息系统应用、信息系统操作、信息系统运行管理、运行记录、审计跟踪、系统升级与退化、IT服务管理、配置管理、性能管理、问题管理、故障管理、变更管理、发布管理、服务台管理、信息系统维护、数据维护、DBA、信息系统评价、信息化标准、信息法规、规章制度、信息系统文档

练习题

1. 简述信息系统的概念、特点及其生命周期。
2. 简述信息系统运作的概念、内容、目标和意义。
3. 简述信息系统安全问题及其安全模型。
4. 信息系统运作涉及的人员有哪些？他们各自的职责是什么？
5. 人员培训的目标、主要内容和方式是什么？
6. 信息系统的操作包括哪些方面的内容？
7. 信息系统的应用主要包括哪些层面的内容？列举企业中主要应用的信息系统。
8. 信息系统运行与维护管理的主要内容是什么？
9. 信息化标准分为哪几类？我国现有的与信息化相关的法律有哪些？
10. 简述信息化标准概念，以及标准的本质和级别。
11. 信息法规包括哪几类？

网络学习题

1. 搜索网上信息系统上线后运行不成功的案例，分析其原因，并从信息系统运作的角度给出合理的解决方案。搜索网上信息系统上线后运行成功的案例，从信息系统运作的角度分析其成功的关键因素。
2. 搜集阅读信息系统文档，理解它对信息系统运作的作用。
3. 搜集有关IT服务管理的文献，体会IT服务管理的复杂性和规范化。
4. 了解安全的内涵和特性，讨论信息系统安全的本质。

思考题

1. 结合具体企业案例，分析不同管理层次用户的信息需求和培训需求。
2. 结合实际，体会信息化标准与规章制度建设的重要性。
3. 试比较事务处理系统（TPS）与决策支持系统（DSS）之不同。

第6章 信息化评价

学习目标与要求

本章介绍了信息化评价的内涵、意义及其方法与基本步骤；着重说明了企业信息化水平评价的指标体系和方法；介绍了中国林业信息化发展水平测评的实例。

通过本章的学习，要求同学们：

- 了解信息化评价的概念、类别和意义。
- 掌握信息化评价的基本步骤。
- 了解企业信息化水平评价的指标体系和方法。
- 通过实例，了解信息化评价过程及其应用方法。

6.1 信息化评价概述

【例6-1】 国家林业和草原局（国家公园管理局）网

2018年十三届人大会上，新的国家林业和草原局（国家公园管理局）正式成立。由于业务及其体制等的变更，原来的中国林业网域名未改（仍然是 http://www.forestry.gov.cn/），但内容已由原国家林业局网改版为国家林业和草原局（国家公园管理局）网。它依然参加每年一度的中国政府网站绩效评估活动，到2020年已连续评估19届，图6-1是2020年评估前10名的部委。最近10年里，在中国政府网站绩效评估中，国家林业和草原局（国家公园管理局）网一直处于前5名。其最好的名次是在第十三届（2014）综合排名中位列70多个单位的第2名。之所以取得这样的成绩，它连续多年的内外部评估起了不可忽视的作用。整体规划，以评促建，是国家林业和草原局（国家公园管理局）网与时俱进的关键成功因素。

部委网站前十名

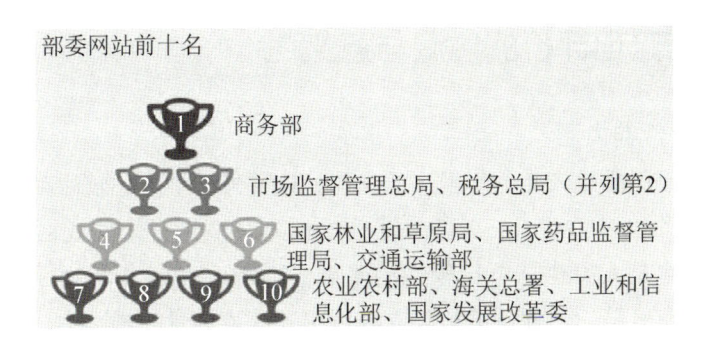

1. 商务部
2-3. 市场监督管理总局、税务总局（并列第2）
4-5-6. 国家林业和草原局、国家药品监督管理局、交通运输部
7-8-9-10. 农业农村部、海关总署、工业和信息化部、国家发展改革委

图 6-1 2020 年中国政府网站绩效评估前十名

一方面，由第三方评估机构主持的"中国政府网站绩效评估"（外评）进行了 19 届，其客观、科学、公平、公正且连续的评估分析报告，对国家林业和草原局（国家公园管理局）网抓问题、找差距、比学赶帮超，起了很重要的促进作用。按照统一标准、统一规划、分步实施的原则，学习标杆网站的先进经验，技术与管理（包括制度和规范建设）并进，经过不断努力，国家林业和草原局（国家公园管理局）网实现了统一管理、数据跨域共享、管理智能化，解决了以前网站群维护困难且成本高的问题，运维水平上了一个新的台阶。

另一方面，负责国家林业和草原局政府网建设和管理的国家林业和草原局信息办，依据局信息化发展规划的要求，精心组织了全国局所属内部网站的绩效评估（内评）。评估秉持"客观、科学、公平、公正"的原则，通过设置科学的评估指标，采取多种可行的调查测评方法，对全国林业和草原系统直属司局和下属单位的内部网站进行绩效评估。例如，在 2013 年，就对全国林业系统 47 个司局和直属单位子网站、41 个省级（区、市）林业网站、38 个市县级林业网站以及 84 个专题子网站进行绩效评估。通过分析评估结果，点评优秀网站，提出发展建议，为林业网站管理和建设提供了依据和思路，极大地促进了林业网站的集成与发展，达到了以评促建、以评促进、以评促管、以评促用的效果。

管理是一个"计划（决策）、组织、执行、评价和反馈"不断循环而无止境的过程。其中的"评价"是管理反馈控制的重要环节，完成量测和分析信息的任务。管理大师德鲁克的名言"没有度量就没有管理"，就是强调评价在管理中的重要作用。如同船只航行需要导航一样，没有灯塔和导航设备（如卫星导航系统），船只难免偏离正确的航向。缺乏评价环节的管理过程难免陷入迷茫乃至失控的境地，评价是管理活动的"导航器"。信息化管理过程同样也离不开评价。信息化评价不仅是结果的显示，还是信息化战略实施的导航系统、项目过程管理的指示器、系统运维控制的仪表盘。

6.1.1 信息化评价的内涵与意义

1. 信息化评价的内涵

对事物的比较仿佛是人类与生俱来的本能，这种思维上的比较活动就是评价，它是我们人类最普遍的思维活动。一般的，评价是指人对事物行为（或运动）的有意识或有目的的估计。它是人类建立可比较性的基础，影响着人的大部分行为活动。论及评价，必须注意两点：第一，评价必须建立在观察即获得信息的基础上；第二，评价是人的有意义或有目的的思维活动，亦即人必须依赖其头脑中所固有的意愿、需求以及知识对客观事物进行理性推断。

信息化评价就是人们对信息化过程及其各环节的投入产出效果所进行的调查和分析。它包括对信息化过程的结果所进行的状态（水平）评价，和对信息化的规划、组织、实施和运作等各环节的绩效评价。所谓绩效（performance），通常是指组织及其子系统（部门、流程、成员、业务等）的工作表现和业务成效。

按照组织性质的不同，可将信息化评价分为政府机构、事业单位和企业的信息化评价。对于一个组织而言，除了组织整体的信息化评价外，有时因为需要或条件所限，需要对个别（局部）信息化项目进行专门的评价。

由于 IT 所具有的渗透力、驱动力、高增值、高投入、高风险、收益无形等特点，信息化绩效带有间接性、长期性和互补性等特征。间接性主要表现为信息化绩效不能完全直接地体现在财务指标中。正如人们所研究的那样，信息化的作用主要是效率提高（如资金周转加快、人力资源节省、战略价值增加），间接地反映在成本下降、收入增加等方面。信息化管理创新主要增加的是非财务因素的隐形资产，包括社会资本和创新资本增加。信息化（网络化及 SCM、OA、CRM 等）使得企业与企业之间的关系，企业内部部门之间的关系，以及企业与用户之间的关系等得到质的改善，产生了一种合作（非竞争）的网络效应。这是网络时代与非网络时代企业的最大不同，即信息化提高了协同竞争力或合作能力。另外，信息化所带来的响应能力和知识管理方面的进步，也促进了创新能力的提高。长期性的主要表现为，信息化是一个随 IT 不断渗透、变化而持续进化的过程，信息化项目实施、技术与管理融合都需要时间，信息化绩效有一定的时间滞后，所带来的不仅仅是短期利益，更多的是长远战略价值和潜力。互补性主要表现为，信息化的推进伴随着业务流程重组、管理变革、技术进步等变化，很难辨别哪些是由 IT 产生的效益。换言之，信息化绩效是 IT 与管理交互作用的结果。

信息化绩效所具有的间接性、长期性和互补性等特征，使得信息化评价变得复杂而艰难，但经过 10 多年的不断探索和实践，人们总结出了一些定性与定量相结合的评价方法，并将之应用于信息化评价中，取得了一定的成效。信息化评价越来越成为组织信息化管理的例行工作。

2. 信息化评价的意义

不难看出，对一个社会组织而言，信息化可以增加其隐形资产，带来长远的战略价值和管理变革，有助于认识和解决信息化进程中出现的各类管理问题，对信息化建设有明显的导航意义。

首先，对一个组织信息化水平的测评，可以客观全面地反映其信息化的投入产出情况，有助于组织对其信息化发展进行纵向和横向比较。就像美国专家诺兰（Nolan）对大量历史资料进行考察和分析后，总结了计算机应用发展所遵循的客观规律，提出了诺兰模型，把计算机应用过程分为起步、普及、应用、集成、决策等多个阶段。不同的组织（如传统企业、E化企业、虚拟企业）通过信息水平的测评，可以认清其所处信息化阶段，因而有助于制定科学的信息化战略规划，因地制宜地开展信息化项目建设工作。同时，可以将信息化水平测评结果作为一个组织的无形资产，反映其声誉、实力或价值。例如，当前许多企业把信息化水平测评（如有没有ERP系统）当作选择合作伙伴必须考察的环节。

其次，信息化评价促进组织信息化战略的实施。除了对信息化所带来的速度、准确性和成本等效率因素的评价外，通过开展信息化对缩短时空、增加组织知识、增进组织内外联系、促进业务流程变革等影响的测度，全面支持组织的战略实施。

再次，信息化评价可以规范信息化的组织控制活动，强化信息化项目管理，在持续改进过程中，逐步消除"IT投资黑洞""IT项目泥潭"等现象。

最后，信息化评价也有助于构建组织IT管控体系，以适应国家政策法规发展的要求。例如，为了避免由于股份公司的违纪事件导致的社会问题，2002年6月，美国颁布了《2002年公众公司会计改革和投资者保护法》（简称SOX法案），我国证监会也在逐步借鉴该法案。SOX法案要求CEO和CFO就其内部控制系统进行报告，并规定相应的法律责任条款。因此，信息化工作是否有助于满足国家法规要求，成为企业信息化所要关注的问题。

6.1.2 评价方法与基本步骤

评价一个简单事物，常用的办法是选择反映其功能与作用的指标。例如，评价一个西瓜，可以用甜度、水分、成熟度等指标说明之。有时人们为了更方便、准确，还利用一定的算式将多个指标变成一个综合指标。例如，著名的道琼斯股价指数，就是一个综合了多种股票市价，反映整个股市系统升降的综合指标。但是，对于评价像信息化这样的复杂事物，用几个简单指标来全面地描述其系统的结构功能与作用是不可能的。为此，必须建立多准则、多层次的指标体系和相应的评价方法。下面通过方程（6-1）来说明评价模型的基本原理：

$$F = \sum_{i=1}^{n} a_i p_i \qquad (6-1)$$

这里，F为系统综合评价指标值（信息化指数），它是由n类准则的指标值p_1、

$p_2 \cdots p_n$ 加权计算得到的，a_i 是第 i 类指标权重系数（$i = 1, 2, \cdots, n$）。

如果评价指标体系是多层次的，即准则下面还有子准则（如 6.2 节介绍的"企业信息化水平评价指标体系"），则 p_i 通过如下方程（6-2）计算：

$$p_i = \sum_{j=1}^{n_i} c_{ij} x_{ij} \quad (i = 1, 2, \cdots, n) \qquad (6-2)$$

式中：x_{ij} 是第 i 个准则下属的 n_i 个子准则的指标值；c_{ij} 是相应指标的权重系数，$j = 1, 2, \cdots, n_i$，$i = 1, 2, \cdots, n$。

如果评价还需要更精细，子准则可以分解为更细的子子准则。依次类推，形成评价指标层次结构树。例如，表 6-1 是 2013 年原国家林业局制定的评估其司局和直属单位子网站绩效的三级指标体系（详见例 6-1），它包括 5 个一级指标、16 个二级指标和 23 个三级指标，主要从网站内容的全面性、及时性、服务性、交互性以及行业要求等方面考察网站的应用绩效。

表 6-1 原国家林业局 2013 年评估其司局和直属单位子网站绩效的三级指标体系

一级指标	二级指标	三级指标	指标说明	分值
信息发布 45 分	机构设置	领导简介	发布本单位主要领导姓名、工作简历、工作分工等信息	2
		组织机构	发布本单位职能、机构设置等信息，包括内设机构或下属单位名称、职能、联系方式等信息	2
	信息加载	通知公告	及时发布本单位各种通知、公告，信息要素齐全，包括标题、正文、发布机构、发布日期	3
		业务信息	本单位业务信息发布的全面性和发布质量，如领导讲话、各业务类别信息等	5
		信息发布总量	信息加载总体数量	7
		信息更新频度	包括多少天更新 1 次，每次更新多少条	4
		信息发布时效	动态类信息在信息生成后 5 个工作日内发布	3
	热点专题	专题建设	围绕会议、活动、部门职责等建立的专题栏目的丰富度，专题内容及质量	6
		专题更新	热点专题栏目的内容更新情况	2
	法规政策	法规政策	发布有关法律法规和本单位的有关文件	2
		政策解读	网站对有关政策制度的解读情况	3
	规划计划	发展规划	发布本单位制定的相关规划	2
		工作计划	发布本单位年度、专项工作计划及执行情况	2
	项目成果	成果展示	对单位业务成果的展示情况	2

续表

一级指标	二级指标	三级指标	指 标 说 明	分值
在线服务 15 分	办事渠道	业务办理	是否提供在线办理功能，如办事指南、表格下载、在线申报	6
	办事内容	办理类别	网站在线办理业务的类别有多少	4
		办理查询	是否提供在线办理业务的查询功能，如业务办理状态查询、业务办理结果查询	5
互动交流 10 分	渠道设立	—	是否提供在线咨询、留言或网上调查等渠道	5
	反馈情况	—	是否对以往咨询、留言的回复情况进行公示	5
用户体验 10 分	日均访问量	—	网站日均访问情况及变化	5
	信息呈现形式	—	采用多种信息组织形式，如采用视频、图片、新闻等形式实现信息的发布	3
	网站可用性	—	网站栏目设置科学合理，信息内容编排整齐，网页内容、图片显示正常，无错链、空链等	2
网站管理 20 分	组织领导	领导小组	设置网站管理领导小组，由本单位主要领导担任组长	2
		工作机制	对部门的信息采集报送和发布明确具体流程	2
	人员保障	配备人员	配备专职或兼职管理人员 2 名以上	2
		职责完成情况	按照《中国林业网管理办法》的职责分工完成主站和子网站相应任务	3
	对主站的贡献	信息报送	以中国林业网每季度发布的信息采用情况为依据	6
		职责配合	对主站在线服务和访谈直播活动的支持情况、领导活动的配合	5
合计				100

一般地，我们可以归纳出信息化评价的基本步骤：

（1）明确评价主体和客体，回答"谁评价"和"评价谁"的问题。评价主体是指授命实施评价的人或组织，如国家信息化测评中心接受企业信息化测评工作；评价客体即评价对象，它可以是国家、地区、政府、企事业单位等。

（2）确定评价目的、原则及其指标体系，回答"为什么要评价"和"根据什么来评价"的问题。例如，政府进行国家信息化评价的目的是，通过对信息化指标的统计分析，定量地衡量国家及各地区的信息化发展程度，提高政府推进信息化建设决策的科学性和准确性，使宏观决策部门和行业管理部门能够有效地指导和促进信息化建设工作，为研究制定信息化经济和社会发展计划提供量化、科学的依据，进而推动国家和地区的经济与社会发展。而企业自身的信息化评价，是管理和控制其信息化进程，有效实施信息化战略，为企业发展服务的过程。针对评价目的，人们根据完备性、科学性、可行性、重点性、动态性等原则构建评价指标体系。完备性即指标相互独立，既不多也不少；科学性即指标选择有科学依据，体现为指标体系有层次和逻辑，符合整体性要求，且可度量和可比较；可行性即从技术和经济角度看，指标数据可以获取和操作；重点性是指不能面面俱到，要突出起主导作用的指标，避免以次代主；动态性即发展变化需要指标可调整，根据评价目的和原则，构建多准则、多层次的综合评价指标体系。

（3）确定评价模型。它是整个评价体系的主体，包括模型形式以及模型参数（权重系数）确定的方法。根据模型或权重系数确定方法的不同，评价方法被分为主观赋权法（如层次分析法、德尔菲法、综合评判法）和客观赋权法（如主分量分析法、因子分析法、DEA法）。

（4）调查、统计各指标值。利用各种调查测评方法搜集评价指标所需要的各类数据，一般包括定量数据和定性数据两种。对于定性数据，通常需要做简单的量化处理（打分）；而对于定量数据，则需要做无量纲化预处理。之后，根据要求进行指标的统计计算。

（5）评价计算与分析。利用评价模型，借助计算机进行评价测算，并对测算结果进行综合分析。

下面以2013年原国家林业局评估其司局和直属单位子网站绩效为例（例6-1续），说明上述信息化评价过程。

为贯彻落实《国务院办公厅关于进一步加强政府网站管理工作的通知》（国办函〔2011〕40号）、《全国林业信息化工作管理办法》（林信发〔2016〕25号）、《中国林业网管理办法》等精神，进一步促进网站信息公开的全面性、有效性和及时性，改善网站办事服务和互动交流功能，加强网站的组织领导、内容保障及安全监管，原国家林业局委托专业机构开展2013年度原国家林业局各司局和直属单位子网站绩效评估工作，旨在全面了解和掌握子网站建设管理情况，加快推进信息化建设，提升全国林业信息化整体水平。评估对象涵盖47个司局和直属单位子网站。

评估流程（计划）：前期准备与评估执行时间从2013年8月起至2013年12月底结束，具体安排如下。

指标设计：制定或修订绩效评估指标体系并征求意见，完善指标体系及发布（8—9月）；具体指标如表6-1所示，较2012年指标而言，新增1个一级指标"用户体验"（请注意，2期对比分析只能用得分率而不能直接用得分）。

调研阶段：对各参评单位下发调查问卷，并做好各单位调查问卷的数据统计分析工作（10月）；采用如下多种调查和测评方法：

- 人工测评法：根据专家制定的指标体系，评估人员模拟网站用户登录，根据网站内容采集相关数据。采用分组交叉评估模式，按功能模块对网站同一时段采样。
- 同一指标平行测试：每项指标由同一个人负责，并在同一个时间段内完成数据的采集工作，确保每项指标的评估标准和评分尺度、数据采集时间相同。
- 用户体验法：由评估人员登录网站，对相关功能进行实际体验。
- 调查法：设计调查问卷，获取组织领导、人员保障、网站访问量、安全管理等数据。
- 专业软件测试法：主要考察网站的稳定性、访问速度等技术指标。

评估打分：根据评估指标体系，对各参评网站做评估打分，形成得分明细表（11月）。

添加数据：根据调研的统计结果，添加领导组织、制度建设、安全管理等调查数据（12月），经过计算得到各单位子网站的绩效评分（如表6-2所示）。

表6-2　2013年各司局和直属单位子网站评估综合排名

单位名称	2013年排名	2013年得分	信息发布 45分	在线服务 15分	互动交流 10分	用户体验 10分	网站管理 20分
科技司	1	86	37	15	7	9	18
信息办	2	81.5	38	6.5	10	8	19
场圃总站	3	80.5	33.5	15	6	7	19
造林司	4	77.5	30.5	15	6	7	19
政法司	5	73.5	27.5	15	6	6.5	18.5
保护司	6	71	28.5	15	6	7	14.5
濒管办	7	70	28.5	15	6	7	13.5
治沙办	8	68	27	15	6	7.5	12.5
公安局	9	66.5	29	4.5	6	8	19
林科院	9	66.5	31.5	4.5	6	6.5	18
科技中心	11	65.5	24.5	15	6	7.5	12.5
工作总站	11	65.5	32	6.5	6	7	14
基金总站	11	65.5	31.5	6.5	6	6.5	15
资源司	11	65.5	23.5	15	6	8.5	12.5

续表

单位名称	2013年排名	2013年得分	信息发布 45分	在线服务 15分	互动交流 10分	用户体验 10分	网站管理 20分
中南院	15	65	32.5	5	6	7	14.5
三北局	15	65	31	5.5	6	7.5	15
碳汇基金	17	64.5	32.5	4.5	7.5	7	13
中动协	18	63.5	28.5	5.5	6	7	16.5
规划院	19	63	27.5	6.5	6	6.5	16.5
退耕办	19	63	28	4.5	6	5.5	19
西北院	21	61.5	26.5	6.5	6	9	13.5
计财司	21	61.5	30.5	4.5	6	7	13.5
东航中心	21	61.5	29.5	4.5	6	7	14.5
昆明院	24	59	26	6.5	6	7	13.5
世行中心	25	58.5	26	6	6	7	13.5
花协	25	58.5	26.5	4.5	6	7	14.5
南航总站	27	57.5	23.5	4.5	6	7.5	16
设计院	28	57	26	6.5	6	6.5	12
林改司	29	56	22.5	4.5	6	8.5	14.5
湿地办	29	56	26	6.5	6	5.5	12
南京警院	29	56	23	4.5	6	8	14.5
竹藤中心	32	55.5	24.5	4.5	6	7	13.5
国际司	33	55	25	4.5	6	7.5	12
人才中心	34	54.5	22.5	6.5	6	7.5	12
天保办	34	54.5	23.5	5.5	6	6	13.5
中绿基	36	53.5	24	4.5	6	5.5	13.5
森防总站	37	52	20	8	6	5	13
华东院	38	51.8	19.8	5.5	6	7	13.5
林干院	39	51	18	4.5	6	8	14.5
出版社	39	51	20	5.5	6	7	12.5
治沙学会	41	50	21	4.5	6	6.5	12
林学会	42	48.5	19.5	4.5	6	6.5	12

续表

单位名称	2013年排名	2013年得分	信息发布 45分	在线服务 15分	互动交流 10分	用户体验 10分	网站管理 20分
建设协会	43	48	20	4.5	6	5.5	12
乌鲁木齐专员办	44	47	18	4.5	6	6	12.5
经研中心	45	46.5	17.5	4.5	6	6.5	12
经济林协	46	40.7	12.2	4.5	6	6	12
宣传办	47	40.5	11	4.5	6	7	12
平均得分		60.2	25.6	7.1	6.1	7.0	14.3
平均得分率		60.21%	56.97%	47.45%	61.38%	69.79%	71.70%

综合分析：汇总分析数据，撰写评估总报告（12月）。

表6-3列出了2012与2013年司局和直属单位子网站得分及其排名对比变化：司局和直属单位2013年子网站绩效相比2012年有所提升，科技司、信息办、场圃总站在2013年的评估中名列前三，总得分分别为86、81.5、80.5分，相比2012年，得分均达到80分以上，处于优秀阶段。其中名次上升最大的为退耕办、三北局，这两个单位均上升13名；退耕办上升的主要原因是业务信息更新及时、信息发布总量较多、更新频度较高、时效性强、信息报送量大、工作配合度高；三北局上升的主要原因是信息更新较好、信息发布数量较多、访问量高。科技中心上升7名，上升原因是网站提供了在线办事服务，专题维护情况较好。南京警院上升9名，上升原因是业务信息更新较好、信息更新频度较高。人才中心上升9名，上升原因是专题栏目维护情况较好。治沙办上升7名，上升原因是网站信息更新较好，提供在线办事服务。可见，上述单位能充分认识网站建设的重要性和评估的指导性。与此同时，仍有部分网站在评估中名次有所下滑，例如：计财司下降13名，主要问题是信息更新缓慢，部分业务信息在2013年未进行更新，信息发布总量较少，向中国林业网报送信息较少；西北院下降12名，主要问题是信息更新缓慢，部分业务信息在2013年未进行更新，信息发布总量较少，向中国林业网报送信息较少；天保办下降9名，主要问题是信息更新缓慢，发布总量较少，向中国林业网报送信息较少，网站访问量较低；林学会下降8名，主要问题是信息更新缓慢，发布总量较少，且信息送报量不高，网站访问量较低；规划院下降7名，主要问题是业务信息更新较差，未提供规划与计划信息，在线服务能力较弱；湿地办下降7名，主要问题是信息更新缓慢，信息发布总量与向中国林业网报送信息量较少，网站访问量较低。从得分上来看，这些单位的得分与2012年差距不明显，主要原因是多数网站在2013年提升较快，因此不进则退，各单位应及时引起重视，加强网站的建设，不断提升网站的综合服务水平。

表6-3 2012与2013年司局和直属单位子网站得分及其排名对比变化

单位名称	2013年排名	2013年得分	2012年排名	2012年得分	名次变化
科技司	1	86	2	72.8	1
信息办	2	81.5	2	72.8	0
场圃总站	3	80.5	1	75.6	-2
造林司	4	77.5	4	72.3	0
政法司	5	73.5	6	68.8	1
保护司	6	71	7	68	1
濒管办	7	70	5	71	-2
治沙办	8	68	15	64	7
公安局	9	66.5	10	67	1
林科院	9	66.5	15	64	6
科技中心	11	65.5	18	62	7
工作总站	11	65.5	11	66	0
基金总站	11	65.5	13	64.5	2
资源司	11	65.5	14	64.3	3
中南院	15	65	21	61.8	6
三北局	15	65	28	56.8	13
碳汇基金	17	64.5	17	63.8	0
中动协	18	63.5	18	62	0
规划院	19	63	12	65.3	-7
退耕办	19	63	32	55.8	13
西北院	21	61.5	9	67.1	-12
计财司	21	61.5	8	67.3	-13
东航中心	21	61.5	26	57.5	5
昆明院	24	59	18	62	-6
世行中心	25	58.5	24	58.6	-1
花协	25	58.5	27	57.1	2
南航总站	27	57.5	31	56	4
设计院	28	57	23	58.8	-5
林改司	29	56	28	56.8	-1
湿地办	29	56	22	59	-7
南京警院	29	56	38	53	9

续表

单位名称	2013年排名	2013年得分	2012年排名	2012年得分	名次变化
竹藤中心	32	55.5	33	55.5	1
国际司	33	55	30	56.5	-3
人才中心	34	54.5	43	50.2	9
天保办	34	54.5	25	58.5	-9
中绿基	36	53.5	41	52.3	5
森防总站	37	52	35	55	-2
华东院	38	51.8	37	53.5	-1
林干院	39	51	38	53	-1
出版社	39	51	40	52.5	1
治沙学会	41	50	36	54	-5
林学会	42	48.5	34	55.3	-8
建设协会	43	48	44	49.8	1
乌鲁木齐专员办	44	47	47	45.5	3
经研中心	45	46.5	42	51.5	-3
经济林协	46	40.7	45	46.5	-1
宣传办	47	40.5	46	46.3	-1

从图6-2可以看出，司局和直属单位均已跨过"起步阶段"（30分以下）。其中，51.06%处于"建设阶段"（30~60分），40.43%处于"发展阶段"（60~75分），"优秀阶段"（75~90分）仅占8.51%，尚未有网站步入"卓越阶段"（90分以上）。参评47个网站中，优秀阶段（75≤绩效<90）4个，相比2012年增加了3个，发展阶段（60≤绩效<75）19个，建设阶段（30≤绩效<60）24个。这说明司局和直属单位子网站建设目前主要集中在建设阶段和发展阶段，整体水平仍有很大提升空间，各单位应从政府网站三大功能定位（信息发布、在线服务、互动交流）入手，不断提高网站建设水平。

由图6-3可以看出，司局和直属单位子网站均已跨过起步阶段（30分以下）。其中优秀阶段（75~90分）由2012年的2.13%上升至8.51%，相比2012年有所提升，形成一批有风格、有内容、有服务、有互动、有创新的标杆网站；同时在建设阶段（30~60分）网站的比例有所减少，由2012年的55.32%降至51.06%，说明有部分网站朝着更高阶段发展，但发展阶段（60~75分）2013年的比例为40.43%，相比2012

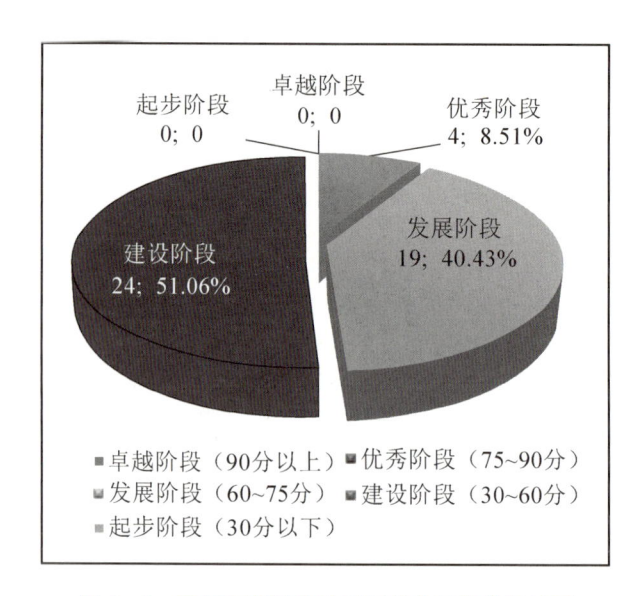

图 6-2　司局和直属单位子网站发展阶段统计图

年的 42.55% 下降了近 2 个百分点，同时卓越阶段（90 分以上）网站尚无，因此司局和直属单位子网站建设仍有较大提升空间。

	卓越阶段 90分以上	优秀阶段 75~90分	发展阶段 60~75分	建设阶段 30~60分	起步阶段 30分以下
2013年	0	8.51%	40.43%	51.06%	0
2012年	0	2.13%	42.55%	55.32%	0

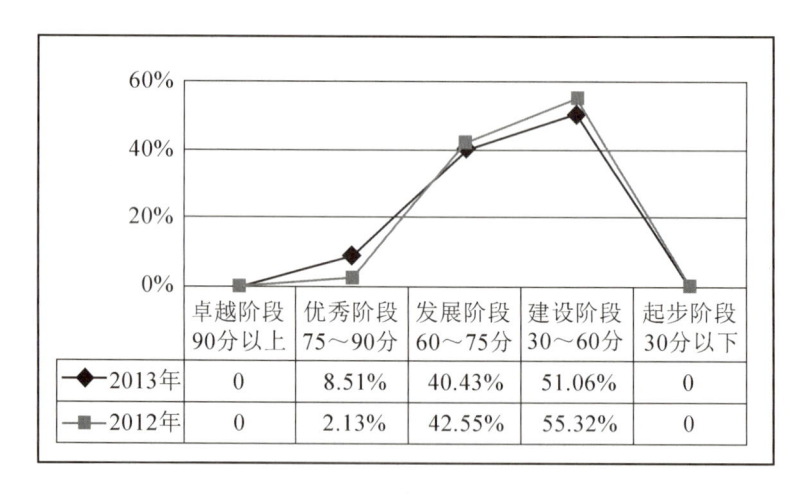

图 6-3　2013/2012 年司局和直属单位子网站发展阶段对比分析图

从图 6-4 可以看出，司局和直属单位子网站整体平均得分率为 60.21%。其中，网站管理指标的得分率最高，为 71.70%；用户体验指标次之，为 69.79%；随后是互动交流及信息发布指标，得分率分别为 61.38%、56.97%；而在线服务指标得分率最低，仅为 47.45%。由此反映出对在线办事重视程度不够，各网站应在行政事项服务的基础上，整合社会性服务资源，以此为补充，进一步加强网站服务功能与林业业务系统的有机结合，实现为公众和企业提供网上申请、网上办理、网上查询和网上咨询等服务，切实提高在线办事能力。

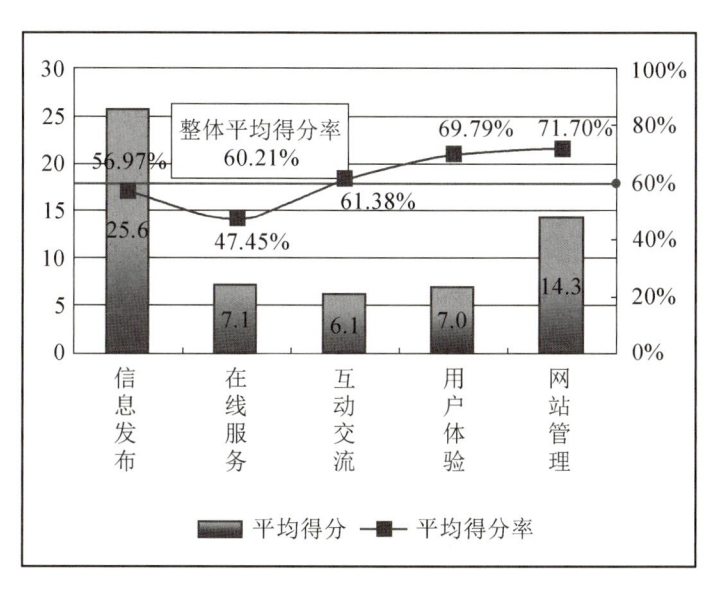

图 6-4　2013 年司局和直属单位子网站各类指标得分分析图

图 6-5 揭示了 2013/2012 年司局和直属单位子网站各功能指标得分率对比分析情况。其中，2013 年新增用户体验考核内容除外。在线服务、互动交流指标 2013 年得分率相对 2012 年有所提升，但得分率均未超过 80%，情况仍不理想；此外，信息发布、网站管理指标 2013 年得分率相对 2012 年稍有下滑，主要原因在于 2013 年提高了指标考核要求，部分单位对网站建设的重视度不够。为此，各单位应继续加强网站的三大功能建设，不断提高网站管理和用户体验水平，提升网站绩效水平。

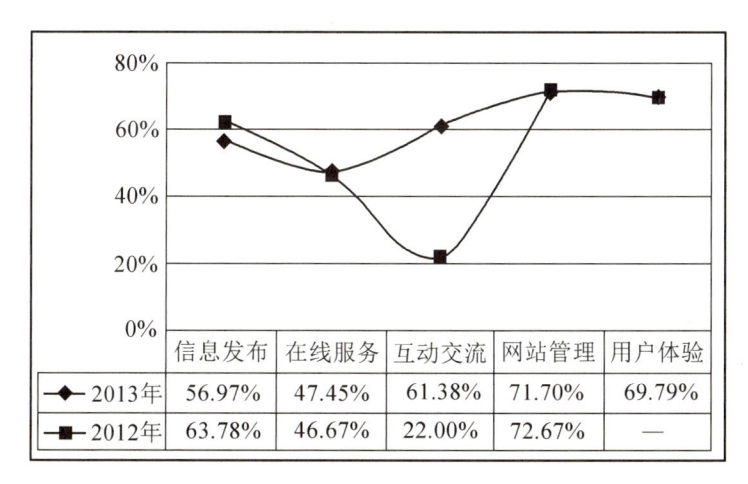

	信息发布	在线服务	互动交流	网站管理	用户体验
2013 年	56.97%	47.45%	61.38%	71.70%	69.79%
2012 年	63.78%	46.67%	22.00%	72.67%	—

图 6-5　2013/2012 年司局和直属单位子网站各功能指标得分率对比分析图

6.2 企业信息化水平评价

【例6-2】 某企业信息化水平的基本评价[1]

某制造企业为了提高其生产运作效率，在现有财务、ERP等核心业务信息化的基础上，拟投资立项建立企业信息门户网站，以整合其内部信息，实现知识管理，提高企业管理效率。为此，企业委托某信息咨询机构对项目做前期分析。其中咨询机构的一个重要工作就是对企业信息化现状进行分析。他们采用了国家信息化测评中心发布的"企业信息化基本指标构成方案"，从信息化战略、基础设施、应用状况、人力资源、信息安全、效益6个方面，对企业信息化基本水平进行了调查、测度分析，掌握了企业信息化的基本情况，为项目可行性分析打下了基础。

任何投入都会有产出，企业信息化的投入会带来什么样的结果，企业信息化已经到了什么阶段或具备了什么样的水平，等等，这些都是每个企业管理者所关心的。对企业信息化状态所进行的科学评估，就是企业信息化水平评价。它既是对企业信息化投入产出整体状况的客观评价，也是制定信息化规划和信息化立项等工作的基础。

6.2.1 企业信息化水平评价的指标体系和方法

评价指标体系设计应遵循完备性、科学性、可行性、重点性、动态性等原则。指标内容应该覆盖企业信息化体系的所有要素，反映企业信息化过程的各个环节，并且突出重点，适应变化，易懂、易用。指标数据应该便于采集、分析和比较，从而有利于企业改进自身信息化建设。

作为专门从事信息化评价的机构，国家信息化测评中心经过多年的研究与实践，提出并发布了企业信息化评价的指标体系及其计算方法，该指标体系及其计算方法被广泛应用于企业信息化评价（如"中国企业信息化500强"评定），影响很大，几乎成为我国企业信息化水平评价的基准。它包括三大类指标：基本指标、补充（效能）指标和评议指标。其中，企业信息化基本指标是反映信息化基本情况的统计调查指标，可以对企业信息化基本发展状况进行标准化的客观定量分析，主要用于社会统计调查和政府监测。企业信息化补充指标是在企业信息化基本指标的基础上，结合不同行业、不同对象的特点，以标杆库和标杆值为参照，以信息化实效为评价目标的效能评价指标，形成对

---

[1] 引自：靖继鹏，张海涛，等. 企业信息化规划与管理. 北京：机械工业出版社，2006.

企业信息化实效的定量分析结论。企业信息化补充指标由适宜度和灵敏度两大类指标构成。适宜度指标包括战略适宜度、投资适宜度、应用适宜度、资源匹配适宜度和组织与文化适宜度。灵敏度指标包括信息灵敏度、管理运行灵敏度和对外反应灵敏度。效能指标总分就是适宜度和灵敏度得分的综合，适用于企业自测和企业信息化水平评价定级。企业信息化评议指标是对影响企业信息化实效的特殊非定量因素进行判断的评价指标，以此形成对企业信息化评价的定性分析结论。此类指标由评价实施机构中的专家咨询组进行评价。一般专门的第三方中介机构进行"企业信息化补充指标"和"企业信息化评议指标"的相关评价工作。

企业信息化基本指标适用于任何企业，从信息化战略地位、基础设施建设、应用状况、人力资源、信息安全、效益指数6个方面（准则或一级指标），用21个指标定量而客观地描述了企业信息化状况，主要用于社会统计调查、政府监测和企业自测，有助于了解企业信息化的基本状况，便于进行初步的横向行为对比分析。具体构成如表6-4所示。

表6-4 企业信息化基本指标[①]

一级指标	序号	二级指标	指标解释	指标数据构成
信息化战略地位	1	信息化重视度/分	反映企业对信息化的重视程度和信息化战略落实情况	企业信息化工作最高领导者的地位；首席信息官（CIO）的级别设置；信息化规划和预算的制定情况
基础设施建设	2	信息化投入总额占固定资产投资比重	反映企业对信息化的投入力度	软件、硬件、网络、信息化人力资源、通信设备等投入
	3	每百人计算机拥有量/台	反映信息化基础设施状况	大、中、小型机；服务器；工作站；PC
	4	网络性能水平/分	反映信息化基础设施状况	企业网络的出口带宽
	5	计算机联网率	反映信息化协同应用的条件	接入企业内部网的计算机的比例

---

① 资料来自：http://www.niec.org.cn/qyxxh/zbtx02.htm。

续表

一级指标	序号	二级指标	指标解释	指标数据构成
应用状况	6	信息采集的信息化手段覆盖率	反映企业有效获取外部信息的能力	采集政策法规、市场、销售、技术、管理、人力资源信息时信息化手段的应用状况
	7	办公自动化系统应用程度/分	反映企业在网络应用基础上的办公自动化状况	是否实现了日程安排、发文管理、会议管理、信息发布、业务讨论、电子邮件、信息流程的跟踪与监控等
	8	决策信息化水平/分	反映信息技术对重大决策的支持水平	是否有数据分析处理系统、方案优选系统、人工智能专家系统等
	9	核心业务流程信息化水平/分	反映核心业务流程信息化的深广度	主要业务流程的覆盖面及质量水平
	10	企业门户网站建设水平/分	反映企业资源整合状况	服务对象覆盖的范围；可提供的服务内容
	11	网络营销应用率	反映企业经营信息化水平	网上采购率；网上销售率
	12	管理信息化的应用水平/分	反映信息资源的管理与利用状况	管理信息化应用覆盖率及数据整合水平
人力资源	13	人力资源指数/分	反映企业实现信息化的总体人力资源条件	大专学历以上的员工占员工总数的比例
	14	信息化技能普及率/分	反映人力资源的信息化应用能力	掌握专业IT应用技术的员工的比例；管理层非专业IT人员的信息化培训覆盖率
	15	学习的电子化水平/分	反映企业的学习能力和文化的转变	电子化学习的员工覆盖率；电子化学习中可供选择的学习领域

续表

一级指标	序号	二级指标	指标解释	指标数据构成
信息安全	16	用于信息安全的费用占全部信息化投入的比例	反映企业信息化安全水平	用于信息安全的费用包含软件、硬件、培训、人力资源支出等
	17	信息化安全措施应用率	反映企业信息化安全水平	信息备份、防非法侵入、防病毒、信息安全制度与安全意识培养等措施的应用状况
效益指数	18	库存资金占用率	反映企业信息化效益状况	库存平均占用的资金与全部流动资金的比例
	19	资金运转效率/(次/年)	反映企业信息化效益状况	企业流动资金每年的周转次数
	20	企业财务决算速度/日	反映企业信息化响应水平	从决算指令的发出到完成一次完整的企业决算所需的最短时间
	21	增长指数	反映企业绩效	销售收入增长率、利润增长率

企业信息化基本指标值（信息化指数）I 反映了企业信息化的基本状况（水平），其计算公式如下：

$$I = \sum_{i=1}^{6} a_i p_i \tag{6-3}$$

式中：I 表示指标体系的总得分；p_i 表示第 i 个准则（一级指标）的得分；a_i 表示第 i 个准则的权重，所有指标权重的和为 100%。权重表将基本指标划分成 6 个大类，每一类的权重设计为：信息化战略地位 10%；基础设施建设 20%；应用状况 20%；人力资源 15%；信息安全 5%；效益指数 30%。

如果评价指标体系是多层次的，即准则下面还有子准则（如表 6-4 所示），则 p_i 通过如下计算公式得到：

$$p_i = \sum_{j=1}^{n_i} c_{ij} x_{ij} (i = 1, 2, \cdots, 6) \tag{6-4}$$

式中：x_{ij} 是第 i 个准则下属的 n_i 个子准则的指标值；c_{ij} 是相应指标的权重系数，具体可根据层次分析法等，结合政策导向确定。这里，$j = 1, 2, \cdots, n_i$，$i = 1, 2, \cdots, 6$，$n_1 = 1$，

$n_2 = 4$，$n_3 = 6$，$n_4 = 3$，$n_5 = 2$，$n_6 = 4$。

各基本指标的计算方法如下。

1. 信息化重视度

（1）企业信息化工作最高领导者的地位：最高领导者是一把手，得 100 分；是二把手，得 60 分；是三把手，得 50 分；是部门领导，得 30 分。

（2）首席信息官（CIO）的级别设置：

① 正式设置 CIO 职位，得 50 分，否则得 0 分。

② CIO 的职位级别处于企业最高层，得 50 分；处于中层，得 25 分。

计算方法：①项得 0 分，则要素的总分为 0；否则，将①和②的得分相加。

（3）信息化规划和预算的制定情况：

① 单列信息化规划，得 50 分；分散在总体规划中，得 25 分；无成文的信息化规划，得 0 分。

② 单列信息化预算，得 50 分；分散在总体预算中，得 25 分；无成文的信息化预算，得 0 分。

计算方法：将①和②的得分相加。

本指标总分的计算方法：（1）、（2）、（3）的得分相加再除以 3。

2. 信息化投入总额占固定资产投资比重

信息化投入总额的计算口径包含软件、硬件、网络、信息化培训、聘用专业 IT 技术人员等发生的直接费用，以及通信设备、维护费用投入。本指标的得分由以下公式计算得出（总分最高为 100 分）：

$$\text{信息化投入总额占固定资产投资比重} = \frac{\text{近 3 年企业信息化投入总额}}{\text{近 3 年固定资产投资总额}} \times 100 \quad (6-5)$$

企业成立时间少于 3 年的，可以按照实际成立时间计算。

3. 每百人计算机拥有量

计算机拥有量的计算口径为：能够正常运转的大、中、小型机，以及服务器和工作站，还包括主频在 65 MHz（含）以上的个人计算机。本指标得分由以下公式计算得出（总分最高为 100 分）：

$$\text{每百人计算机拥有量} = \frac{\text{本企业拥有的能够正常运转的计算机总量}}{\text{员工总数}} \times 100 \quad (6-6)$$

4. 网络性能水平

企业网络的出口带宽小于（含）128 Kbps 的，得 30 分；128～512 Kbps 的，得 50 分；512 Kbps～2 Mbps 的，得 60 分；2～10 Mbps 的，得 80 分；10～100 Mbps 的，得 90 分；100 Mbps 以上的，得 100 分。

通过调制解调器（ISDN）和普通电话上网，带宽在 128 Kbps（含）以下，即使可以同时开辟多个连接通道，得分依然按 30 分计。

5. 计算机联网率

计算机的统计口径与指标 3 相同。本指标得分由以下公式计算：

$$计算机联网率 = \frac{接入企业内部网的计算机总量}{本企业拥有的能够正常运转的计算机总量} \times 100\% \qquad (6-7)$$

6. 信息采集的信息化手段覆盖率

企业在进行政策法规、市场、销售、技术、管理、人力资源 6 个领域的信息采集时，信息化手段占重要位置的，每覆盖一个领域得 16 分，全部覆盖，得 100 分。

7. 办公自动化系统应用程度

如果没有建立基于 Intranet/Extranet 的企业网，得 0 分。在具备基于 Intranet/Extranet 的企业网的基础上，实现信息流程的跟踪与监控的，得 5 分；实现面向外部的电子公文交换的，得 5 分；每实现一个其他功能（见下文列举）的，得 1 分；总分乘以 3.85，满分为 100 分。

其他功能包括文档共享、收文管理、发文管理、会议管理、签报管理、周报（月报）管理、信息集成、信息发布、业务讨论、电子邮件、个人数据管理、档案管理、人力资源管理、固定资产管理、日程安排、决策支持（具备数据库、模型库和方法库）等。

8. 决策信息化水平

本指标为定性考核指标，初级水平为 50 分，中级水平为 80 分，高级水平为 100 分。级别划分标准如下：

初级水平：通过信息资源的开发、利用，能为企业决策提供初步支持。

中级水平：能开展数据分析处理，对各种决策方案进行优选，为企业决策提供有力的辅助支持。

高级水平：采用人工智能专家系统，进入管理决策智能化。

9. 核心业务流程信息化水平

本指标为综合考核指标，初级水平为 50 分，中级水平为 80 分，高级水平为 100 分。级别划分标准如下：

初级水平：信息化覆盖部分主要业务流程，业务流程自身及业务流程之间的信息流通不畅，在主要业务流程方面存在比较严重的"信息孤岛"现象。

中级水平：信息化覆盖 80% 以上的主要业务流程，并能实现及时、充分的数据共享。

高级水平：主要业务流程全部实现最优控制。

10. 企业门户网站建设水平

（1）对以下服务对象，覆盖一个得 1 分，总分乘以 6.2，满分 50 分。服务对象包括企业员工、招聘对象、管理者、决策者、最终客户、供应商、其他合作伙伴。

（2）对以下服务功能，覆盖一个得 1 分，总分乘以 6.25，满分 50 分。服务功能包括信息发布、网上采购、网上销售、客户网上自助服务、员工入口、移动商务、消息自动传送、业务报警功能。

本指标总分为上述两者之和。

11. 网络营销应用率

网络营销应用率主要分为两部分：网上销售率，即经电子商务产生的销售额占总销售额的比例；网上采购率，即经电子商务产生的采购额占总采购额的比例。线上沟通并达成交易、采取在线支付方式，这两个条件只要满足其一，即认为是经电子商务产生的销售额或采购额。网上销售率和网上采购率的计算公式如下：

$$网上销售率 = \frac{当年电子商务产生的销售额}{全年总销售额} \times 100\% \quad (6-8)$$

$$网上采购率 = \frac{当年电子商务产生的采购额}{当年总采购额} \times 100\% \quad (6-9)$$

$$本指标得分 = 网上采购率 \times 50 + 网上销售率 \times 50 \quad (6-10)$$

12. 管理信息化的应用水平

（1）管理信息化的应用覆盖率，计分方法：以下领域，覆盖1项加1分，结果乘以6.25。

管理信息化的应用领域包括财务管理、购销存管理、生产制造管理、分销管理、客户关系管理、人力资源管理、商业智能、电子商务等。

（2）管理信息化的数据整合水平，计分方法：以下数据库，有2个实现共享为2分，3个实现共享为3分，依次类推；结果乘以6.25。

数据库包括财务、购销存、生产制造、分销、客户关系、人力资源管理、商业智能、电子商务等。

本指标总分为以上两部分的分数之和。

13. 人力资源指数

$$指标分值 = \frac{有大专（含）以上学历的员工数}{员工总数} \times 100 \quad (6-11)$$

14. 信息化技能普及率

本指标由两部分构成，指标得分的计算方法如下：

（1）掌握专业IT应用技术的员工的比例，是指掌握专业IT技术的员工占全部正式员工的比例。其计分方法为：该比例大于15%，得35分；10%~15%，得28分；5%~10%，得24分；3%~5%，得16分；1%~3%，得10分；1%以下，得5分。

（2）管理层非专业IT人员的信息化培训覆盖率，统计口径为：管理层（包含高层管理者、中层管理者和基层管理者），接受超过2个小时以上的正式培训，方可进入培训覆盖的范围。其计分方法为：管理层非专业IT人员的信息化培训覆盖率（%）×65。

本指标总分为以上两部分分值之和。

15. 学习的电子化水平

（1）电子化学习的员工覆盖率，计分方法如下：

$$电子化学习的员工覆盖率 = \frac{正式参与企业组织的电子化学习项目的员工数量}{企业全部员工的数量} \times 50 \tag{6-12}$$

（2）电子化学习中可供选择的学习领域的覆盖率，计分方法为以下各选项有 1 项加 1 分，总分乘以 6.2，满分 50 分。选项包括管理、营销、财务、企业文化、生产及工作技术、技能、规章制度等。

本指标总分为以上两部分分值之和。

16. 用于信息安全的费用占全部信息化投入的比例

本指标的计算口径：用于信息安全的费用，包含安全软件、安全硬件、信息安全培训、信息安全人力资源支出等。

指标分值计算方法：该比例大于 30%，得 100 分；20%~30%，得 90 分；15%~20%，得 80 分；10%~15%，得 60 分；5%~10%，得 50 分；5% 以下，得 20 分。

17. 信息化安全措施应用率

本指标计分方法：重视员工安全意识的培养及制定严格的员工信息安全制度，得 2 分，每采取一个其他安全措施，加 1 分，结果乘以 6.6，满分 100 分。

其他安全措施包括：本地实时备份；本地定时备份；异地实时备份；异地定时备份；拥有 2 个（含）以上的 ISP；安装了防火墙；安装了企业级杀毒软件，并严格按照供应商要求按时升级；全面安装了单机版杀毒软件，并严格按照供应商要求按时升级；安装了邮件加密系统；建立了虚拟专用网；档案服务器、网络服务器、防火墙等网络流量相关的设备有备份。

18. 库存资金占用率

此指标数据采集的跨度不得超过 3 年。

$$库存资金占用率 = \frac{库存平均占用的资金}{全部流动资金} \times 100\% \tag{6-13}$$

库存资金占用率降低比例的计算方法：

$$库存资金占用率降低比例 = \frac{信息化实施前库存资金占用率 - 信息化实施后库存资金占用率}{信息化实施前库存资金占用率} \times 100\% \tag{6-14}$$

本指标分值：库存资金占用率降低比例 80% 以上，得 100 分；降低比例 60% 以上，得 80 分；降低比例 50% 以上，得 60 分；降低比例 20% 以上，得 20 分；降低比例 20% 以下，得 0 分。

19. 资金运转效率

此指标数据采集的跨度不得超过 3 年。

企业资金运转效率的计算方法：

$$企业资金运转效率 = \frac{信息化实施后企业流动资金每年的周转次数}{信息化实施前企业流动资金每年的周转次数} \times 100\%$$

(6-15)

本指标分值：企业流动资金每年的周转次数是原来的 5 倍以上，得 100 分；3~5 倍，得 80 分；2~3 倍，得 60 分；1~2 倍，得 20 分。

20. 企业财务决算速度

此项指标考察企业实现一次完整的虚拟财务决算所需要的时间。

本指标得分计算方法：实现 24 小时以内完成决算，得 100 分；1~10 日，得 80 分；10~20 日，得 60 分；20~30 日，得 30 分；30 日以上，得 0 分。

21. 增长指数

此指标为综合考核指标，是根据现阶段对信息化的认识制定的重要参考指标，考察企业自身销售收入增长率、企业自身利润增长率、行业平均销售收入增长率、行业平均利润增长率以及它们之间的关系。

计算增长指数就是通过对企业自身发展变化的考察，以及与同期行业状况的比较，判断企业信息化在相关方面带来的影响的过程。

此指标的计算方法为：

$$增长指数 = K_1 \times \frac{企业自身销售收入增长率 - 行业平均销售收入增长率}{行业平均销售收入增长率} +$$

$$K_2 \times \frac{企业自身利润增长率 - 行业平均利润增长率}{行业平均利润增长率} +$$

$$K_3 \times 企业自身销售收入增长率 +$$

$$K_4 \times 企业自身利润增长率$$

(6-16)

式中，K_1、K_2、K_3、K_4 为各项的权重系数。此指标的考察期限为近 3 年，企业成立时间少于 3 年的，可以按照实际成立时间计算。

说明：以上各指标的计算方法中，在表达上如存在时间段等数据区间，除非特别说明，则包含数据的上限，不包含下限。例如 "2%~5%"，意味着包含 5%，不包含 2%。其中计算涉及的权重系数可通过主观赋权法和客观赋权法等算出。

6.2.2 案例说明

下面我们结合例 6-2，说明企业信息化水平评价的具体过程：

（1）数据搜集。根据《企业信息化基本指标》（表 6-4）设计调查问卷，获得企业基本统计数据。

（2）确定指标权重系数（见表 6-5，可利用专家打分或层次分析法等）。

表 6-5　某企业信息化测评结果和权重

企业信息化基本指标总分	一级指标	得分 P_i	权重 a_i	二级指标	得分 X_{ij}	权重 C_{ij}
$I=42.4$	信息化战略地位	18.3	0.1	信息化重视度/分	18.3	1.000
	基础设施建设	48.2	0.2	信息化投入总额占固定资产投资比重	15.6%	0.365%
				每百人计算机拥有量/台	23.0	0.125
				网络性能水平/分	60.0	0.125
				计算机联网率	82.0%	0.365%
	应用状况	52.3	0.2	信息采集的信息化手段覆盖率	64.0%	0.060
				办公自动化系统应用程度/分	50.0	0.105
				决策信息化水平/分	50.0	0.160
				核心业务流程信息化水平/分	80.0	0.290
				企业门户网站建设水平/分	13.5	0.060
				网络营销应用率	0	0.025%
				管理信息化的应用水平/分	36.5	0.290
	人力资源	40.3	0.15	人力资源指数/分	20.6	0.200
				信息化技能普及率/分	66.0	0.400
				学习的电子化水平/分	24.4	0.400
	信息安全	32.0	0.05	用于信息安全的费用占全部信息化投入的比例	20.0%	0.333%
				信息化安全措施应用率	38.0%	0.666%
	效益指数	43.2	0.30	库存资金占用率	60.0%	0.350%
				资金运转效率/（次/年）	20.0	0.350
				企业财务决算速度/日	80.0	0.190
				增长指数	—	0.110

（3）指标计算与结果。将（1）调查的数据和（2）计算出的权重带入评价方程（6-3）和（6-4）则得到各级评价指标的值（见表 6-5）。企业信息化基本指标总分 I 为 42.4，总的来说，该企业的信息化水平与国内同行业实施信息化较成功的企业相比有一定差距。其中，"信息化战略地位"指标值较差，主要表现为：企业领导信息意识淡薄、信息管理制度不健全、缺乏整体信息化战略规划。

6.3 中国林业信息化发展水平测评

例 6-1 只是从信息化项目（林业网站）建设的角度考察信息化评价流程。本节将从行业的总体全面考察原国家林业局如何从 2008 年起，持续不断（每年）地结合信息化发展的新趋势，完善与时俱进的指标体系，采用多种调查测评方法搜集指标数据，并利用聚类分析、离散分析等统计方法进行综合评估分析，来开展中国林业信息化发展水平测评的。

1. 测评目的

为更好地适应当前我国林业科学发展的需要，加快推进林业信息化建设，提升林业信息化整体水平，原国家林业局组织开展了 2013 年全国林业信息化发展水平测评。通过评测，全面客观地了解我国林业信息化发展现状，包括优势、特点和不足，为下一阶段林业信息化建设制定科学计划和确定重点突破领域提供依据。

2. 测评范围

测评包括全国 31 个省区市、4 个森工（林业）集团、新疆生产建设兵团和 5 个计划单列市、1 个示范市，共计 42 个单位（见表 6-6）。

表 6-6 2013 年全国林业信息化发展水平测评范围

类别	单位名称
省区市（31 个）	北京、天津、河北、山西、内蒙古、辽宁、吉林、黑龙江、上海、江苏、浙江、安徽、福建、江西、山东、河南、湖北、湖南、广东、广西、海南、重庆、四川、贵州、云南、西藏、陕西、甘肃、青海、宁夏、新疆
森工（林业）集团（4 个）	内蒙古森工、吉林森工、龙江森工、大兴安岭
新疆生产建设兵团（1 个）	新疆生产建设兵团
计划单列市（5 个）	大连、宁波、厦门、青岛、深圳
示范市（1 个）	沈阳

3. 测评标准

为了保持与各年度测评结果的可比性，测评的指标体系遵循了以往测评指标体系的设定，即在林业信息化的建设、应用和保障 3 个方面设定指标，并根据发展需要进行修订（如 2013 年就新增了微博/移动门户新技术应用、物理安全保障、协同管理保障 3 个二级指标，调整技术保障/信息技术自主创新二级指标的考核要点，同时将二级指标进一步细化，形成 39 个三级指标）。2013 年度测评体系共包括 3 个一级指标、19 个二级指标（见表6-7）。

表6-7 2013年林业信息化发展水平测评指标体系

一级指标	二级指标	分值
林业信息化建设水平（40分）	网络建设	7
	机房建设	5
	电脑等终端建设	5
	数据库建设	7
	应用系统建设	7
	网站建设	9
林业信息化应用水平（30分）	数据库应用	5
	应用系统使用	5
	数据库和应用系统支撑核心业务	6
	OA系统应用	5
	内外网应用	6
	微博/移动门户新技术应用	3
林业信息化保障水平（30分）	机构队伍保障	6
	资金保障	5
	制度标准保障	4
	信息安全保障	4
	物理安全保障	4
	协同管理保障	4
	技术保障/信息技术自主创新	3

4. 测评过程

2013年6—9月，确定测评范围，制定测评标准体系。

2013年9月，下发全国林业信息化测评通知。

2013年10月，各省区市报送本次调查数据，集中搜集整理各省区市的调查数据，并对部分数据进行核实查证。

2013年11—12月，对照测评标准体系，对各省区市的调查数据进行综合评分，测评结果报有关专家和领导审定后，得出2013年全国林业信息化发展水平测评结果，并对各省区市的分项指标得分情况进行分析，编写测评报告。

5. 测评分析报告

下面是人们根据2013年测评数据资料，利用科学的分析方法，以图表文的形式所撰写的测评分析报告提纲。图6-6示例性地说明，报告如何用图表方式揭示了2008—

2013年度各省区市林业信息化发展水平排名变化情况。比如，其中排名前列的湖南省一直在1~3名浮动。

2013年林业信息化发展水平测评分析报告（目录）

一、总体测评结果

二、整体得分情况分析

  （一）整体分布

  （二）聚类分析

三、一级指标测评结果

  （一）林业信息化建设水平

    1. 林业信息化建设水平分析

    2. 林业信息化建设水平各项指标得分率分析

  （二）林业信息化应用水平

    1. 林业信息化应用水平分析

    2. 林业信息化应用水平各项指标得分率分析

  （三）林业信息化保障水平

    1. 林业信息化保障水平分析

    2. 林业信息化保障水平各项指标得分率分析

四、各省区市离散分析

五、不同区域对比分析

六、年度结果对比分析

  （一）各年度测评结果整体对比分析

  （二）各年度测评结果排名对比分析

  （三）各年度一级指标对比分析

七、先进省区市亮点分析

八、测评结论

九、工作建议

多年不断的、常态化的林业信息化评估工作，有效地推动了林业信息化的建设向规划的目标发展，对提升林业信息化发展水平起到了重要的推动作用。科学规范、与时俱进的测评和深入的定性定量分析，使人们掌握了林业信息化发展新动向，查检了林业信息化发展过程中的问题，矫正了不足之处，总结了林业信息化建设优秀地区的先进经验，为各地林业信息化主管部门的科学决策提供参考依据或优化建议，进一步促进林业信息化向"智慧林业"的目标持续迈进。

2008 排名	省份	总得分	2009 排名	省份	总得分	2010 排名	省份	总得分	2011 排名	省份	总得分	2012 排名	省份	总得分	2013 排名	省份	总得分
1	湖南	91.6	1	辽宁	93.09	1	辽宁	95.19	1	辽宁	95.3	1	湖南	97	1	辽宁	95.6
2	辽宁	87.84	2	湖南	92.71	2	湖南	94.05	2	湖南	94.2	2	辽宁	95.35	2	北京	95.5
3	北京	87.56	3	北京	87.8	3	北京	92	3	北京	93.9	3	北京	94.17	3	湖南	95.4
4	福建	79.37	4	福建	86	4	福建	87.93	4	福建	88.8	4	浙江	90.2	4	广东	89.3
5	山东	77.26	5	广东	81.61	5	浙江	86.53	5	浙江	87.2	5	福建	86.01	5	吉林	88.3
6	广东	77.09	6	浙江	80.51	6	广东	83.19	6	广东	83.5	6	广东	84.62	6	浙江	87.9
7	浙江	75.37	7	山东	79.76	7	山东	80.39	7	江西	82.5	7	湖北	83.61	6	湖北	87.9
8	江西	74.96	8	江西	76	8	安徽	78.1	8	河南	82.1	8	吉林	82.69	8	四川	86.7
9	吉林森工	73.73	9	吉林森工	74.8	9	上海	75.12	9	上海	81.7	9	四川	81.87	9	江西	85.3
10	河南	70.63	10	河南	74.52	10	河南	74.63	10	内蒙古	81.2	10	上海	81.03	10	福建	85.2
11	陕西	70.08	11	陕西	74.27	11	陕西	73.91	11	陕西	80.9	10	江西	81.02	10	河南	85.2
12	山西	68	12	山西	69.8	12	江西	73.89	12	吉林	80.6	10	河南	80.98	10	甘肃	85.2
13	内蒙古	67.8	13	内蒙古	68.54	13	内蒙古	73.24	13	山东	80.5	13	内蒙古	78.3	13	吉林森工	84.1
14	上海	63.7	14	上海	66.2	14	大兴安岭	71.85	14	安徽	78.7	14	甘肃	76.22	14	河北	83.4
15	湖北	61.76	15	吉林森工	64.1	15	吉林森工	71.18	15	吉林森工	74.2	15	吉林森工	76.1	15	上海	83.1
16	宁夏	60.93	16	深圳	63.82	16	湖北	70.04	16	河北	72.1	16	陕西	76	16	广西	80.5
17	吉林	60.9	17	湖北	63.74	17	河北	69.73	17	湖北	71.38	17	青海	74.72	17	山东	79.7
18	大兴安岭	60.2	18	宁夏	62.43	18	吉林	69.69	18	青海	71.1	18	山东	73	18	内蒙古	78.3
19	青海	59.82	19	大连	61.41	19	青海	69	19	四川	69.2	19	江苏	72.15	19	大兴安岭	78.2
20	四川	59.1	20	河北	60.04	20	宁波	66.67	20	江苏	68.6	20	沈阳	71.1	20	沈阳	76.4
21	青岛	58.95	21	大兴安岭	59.9	21	山西	65.3	21	山西	67.8	21	广西	70.99	21	安徽	76.1
22	深圳	58.28	22	四川	59.6	22	四川	63.95	22	宁夏	67.1	22	安徽	70.27	22	云南	75.5
23	大连	57.99	23	青岛	58.95	23	江苏	63.09	23	宁波	66.8	23	宁波	70.11	22	陕西	75.5
24	河北	56.5	24	黑龙江	56.88	24	宁夏	62.97	24	大兴安岭	66.5	24	云南	70.1	24	青海	75.4
25	江苏	55.45	25	青海	56.54	25	海南	56.69	25	青岛	57.1	25	河北	64.8	25	山西	74.8
26	广西	54.27	26	广西	54.82	26	大连	55.03	26	广西	55.8	26	青岛	63.03	26	江苏	73.7
27	黑龙江	51.16	27	安徽	54.64	27	新疆	51.04	27	大连	56.74	27	深圳	61.04	27	黑龙江	73.4
28	安徽	50.64	28	江苏	53.45	28	云南	50.11	28	海南	56.7	28	陕西	60.34	27	大连	73.4
29	新疆	50.6	29	龙江森工	52.61	29	龙江森工	49.96	29	甘肃	54.8	29	黑龙江	60.3	29	龙江森工	72
30	重庆	50.39	30	重庆	51.53	30	广西	48.41	30	黑龙江	53.6	30	宁夏	58.91	30	深圳	71.6
31	厦门	49.61	31	云南	51.75	31	黑龙江	48.4	31	深圳	52.3	31	天津	57.6	31	贵州	70.8
32	海南	46.62	32	新疆	51.61	32	深圳	47.08	32	龙江森工	51.7	32	大连	57.31	32	青岛	65.8
33	宁波	44.85	33	厦门	49.61	33	青岛	45.98	33	新疆	51.44	33	龙江森工	57.01	33	宁波	67.1
34	龙森工	44.84	34	宁波	45.85	34	重庆	44.94	34	天津	51.3	34	海南	56.36	34	厦门	64
35	天津	44.4	35	贵州	43.9	35	贵州	41.46	35	贵州	50.9	35	大兴安岭	55.69	35	天津	59.1
36	贵州	41.88	36	天津	43.56	36	内蒙森工	40.57	36	云南	50.23	36	新疆兵团	55.13	36	新疆兵团	57
37	云南	40.25	37	海南	43.05	37	天津	34.81	37	重庆	45.1	37	新疆	54.81	37	宁夏	56.6
38	新疆兵团	38.7	38	新疆兵团	42.6	38	厦门	33.54	38	厦门	41.9	38	贵州	54.09	38	新疆	51.9
39	甘肃	33.64	39	甘肃	38.73	39	甘肃	30.85	39	新疆兵团	41.2	39	厦门	52.88	39	海南	51.8
40	内蒙森工	32.98	40	内蒙森工	37.72	40	新疆兵团	26.32	40	内蒙古	40.97	40	重庆	51.23	40	西藏	49.1
41	西藏	20.36	41	西藏	22	41	西藏	24.88	41	西藏	32	41	内蒙森工	35	41	重庆	42.1
												42	西藏	33.61	42	内蒙森工	32.5
	平均	58.76		平均	61.28		平均	62.01		平均	66.6		平均	69.2		平均	74.3

图 6-6 2008—2013 年度各省区市林业信息化发展水平排名变化情况

本章小结

信息化评价是信息化管理与运作的重要环节，用于信息化管理反馈控制。有效益的信息化必须有适当的信息化评价。

通过案例，介绍信息化评价的一般流程。重点说明了国家信息化测评中心发布的企业信息化水平评价的指标体系和方法。并通过中国林业信息化发展水平测评案例，说明组织开展信息化评价工作的方法，以及取得的成效。

关键词

绩效、评价、信息化评价、信息化评价过程、信息化水平评价、信息化指数

练习题

1. 谈谈你对管理中的"评价"环节的认识；解释信息化评价的内涵和意义。
2. 阐述一般评价的方法和步骤。
3. 说明企业信息化基本指标、补充指标和评议指标的作用。
4. 设计指标体系应该遵循哪些原则？请解释之。

网络学习题

1. 利用网络，搜集和分析相关资料，了解我国国家信息化水平发展动态（如政府网站、中央企业信息化评估）。
2. 了解确定评价模型权重的方法，如层次分析法（AHP）。

思考题

信息化评价产生的历史背景和意义。

第7章 信息化实践案例

学习目标与要求

本章在介绍社会组织及其分类的基础上,选择不同类型社会组织信息化的案例,系统介绍了典型的企业、政府和社会信息资源管理实践活动,特别是信息化管理与运作全过程。

通过本章的学习,要求同学们:

- 了解社会组织的分类。
- 通过案例,了解政府、企事业单位等不同类型社会组织信息化管理与运作的内容和过程。

案例(case)是人们生产实践经验教训的总结,案例研究(case study)是一种重要的管理学研究方法。人们提炼的案例凝结着深刻的思考(包括反思)和智慧。案例教学法(case method)是指运用社会或身边发生的事例激发学生的学习兴趣,说明道理,给学生以启发的教学模式。

本章在介绍社会组织及其分类基础上,通过几个案例,具体而生动地介绍了企业、政府的信息化实践活动,以期对信息化管理与运作的全过程(规划、组织、实施、评价等)有较系统的、感性的认识。

7.1 社会组织及其分类

【例7-1】 在什么单位工作

小赵、小文、小王、小李和小司是同学,毕业以后很长时间没有联系了。这一天他们聚会到一起,彼此一见面都关心地问:"你在哪个单位工作?"小赵说:"我在区政府信息办工作,过几天就要下到街道锻炼,算是吃皇粮的政府公务员。"小文说:"我在省林业调查规划院工作,属于事业编制。"小王说:"我在妇联做会计工作,过几天我可能去消协,以后维权找我。"小李说:"不比你们,我没单位,前些天我刚和朋友一起开了家软件公司。不做程序员,当个小老板。"小司说:"我在机床厂搞营销,三天两头的出差,累!"小文说:"国企工人阶级!咳,你还不如让李老板给你开发个网站,来个电子商务,省得你出差受累。"小李接过话:"对,我给你们厂做过报表统计软件,知道厂里就几个懂信息化的人,不如让你们计算机室的张主任把机床厂信息化的事外包给我们吧。"几个人聊了起来……

物以类聚,人以群分。群体行为古来有之,最典型的就是军队。有了语言、文字、通信等交流与沟通的工具,生活在世界上的人就具有了社会属性,就如例7-1大家都在问的"你在哪个单位工作"那样。人被分在社会的特定群体中,遵循特定的行为规范,履行相应的义务,这便是社会组织,简称组织。

组织是指一定的人群为实现某种目标,按照特定的相互关系和活动规则所组成的群体。人员、岗位、职责、关系和信息构成了组织的5个基本要素。

一方面,组织是有目标的,组织起源于个人或小群体无法实现目标的情况。一些目标是个人自发的,像例7-1中的小李创业开办软件公司,以实现个人的更大发展。而另一些目标则是社会驱使乃至强制的,例如,国家立法、司法、行政部门为完成不同的国家治理使命而存在。目标决定组织的性质、行为活动的内容和方式。国民经济行业分类(GB/T 4754—2017)把目前我国的行业按"门类、大类、中类、小类"进行了分类编码,计20个门类(见表7-1),1 000多个子类。尽管这种分类会随着社会的变化(如新行业产生、体制改革)而变化,但它可以作为社会组织分类的基本标准。

表7-1 我国行业20大门类

门类	类别名称
A	农、林、牧、渔业
B	采矿业
C	制造业
D	电力、热力、燃气及水生产和供应业
E	建筑业
F	批发和零售业
G	交通运输、仓储和邮政业
H	住宿和餐饮业
I	信息传输、软件和信息技术服务业
J	金融业
K	房地产业
L	租赁和商务服务业

续表

门类	类别名称
M	科学研究和技术服务业
N	水利、环境和公共设施管理业
O	居民服务、修理和其他服务业
P	教育
Q	卫生和社会工作
R	文化、体育和娱乐业
S	公共管理、社会保障和社会组织
T	国际组织

这里根据国情，把社会组织分为4类：

（1）政府机构，包括国家各级立法、司法、行政部门。政府是社会发展的宏观调控机构，主要从维护社会公益角度，建立社会秩序（包括市场秩序），为社会提供安全和稳定的保障（如社会保障体系）。

（2）事业单位，是指为了社会公益，由国家机关或者其他组织利用国有资产举办的，从事教育、科技、文化、卫生等活动的社会服务组织。

（3）企业，是以营利为目的独立核算的法人或非法人单位（如个体工商业者）。它们为数最多，是社会生产与发展的基本力量。

（4）其他，不属于上述情况的单位，如非政府机构、社团（如妇联）、协会等非营利性组织。

另一方面，与非组织的群体不同，社会组织内通常用较严格的规章制度明确组织要素间的相互关系和活动规则，如组织的等级结构、岗位、职责、授权、领导或监控。不同性质的组织，其要素组成、相互关系和活动规则不相同，其信息化管理与运作也各有特色。

社会组织间的相互关联构成了复杂的社会组织体系，它们各司其职、协同实现社会发展与进步。以国家信息化建设为例，国务院信息化工作领导小组承担国家信息化建设的领导责任，制定大政方针和战略，提出按照领域信息化、区域信息化、企业信息化的思路，分类开展国家信息化建设。领域信息化和区域信息化分别由国务院下属部门和地方政府部门组织安排，而具体的工作可能会由政府部门委托事业单位（如部委或地方政府的信息中心）实施，具体技术方案与实现或许由投标的IT企业完成。同时，企业在政府的间接引导和支持下，适应市场需要，结合自身实际开展信息化建设工作。

7.2 S公司的信息化重建

S公司是一家只有百十来人的民营商贸企业。作为国际著名企业E公司的中国总代理，它代理销售E公司的上万种产品。其总部设在北京城区，并在近郊租有一处上千平方米的仓库。经过多年的发展，其销售客户遍及大江南北，年销售额过亿。近年来，企业在国内几十个城市发展了二级经销商，先后在广州、上海、成都、西安、沈阳建立了办事处。随着业务的不断拓展，原有各自独立的信息系统不适应企业发展需要，急需整合或集成。但由于公司领导对信息化缺乏了解，2006年公司遭遇了一次不成功的ERP项目经历：企业花10多万元找了一家小的软件公司开发新的ERP系统，试图整合现有系统。结果经过3个月的加班奋战，新ERP系统与并行的手工账一直对不上，且双方相互指责，项目被迫下马。后来，公司总经理通过朋友结识了一位信息化专家，在专家的启迪与帮助下，他对企业信息化的复杂性和价值有了新的认识，并正式聘请这位专家为顾问。专家经过初步诊断和分析，指出该企业信息化的关键问题所在：①企业发展急需IT技术支持，但经营者对信息化知之甚少；②有行动但最重要的是无规划；③有局域网但不全（有孤立点）；④有应用系统但只是信息孤岛，效率低，远不能满足要求；⑤对网络信息安全过于关注（网络化的顾虑）。痛定思痛后，公司领导下定决心，按信息化管理规范开展企业信息化重建工作。

1. 企业信息化战略规划

首先，公司委托专家帮助制定企业信息化战略规划。为此，公司先成立了以副总经理和部门经理为成员的信息化领导小组，负责制定企业信息化战略规划，并领导和组织开展企业信息化工作。为了提高领导小组成员的信息化意识，专家举办了专题培训，通过对相关标杆企业信息化实施案例和新技术（如VPN、RFID、移动互联网）及其应用的生动介绍，大家对IT助力企业管理、信息化建设流程特别是制定信息化战略规划的重要性有了充分的认识。然后，在领导小组的帮助下，开展一系列调查和分析工作，完成了企业信息化战略规划报告，形成指导企业信息化建设与管理的纲领性文件，具体工作如下。

（1）企业及其信息化现状与问题调研：

① 组织结构。作为业务单一的商贸企业，S公司设立财务、销售、采购、外地办事处及办公室等部门（如图7-1所示）。企业大部分人员在搞销售；采购部主要负责订货、报通关、仓储和内部运输等事务；办公室则除了日常办公事务外，兼管信息服务（1名专职）和市场营销（如会展、广告）。空间上这些部门分布在北京城区的总部、近郊的仓库和外地办事处。

② 信息化历程：

- 1998年，购买单机版会计核算系统。

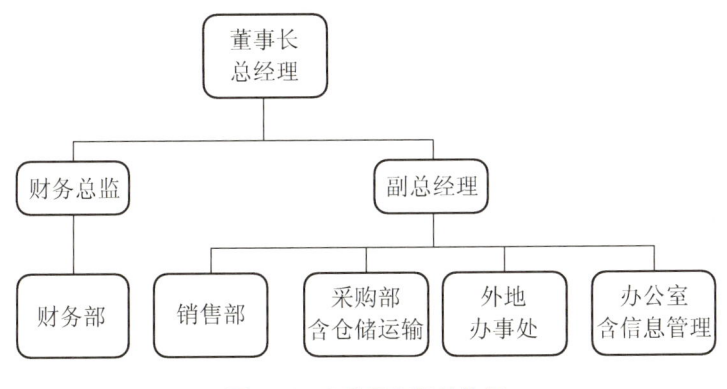

图 7-1　S 公司组织结构图

• 2001 年，建立总部内网，包括综合布线、交换机、服务器以及专门的网管人员；购买 U 公司的网络版财务系统。

• 2002 年，请 Q 公司用 Oracle + PowerBuilder 开发网络版销售管理系统。

• 2003 年，请 W 公司开发单机版仓库管理系统。

• 2004 年，购买 X 公司的成本核算软件；以托管的方式，通过某 ICP 企业发布公司网站和运作企业邮件系统，并在阿里巴巴等电子商务中介处注册（但几乎无人问津）。

• 2006 年，请 Y 公司开发 ERP 失败。

截至调查之时，企业建立了总部内网，员工人手一台联网的 PC；仓库和各地办事处也有计算机但未与总部联网。运行 3 个独立的系统（销售管理、财务管理、仓库管理）。

③ 问题。信息化建设是被动的，是典型的"头痛医头、脚痛医脚"方式，没有整体规划。由于各个系统是各部门主导分别建设的，系统间无法实现数据共享，导致大量重复录入工作，不仅效率低下，并且数据不一致现象频发（错漏难免），给企业管控带来困难；每月各部门分头手工汇总的报表（Excel），给总经理的分析判断造成了困难，浪费了他大量宝贵时间，影响了其他更重要的工作（如市场分析、企业决策）；网络孤点（仓库、办事处或经销商、外商）依赖的信息交换手段（纸质、电话、传真、U 盘等）效率低，导致了许多管理问题（如账物不实、信息延迟或不准），影响了企业的发展；IT 对储运货物和人员监管、市场营销、市场分析、采购等的帮助几乎为零。

（2）企业战略与业务流程分析。作为同行业的先行者，面对国内日益激烈的市场竞争环境，S 公司领导提出了"提高效率、扩张渠道、坐稳老大"的企业战略。作为国外产品的代理，S 公司是一个典型的商贸企业，其供应商是跨国企业 E 公司，客户是国内相关企业。图 7-2 分析了它的价值链，揭示了企业利润的形成因素和过程。企业通过买入卖出商品的价格剪刀差形成利润，它的所有业务活动（市场营销、销售管理、仓储运输、采购管理等）都是围绕着利润最大化的目标展开的。企业利润等于收入减去成本，其中，企业的收入来源于商品销售，而影响销售收入的主要因素是：客户（商品需求种类与数量）和商品买入卖出价格。成本源自各类业务活动的支出。所以，企业利润最大化的核心是最大限度地发现市场商机（需求），开发客户资源，降低业务活动成本，提高业务活动效率。

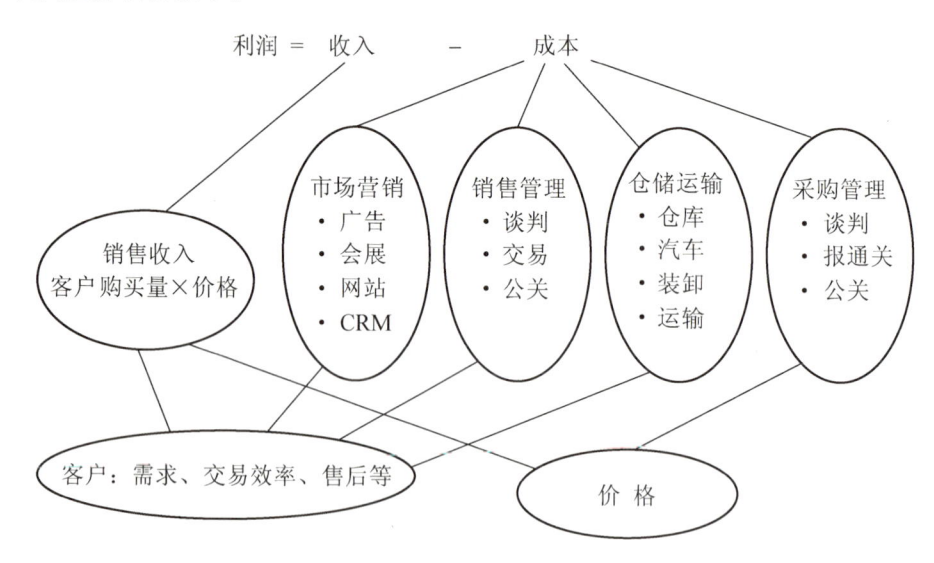

图 7-2　S 公司的价值链分析

把图 7-2 价值分析中的主要业务活动和相关部门（图 7-1）按逻辑联结起来就形成了 S 公司的主要业务流程图（如图 7-3 所示），企业信息化的目标就是利用 IT 优化业务流程，为企业创造更高价值。

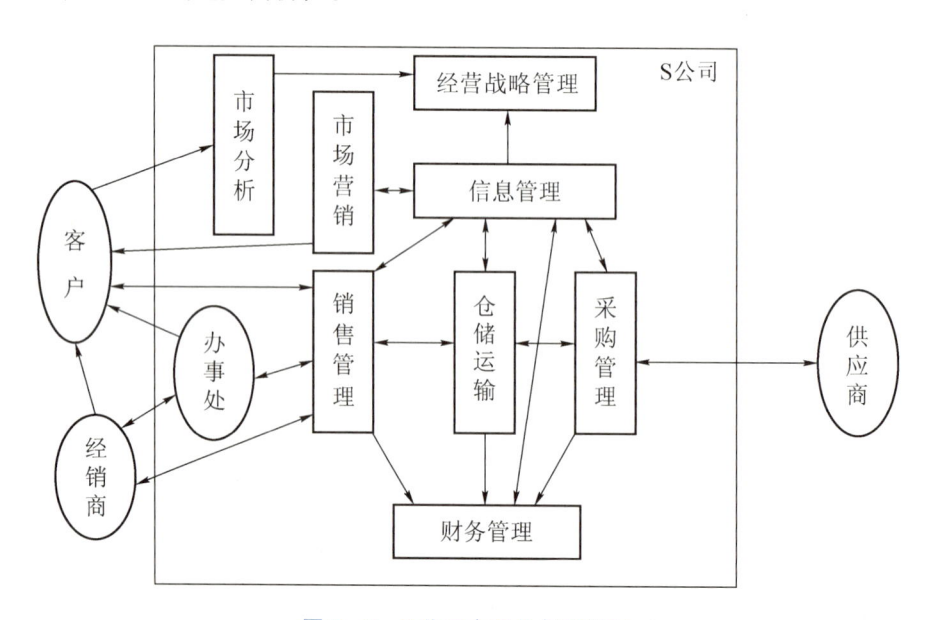

图 7-3　S 公司主要业务流程图

(3) 信息化战略规划。为了实现上述企业战略，顺应信息化发展潮流，S 公司必须开展新一轮信息化重建。其相应信息化战略就是，通过持续不断的企业信息化重建，用 5 年时间打造一个数字化的商贸企业，实现企业内外部信息的高效采集、加工、分析和利用，全面提升企业运营和管理水平，即彻底消除信息孤岛，实现系统集成，最大限度地优化各业务活动效率，建立企业适应市场需求的快速响应能力，为客户提供快捷方便的服务，达到"留住老客户、吸引新客户、开发新渠道"的目的，以掌握最大的国内客户群资源（核心竞争力），实现"坐稳老大"的战略目标。为此，专家主笔撰写了 S 公司信息化战略规划报告。限于篇幅，这里只罗列该报告的部分目录，并对网络与信息系统架构和网络扩建项目做概要说明。

S 公司信息化战略规划目录：

企业战略与信息化目标

信息化现状与问题

信息化体系架构

  信息基础设施（网络）架构

  信息系统架构

  信息安全体系与运维架构

  信息化标准与制度

信息化项目安排与组织

  网络扩建项目 1 期：内外网扩建，2007 年。具体包括项目目标、项目内容、开发（建设）方式、组织、预算

  系统集成项目 1：ERP——销售、财务与仓库管理系统集成，2007—2008 年

  网络扩建项目 2 期：仓库基于 RFID 的物联网建设，2009 年

  系统集成项目 2：EIS——总裁桌面和决策支持（BI），2009—2010 年

  电子商务：企业 B2C 和 B2B 商务网站（包括移动商务），2010 年

  系统集成项目 3：CRM 和市场分析，2011—2012 年

项目概算

图 7-4 是专家根据最新的企业信息化实践，结合 S 公司的实际情况（图 7-3 业务流程分析）设计的 S 公司网络与信息系统架构图。

尽管 S 公司高层对建设网络信息系统（图 7-4）因此促进企业信息化、提高企业信息处理效率和管理决策水平的意义非常认可，但出于保护企业商业机密的考虑，依然对网络及其应用（如内部集成信息系统、电子商务）的安全隐患存在很大顾虑。为此，专家根据需求提出了构建安全的企业网络的类型、权限、功能和技术（如表 7-2 所示）。

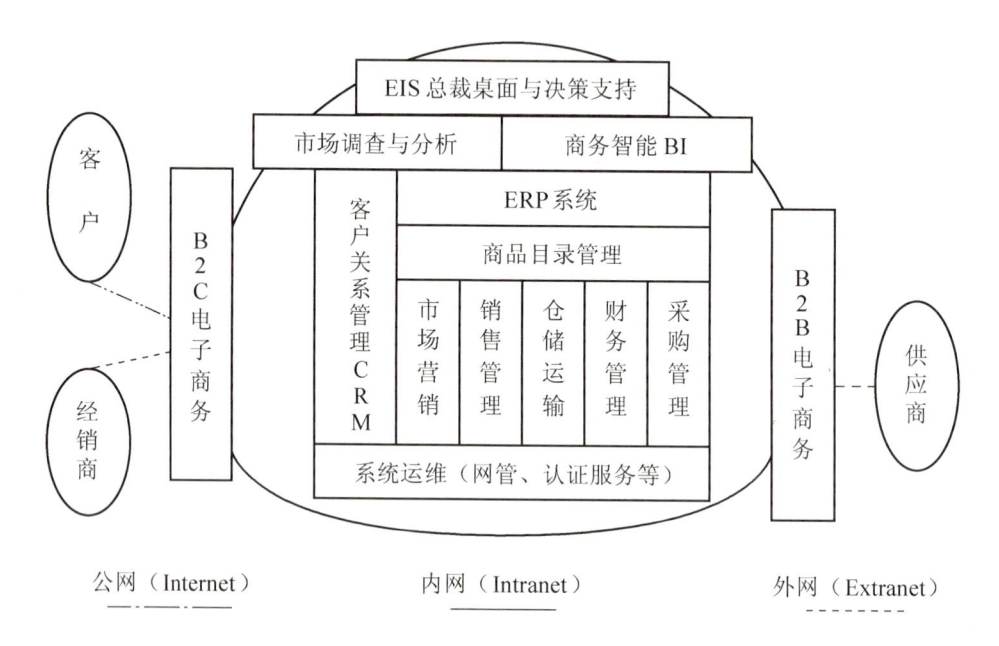

图 7-4 S公司网络与信息系统架构图

表 7-2 S公司三网建设说明

网络类型	节点和用户（权限）	功能	相关技术
内网 Intranet	北京的总部与仓库；外地办事处的企业员工	实现企业内部员工（分权限）信息集成与共享；防止外部人员侵入	防火墙、VPN、加密、数字签名、Web 数据库等技术
外网 Extranet（国内、国外）	国内二级经销商、合作者 E 公司	实现与合作伙伴相关信息的安全交换	VPN、加密、数字签名、Web 数据库等技术
公网 Internet	企业客户或互联网公众	实现公众用多种方式访问公司网站	Web、WAP 等技术

针对企业所顾忌的各类信息安全隐患——非法入侵、计算机病毒、身份认证、信息泄露、篡改和盗用（含越级使用）等，进行了系统分析。从技术角度，阐述了如何利用信息安全技术，解决信息资源的可用性、保密性、认证性、一致性等问题。专家提出的具体技术措施包括：

● 利用防火墙、VPN（虚拟专用网）等网络资源访问控制技术保证企业内外网络的安全。

● 通过各种身份认证（如 CA 及数字签名）和权限管理手段，实现网络、系统（数据库）、数据的访问控制和身份认证。

● 采取适当的加密技术，保证网络、软件、数据的安全。

- 建立企业级的病毒防范系统，防御和最大限度地避免病毒侵害。
- 利用 IDS（入侵检测系统）、网络监控、系统日志等手段，建立和完善日常的管理体系，防御、追踪和处理（含审计）潜在的和已经发生的各类安全问题。

2. 电子商务系统项目（2010年）的规划与实施

2010年，为了顺应互联网（特别是移动互联网）高速发展的潮流，在顺利实施网络扩建和 ERP 系统等项目后，S 公司按计划（公司信息化战略规划）开展了电子商务系统建设。图 7-5 概要地说明了企业从规划—实施—应用电子商务系统的全过程。它包括 5 个步骤：

第 1 步　电子商务系统规划

在企业战略和信息化战略规划指导下，研究解决"该不该上电子商务""上什么样的电子商务""何时上电子商务"等问题。为此，信息化领导小组聘任有关专家和技术人员为顾问，首先，通过专家对电子商务成功案例的介绍，形成了电子商务对企业作用的正确认识。并且，在了解 IT 发展现状基础上，对企业信息化问题进行诊断。其次，结合企业战略和现状分析（国内同行业都还没有启动类似项目），分析了项目的 SWOT（优势、劣势、机会、威胁），指出率先实施电子商务，有可能提高企业的核心竞争力，巩固和提升企业的地位。再次，对电子商务给企业可能带来的影响（如 BPR——业务流程重组）进行了深入分析，并对实施电子商务的经济、技术和管理的可行性进行了解。最后，确定立项（应用组合），并制定了企业电子商务系统总体规划。

第 2 步　系统开发方式选择

有 5 种开发（或应用）方式可供 S 公司选择：①ASP（Application Service Provider），即将企业电子商务外包给专业电子商务公司。外包会带来供应商选择与控制、保证信息系统安全等问题。②购买，即购买现成的电子商务软件。购买的主要问题是软件可能不符合企业的需求。③制造，即自主开发。制造的问题是企业多半不具备相应的技术开发能力。④各种合作伙伴，如进入行业电子市场（e-market），它取决于这种市场是否存在且适合。⑤加入第三方市场，如利用阿里巴巴的淘宝平台，同样存在网站适合与否的问题。根据企业商务特点、实际情况，考虑安全性，S 公司最终选择了外包+制造的联合开发模式，首先通过投标选择了外包开发商 A 公司，然后成立了由企业和开发商共同组成的项目组。双方签订联合开发合同，并为此制定了详细的信息系统项目计划。同时，企业外聘专业人士担任项目监理，对项目工程管理实行全程监管。

第 3 步　系统开发与测试

A 公司根据企业电子商务系统规划提出的基本要求，结合已有系统（ERP 等系统）和分析用户需求（特别是集成应用需求），利用其技术优势（组件、应用程序等）开发出原型系统；企业组织人员结合原型，详细调查分析系统需求；经过多轮修改，形成系统雏形。雏形经过进一步严格测试、修改、完善后，达到上线使用要求。

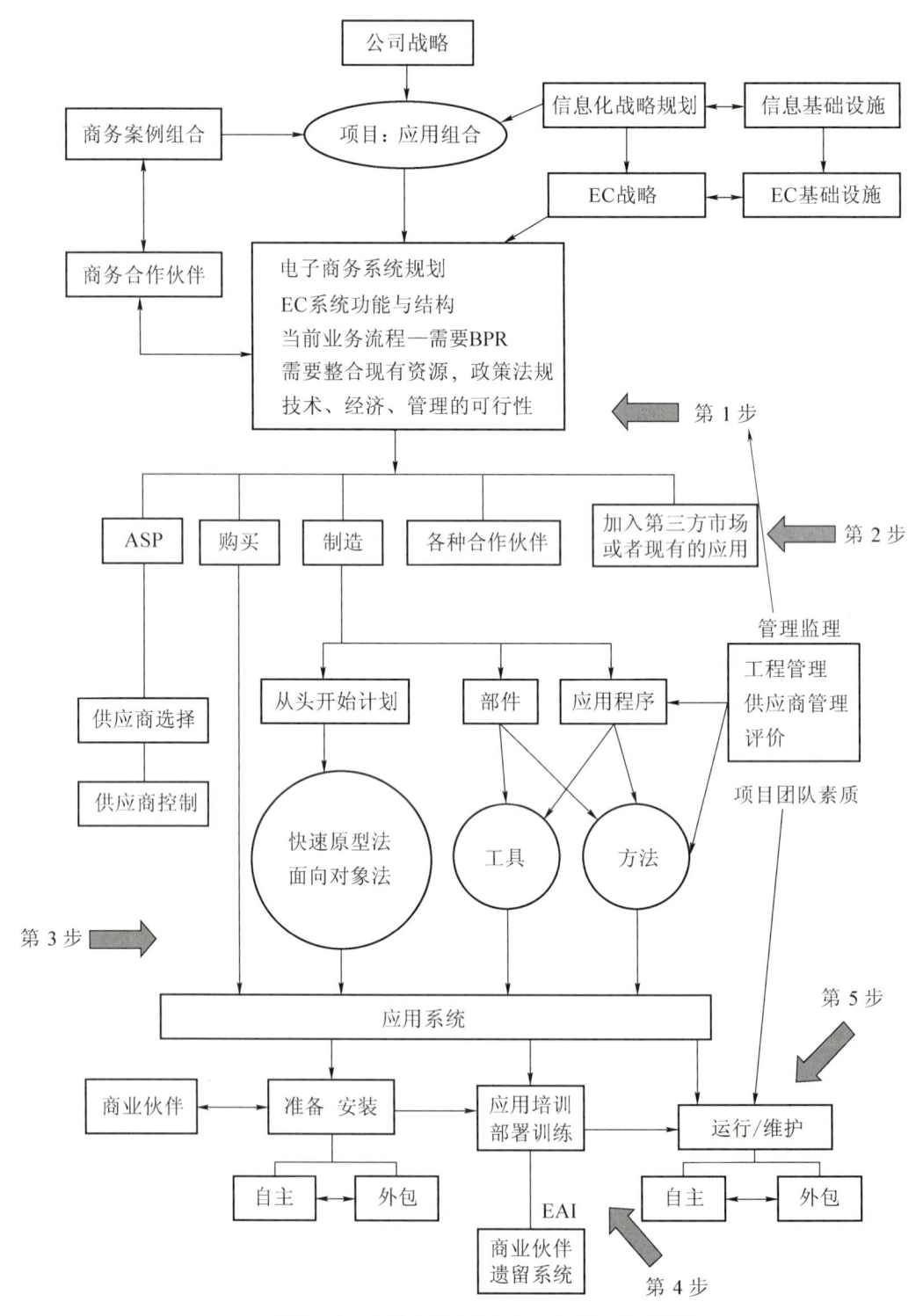

图 7-5　企业电子商务规划、实施与应用过程

第 4 步　安装、培训与试运行

S 公司开展上线应用前的各种准备工作,包括实体(硬件及其环境)准备、数据准备、遗留系统与新系统并行交接安排(新的应用集成 EAI)、培训准备;项目组对企业人员(领导、业务人员、安全维护人员等)进行培训;在上述任务完成后,正式安装系统,试运行。

第 5 步　运行与维护

试运行成功后,系统进入正常运行维护中,系统维护仍然采用自主与外包相结合的方式。日常安全维护由 S 公司人员负责,按照合同,A 公司派驻固定的技术支持人员,定期和按需向 S 公司提供咨询和维护服务。

S 公司上马电子商务系统后,客户、经销商、销售员(总部或外地)、供应商都可以利用电子商务系统(不同模块)进行网上交易或信息交换,因而极大提高了信息响应速度,受到各方的欢迎。同时,系统也吸引了许多新客户的加入,进一步巩固 S 公司的"老大"地位,企业利润不断增加,实现了企业的战略目标。

小结:中国有为数众多的中小企业(small and medium enterprises),它们以民营为主。作为其中较为成功者,S 公司已经持续经营 20 多年,其商贸主业(企业 2008 年后开辟职业教育、生态林等新的业务——多样化经营,并回馈社会)不断稳固发展,其中信息化建设起到了重要的作用。该公司的信息化历程具有一定代表性:大多数信息化项目都起到历史作用,但囿于认识和经济实力,企业早期没有信息化整体规划,导致信息孤岛出现,随着业务膨胀和旧系统生命周期的局限,孤岛效应(矛盾)达到顶点。在社会信息化特别是网络化的推动下,企业汲取失败的教训,下决心按照科学的方式开展信息化重建,重点制定了信息化战略规划,并加以落实,因而取得了初步成效,助推了企业的发展。正如海尔董事局主席张瑞敏说的那样:"中国企业如果在网上没有拓展、传统业务与网络不挂钩,在网络时代就没有生存权,即传统企业要么触网,要么死亡。"更有人说:21 世纪的企业,有电子商务不见得成功,但没有电子商务则万万不可以。信息化管理已经是企业的常态工作,不可或缺。

7.3　智慧团结湖

【例 7-2】　智慧团结湖应用实例

1. "我找社保所问个事儿"(智慧信息机)

"这就是信息机?" 2013 年 1 月 14 日,朝阳区委程书记到团结湖街道开展 "书记下基层" 宣讲活动。一进社区,立即被一台大屏幕 "电视" 吸引住了。"是信息机啊!" 正在使用机器的居民许大妈抬头看了一眼发问者,用自豪的语气说,"用这个可方便了,来,我给你介绍介绍。" 别看许大妈上了些岁数,手指边点边说,动作娴熟。"在线咨询有这么多部门给您服务,社保所、计生办、工商所……但凡显示'在线'的,点开就有人面对面跟你对话，有什么问题直接问，跟在现场一样。"大妈说得详细，身后已经有人排上了队。"来来来，您先办事"，程书记赶忙侧身让开。居民谭老先生手里拿了张"保障性住房申请核定表"，来到社区信息机前，轻车熟路地点开社保所，屏幕上立即出现一位工作人员，"您好，有什么事可以帮您？"老人对着屏幕说："我想申请公租房，填了一张表，您看看填得对吗？"说着，把表格对着屏幕打开，工作人员注目凝视，很快给了回答，"您还没有填资产净值这一项。"接下来，又给出了详细说明，直到老人点头表示明白为止。

看到这里，程书记连连点头，"这个信息机不错，多少居民能用上？"团结湖街道负责人介绍："已经在6个社区全部安装，人流集中的超市、大厦也安装了3台，可以做到就近服务。"这一下，市民才知道，这位对信息机感兴趣的中年人就是他们的"父母官"。许大妈说："区里办的这个事好，这个机器最适合我们老年人用，不懂电脑也没关系，只要轻轻一点，对面的人就'蹦'出来，可以直接对话。"谭老先生点头赞同："我家到社保所走路几十分钟，就为填这张表，已经咨询好几次了，这要是来回跑，大冷天也够折腾的。"

程书记接过话茬儿，"团结湖是智慧社区的试点，信息机这么受欢迎，今年要在朝阳区推广。"

2. "请处理垃圾"（"三微一体"服务平台）

2012年3月13日，网友"MAX的心之所欲"在微博上发布了一条信息："团结湖北三条5号楼3门西侧，有装修垃圾，请处理。@团结湖网格"，并附上了一张现场照片。5分钟后，"团结湖网格"转发了这条微博，并留言："谢谢，已安排处理，一天内处理完毕。"

名为"团结湖网格"的博主，不是一个人，而是团结湖街道网格办公室的工作人员。名为"MAX的心之所欲"的博主，是团结湖北三条的居民。

如今，在团结湖地区，类似的互动每天都在进行。微博上，既有街道提醒居民接种疫苗的通知，也有社区发的活动征集令，还有居民的"找协会"、找"组织"活动。

自2012年5月至今，团结湖街道办事处利用现成的商业微博、微信、微群，建立了街道的"三微一体"服务平台。这种迎合青年群体的治理方式，很快受到社区居民的认可。

3. 居民在家安心养老（智慧居家养老平台）

家住一二条社区的王大爷和他的老伴是团结湖街道的老居民，老两口都已经80多岁。王大爷向街道的工作人员"诉苦"说，他们有3个子女，最大的如今60来岁，最小的也50多了，老伴双目失明并且半身不遂。王大爷身体尚且健朗，但由于老伴的身体原因，只能留在家中照看，从来不敢出门，眼看着子女为了照顾他们来回两头兼顾着，十分心疼。本来老两口提出去老年公寓居住，以缓解儿女的负担，结果又面临两个问题，一是子女不同意，中国人受传统的思想束缚，认为将父母送去养老机构就是不孝，宁可自己焦头烂额，也坚决不同意二老去住老年公寓；二是即便儿女同意，也要排几年队，才有空位可以入住。街道工作人员了解到这个情况后，向王大爷及其子女介绍了智慧居家养老平台，在得知设备的相关功能后，王大爷一家欣然同意试用。

团结湖智慧居家养老平台，使老人无须排队等待养老机构，只需在家中安装相关电子设备，即可实现子女远程视频监控、医生远程健康辅导、动一动手指即可享受服务商的上门服务、防走失定位、每日用药健康自检提醒等一系列功能，为老人提供标准化、专业化、亲情化的养老服务，用信息化手段推动社会养老工作的开展，创新了辖区养老模式，让居民在家中即可享受到智能化养老服务。

就这样，王大爷一家成了团结湖智慧居家养老设备的第一批受益者，如今子女不仅可以利用设备远程监控二老的身体数值，还可通过智能手表为可以出门活动的父亲设置可活动区域，一旦目标偏离，即可收到报警。王大爷说，看着子女们不用再着急为他们老两口来回"赶场"，对街道的感激之情溢于言表。

4. 掌上团结湖

2013 年 1 月 20 日上午 11 点，地上厚厚一层积雪，窗外还飘着雪花。家住朝阳区团结湖的"80 后"小伙儿张瑶池打开手机，登录"掌上团结湖"移动平台，在"邻里互动"板块发了一条帖子："兄弟姐妹们都出来扫雪吧！"

不到 5 分钟，网友"棒槌李"第一个跟帖："顶！扫雪铲冰，保畅通，保安全，年轻的朋友们，大家一起来。"紧接着，"冰色幻想""喜欢蓝色雪"等人纷纷响应："好啊，这场雪下得好，周末咱有空，现在就出发！"一会儿工夫，就已经有 30 多位年轻人跟帖，扫雪队正式成立。细心的网友"换另一种生活方式"提议："咱们等雪停了再扫，积雪全扫干净，老人们出来遛弯儿不打滑。"

下午两点，雪停了，30 多位年轻人手拿铁锹、扫帚到达集合地点——三四条社区居委会门口小广场，陆陆续续地还有不少居民闻讯而来。经过大家 3 个多小时的努力，不但小区道路干净了，边角地、街心花园残留的积雪也逐一被清扫干净。

"这是我第三次通过手机平台组织扫雪队了。"张瑶池说。以前，不少年轻人由于互相不熟悉，很难被组织到一起参加社区公益活动，如今，彼此陌生的年轻人定期通过网络（掌上团结湖、微信、微博、微群等）组织助老、助残等公益活动，这既帮助了有需求的人，也拉近了邻里关系。

街道是城市行政区划的最小单位，街道办事处是政府最基层的派出机构，担负着城市治理与社区服务的重任。本节将系统考察北京市朝阳区团结湖街道办事处如何抓住建设"智慧朝阳"的机遇，通过智慧团结湖信息化项目，紧密围绕建设幸福街道的战略目标，充分发挥信息化对城市治理、社会服务等领域创新的支撑和引领作用，不断提升信息化基础设施建设、信息资源共享和信息化服务水平，满足城市运行、市民生活、公共安全、公共交通等关键领域的需求，努力构建管理有序、服务完善、环境优美、治安

良好、生活便利、人际关系和谐的新街道。

1. 智慧团结湖的起因

团结湖街道位于北京市朝阳区东三环北路东侧，地理优势明显，配套设施完善，交通便利，多条城市干道纵横交错，虽然是20世纪80年代建成的老旧小区，却也挡不住越来越多的人选择在团结湖居住生活，造成有限的资源更加短缺，使原本管理艰难的老旧小区雪上加霜，也给居民生活带来了新的压力。为破解这一难题，2012年团结湖街道通过设立"智慧团结湖"信息化建设项目，将智慧街道建设作为社会服务管理创新的着力点及解决传统工作方式与当前社会发展不相适应矛盾的突破口，抓住"十二五"时期朝阳区信息化发展面临的新机遇和新挑战，按照"智慧北京"和"智慧朝阳"的发展要求，瞄准智慧城市发展高端形态，结合本街道实际，以和谐、宜居、文明、幸福为理念，大力推进信息化与街道工作运行的全面深入融合，积极开展信息化的创新实践，通过整合街道管理和服务运行的关键信息和应用，探索城市治理、社会服务、惠民兴业的新发展途径。

2. 组织

首先，团结湖街道成立了智慧团结湖工作领导小组，全体处级领导为成员，定期听取汇报，研究方向，形成决议。其次，聘请专家学者形成智囊团，为智慧团结湖规划建设出谋划策，根据智慧北京和智慧朝阳的发展要求及对街道实际情况的研究，制定"智慧团结湖"建设方案。再次，成立智慧街道工作小组，将有兴趣及具备信息化技能的街道干部和社区居民吸引进来，一方面通过培训和重点培养提高他们的业务水平和实操能力；另一方面拓宽思路，广开言路，激发其工作热情。最后，成立信息化工作办公室，选拔抽调有专业特长的工作人员，专项负责智慧街道建设工作。

3. 信息化规划

（1）信息化目标。简单地说，街道（政府）管理的目标是打造"和谐、宜居、文明、幸福"的社区。而信息化项目的目标是实现"智慧团结湖"。那么什么是"智慧社区"呢？《北京市智慧社区建设指导标准》对智慧社区的定义是：利用物联网、云计算、移动互联网、信息智能终端等新一代信息技术，通过对各类与居民生活密切相关信息的自动感知、及时传送、及时发布和信息资源的整合共享，实现对社区居民"吃、住、行、游、购、娱、健"生活七大要素的数字化、网络化、智能化、互动化和协同化，让"五化"成为居民工作、生活的主要方式，为居民提供更加安全、便利、舒适、愉悦的生活环境，让居民生活更智慧、更幸福、更安全、更和谐、更文明。团结湖街道在学习借鉴的基础上，2012年提出了打造5A3C型新智慧街道的信息化目标。5A代表任何人（Anyone）在任何时候（Anytime）、任何地点（Anywhere）通过任何方式（Anyway）得到任何服务（Any service）。3C则代表互联、协同、创新。此后，随着智慧建设的不断深入，街道积极跟踪移动互联网和物联网、云计算、3D等信息化发展趋势，紧密结合社会热点、舆论焦点，解决老百姓最关心、最亟待解决的资源有限与当前社会高速发展间的矛盾，力求便民、利民、惠民，并与时俱进地将5A3C型新街道理念升级为5A+5S型和谐、宜居、文明、幸福的新智慧街道。5A的含义不变，5S则代表了微笑（Smile）、迅速（Speed）、诚恳（Sincerity）、灵巧（Smart）、研究（Study）。未来的"智慧街道"是一个微型的智慧城市，是城市信息化的更高级版本，是一种基础设施高端、管理服务高效、产业生机勃勃、环境智慧友好、未来特质明显的新型城市。

（2）现状分析：问题与矛盾。团结湖街道是朝阳区地域面积最小、人口密度最大、老年人比例最高的街道，因此在城市治理与社会服务方面的矛盾更为突出。其中凸显的问题包括：①社会服务资源瓶颈日益显著。随着人们生活水平的提高与人口流动性增加，需要更多有针对性的服务。而社会服务资源较少，需求与供给出现了瓶颈。②老旧社区建设面临挑战。团结湖街道主要以20世纪80年代统建的纯居住型老旧小区为主，各项设备、设施陈旧，容易出现安全隐患，如消防、安防、燃气设备相对老化，面临更新设备与增强管理的双重挑战。③民生民意的全响应。对于民生与民意问题，既需要拓展百姓言路，使得诉求能被及时与方便地上传，又需要建立良好的响应机制，确保问题得以回应。④居家养老新形势。团结湖街道人口密度大，老年人比重大，需要解决的养老问题有很多。

信息技术的高速发展为街道发展既提出了挑战也创造了机遇。信息化的高速发展是当代社会的重要特征之一，带来了人们交流方式和生活方式的重大变化。这为加强和创新社会治理提供了新的机遇和新的科技手段。团结湖街道已经在电子政务、城市网格管理等方面具备一定的基础。如何适应信息化发展，变"数字街道"为"智慧街道"，需要积极探索新的模式。把广泛运用现代信息技术作为加强和创新社会治理的有效手段，努力尝试促进信息化建设和社会治理创新的有机结合，增强社会发展活力，提高社会治理水平，创造出有区域和时代特色的智慧型社会治理新模式。努力解决城市治理所面临的：①城市规模扩张与城市治理精细化发展的矛盾；②协同管理和服务与垂直部门业务的矛盾；③公众日益增长的生活需求感知与政府主动服务的矛盾；④信息采集、传递的变革与信息网络互联互通的矛盾。

（3）双TPS智慧团结湖建设模式。在不断探索中，团结湖街道形成了集理论框架（Theory）、学术论文（Thesis）、专利成果（Patent）、成熟系统平台（Platform）、标准运维规范（Standard）、良好居民体验（Satisfaction）"TTPPSS六位一体"团结湖智慧社区建设模式。试点先行，逐步扩大应用范围，提升居民知晓率、使用率、满意率，不断增强居民对社区的认同感、归属感和幸福感。为此，街道以数字化、网络化、智能化、互动化、协同化为基本特征，构建科学、智能、人本、协调的街道内生系统，全力推进"日常办公信息化、业务管理信息化、社区服务信息化"建设，有力地促进公众需求和区域资源充分感知；信息网络互联互通，信息资源深度整合；知识管理普及深入；让生活在社区里的人能够更好地应用信息化的成果。

（4）智慧团结湖系统架构。图7-6是2012年立项后，街道根据上述分析而设计的系统架构。按照"智慧朝阳"的战略要求，智慧团结湖以建立和谐、宜居、文明、幸福街道为目标，通过整合社会资源、优化社会治理与服务体系，为辖区居民提供安全、健康、便捷的服务和更加安全、便利、舒适、愉悦的生活环境；不断激发人们的创新潜力、提升人们的内在创新能力，为人和街道的发展提供源源不断的动力，把团结湖街道建成具有智慧感知、智慧神经和智慧大脑的"人性化"城市智慧单元。这里，智慧感知是指通过延伸至社区以及居民个体的终端系统形成对公众需求的搜集、反馈、互动的"视频感知、音频感知、自助感知、人工感知"四位一体的感知网络；智慧神经是指借助多元化基础网络设施搭建的信息传输与互联网络；智慧大脑是指利用一体化智能应用系统搜集、处理和分析街道业务和数据的智能中枢。在安全保障体系支撑下，智慧团结湖通过"平台整合、数据整合、业务整合、资源整合、服务整合"5个整合，形成"智慧管理、智慧服务、智慧社区、智慧家庭、智慧协同"五大体系的运行模式，真正做到高效的城市治理和贴心的社区服务。

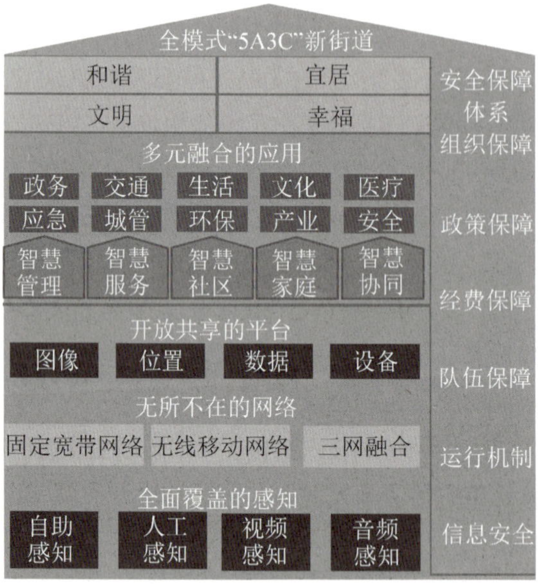

图7-6　智慧团结湖系统架构

（5）项目分阶段计划和实施。智慧团结湖工程共分3个阶段：

第一个阶段（2012.10—2013.4），"三微一体""一号定位"、智慧信息机、掌上团结湖等平台建设。

第二个阶段（2013.5—2013.12），3D团结湖智慧家园平台、智慧居家养老服务平台试点工程。

第三个阶段（2014.1—2015.1），党政群共商共治大数据为民科学决策平台建设，智慧居家养老助残中心启用。

4. 项目实施成果

在街道信息化办公室的直接领导和组织下，会同上级相关部门及社会力量，成立了多个项目组。经过 3 年多的努力，智慧团结湖项目取得了丰硕的成果：开发七大智慧终端，促进了社区服务智慧化；构建四大智慧平台，实现了城市治理智慧化。

（1）开发七大智慧终端（应用系统），促进了社区服务智慧化：

① 智慧信息机。针对社区老人多、PC 和智能手机不会用的特点，街道自主设计了集咨询、政务、服务、交互等于一体的智慧信息机，在原有"一刻钟社区服务圈"的基础上，整合完善社区便民服务网、社区服务热线和知识库，构建了"搜寻方式简便、服务功能集成、响应速度快捷"的社会服务管理平台。它将距离较远的政府办事机构，以图、文、视频等多媒体形式，展现到广大居民面前，通过多方视频互动交流，拉近了居民与社区、与街道的距离，提高了办事效率，也极大地方便了群众。目前，智慧信息机已覆盖到街道所有社区、大型商场超市、邮局、写字楼等人员流动性较大的场所。信息机自投放以来，总点击量已达 500 余万次，日均点击量 8 000 余次。图 7-7 是智慧信息机的首页及视频交互情景。

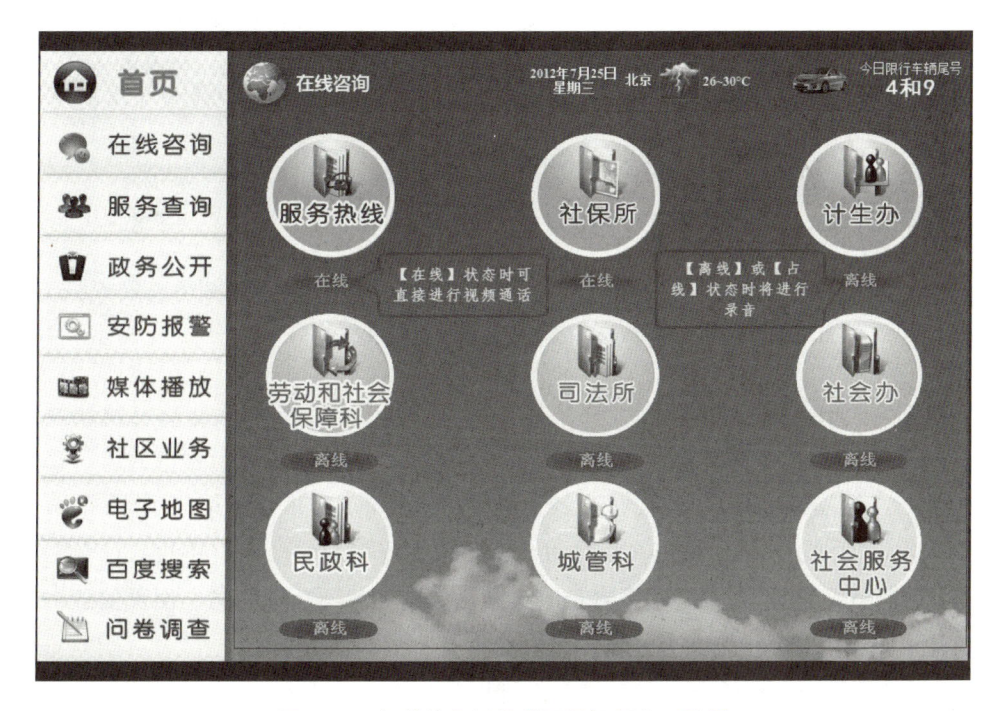

图 7-7 智慧信息机的首页及视频交互情景

② 掌上团结湖。它是街道开发的"智慧团结湖"手机平台，覆盖政务服务、公共服务、公益服务、便利服务、特色服务等内容。它包括前端 APP 和相应的后台服务系统，尤其适用于中青年人群，对于进一步扩大"智慧团结湖"项目应用覆盖面、提高

使用率、培养忠诚度、增强社区凝聚力有明显帮助。掌上团结湖的普及，促进城市治理的智慧网格功能进一步完善，积极培育线上线下活动，形成良好互动，建设熟人社区，推进诚信邻里文化。借助街道短信宣传平台向辖区内 2 460 名中青年群体推送"掌上团结湖"下载地址，到2014年底累计下载量约1万人次，活跃用户2 000 余名，这对促进居民社区自治，探索社会治理和社会发动新模式起到了积极推动作用。图 7-8 是掌上团结湖的手机界面。

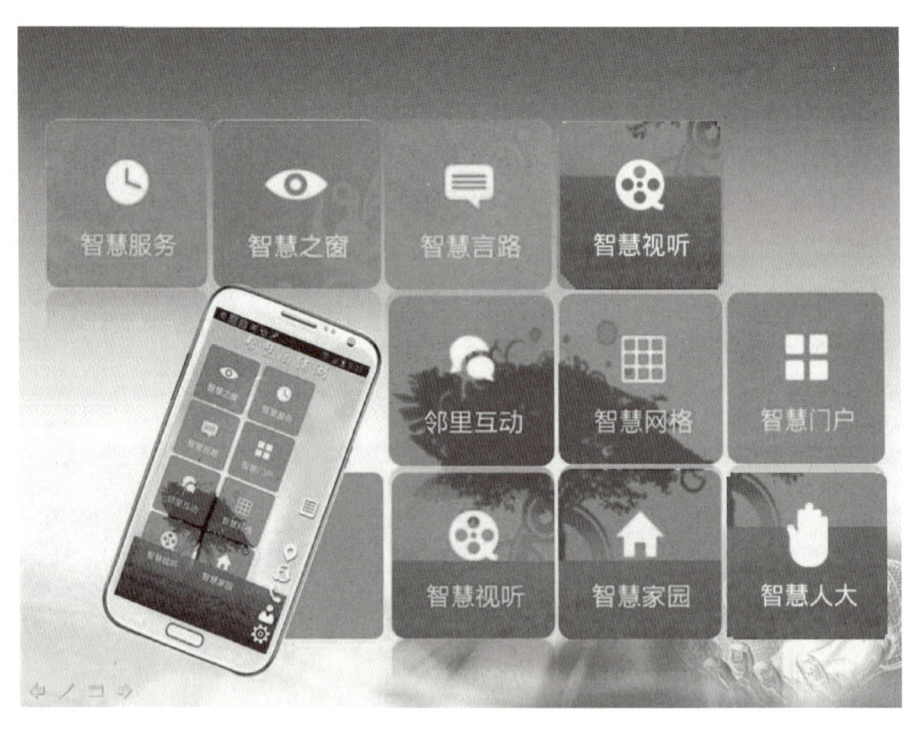

图 7-8　掌上团结湖的手机界面

③ 微信、微博、微群"三微一体"服务平台。一是在全市率先实现以微博方式回复网格案件，将街道全模式社会服务管理引入了新渠道。二是实现与辖区居民、社会单位便捷的文字、图片、语音、视频交流。截至 2014 年底，三微平台与居民互动交流15 300余次，得到了辖区居民的高度认可。三是大大吸引了年轻人群体投入社会、服务管理工作的热情。街道利用三微平台定时更新辖区内的各项活动信息、便民信息，开辟了一条为民服务、与民互动的新通道（如图 7-9 所示）。

④ 智慧网格与交通综合管理系统。在辖区易拥堵路段和区域投入电子感应监测设备，极大提高了辖区的交通出行效率。系统由综合应用子系统、信息服务中心和指挥控制中心 3 部分构成。综合应用子系统分为智慧网格采集系统、网格与交通监测系统、事件报警系统、人口特征比对系统、交通诱导系统、信息发布系统。

⑤ 智慧安防系统。使用该系统，可随时监控监测辖区的安防情况，并与公安、应

急等部门做到信息联动。一旦居民家中发生破门、破窗事件，系统将自动向设定人发送警报，因而极大增强了辖区居民的安全感，使地区治安水平得到了有效提高。

⑥ "一号定位"系统。将辖区内1 769个线杆、电杆标号，与视频监控系统连接（如图7-10所示），居民可根据标号位置信息报警或者获取基于精确位置的服务。自安装使用该系统以来，监控系统发现并处理环境卫生问题270余件；因火灾、车辆丢失、盗窃、民事纠纷等问题案件，派出所调取指挥中心监控录像120余次。

⑦ "3D团结湖智慧家园"系统。建设了全面覆盖吃、住、行、游、购、娱、健七大需求，采集街道1 000余点位，拍摄近万张照片，具有全景导航功能的3D团结湖智慧家园服务平台；

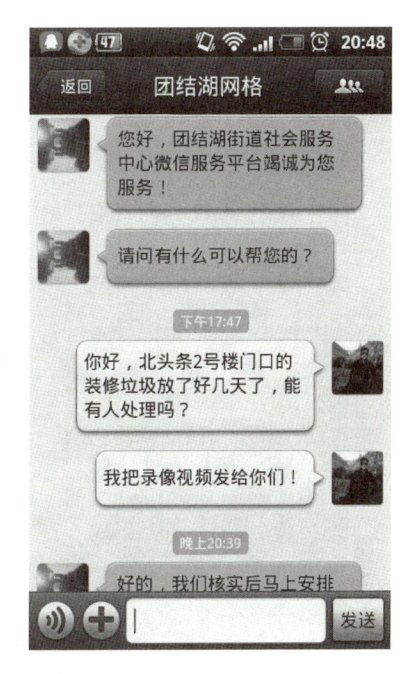

图7-9 "三微一体"服务手机界面

建设了以公共文化服务和市民文化展示交流为主的3D团结湖公共文化服务平台，包含人口文化、党建、社区文体活动、个人作品展示、视听、服务大厅等六大场馆（如图7-11所示），展出街道及社区活动照片3 000余张，14位书画爱好者的个人作品160幅；建设了以市民、文体队伍文化交流、辖区人口文化展览、街道整体风貌展示为主的

图7-10 "一号定位"系统界面

3D团结湖公园文化漫游平台。3D团结湖智慧家园平台上线以来，累计访问量已达11 000次，丰富了辖区居民的文化生活，得到大家的一致好评。

图7-11 "3D团结湖智慧家园"系统的一个界面

（2）构建四大智慧平台，实现了城市治理智慧化：

① 搭建街道党政群工商共治大数据科学决策智慧平台。对辖区人、地、事、物、组织的基础数据，社区干部工作记录，老年人、残疾人、年轻群体等不同类型居民诉求数据进行深入的挖掘分析，科学制定为民服务措施，真正做到数据为人服务、数据为工作服务。通过深入的数据分析，为科学决策提供支持，让街道的社会治理工作更有针对性。2013年街道推出的20个为民办实事项目广受居民好评，真正呼应了辖区民众之所需所想。

② 搭建各方和街道、社区的互动智慧平台。利用辖区内的智能服务终端（智慧信息机、掌上团结湖、3D团结湖、"三微一体"服务、智慧居家养老等信息化便民终端），搭建起辖区居民、社会单位、社会组织参与社区建设和社会治理的平台，让街道和社区可以及时掌握和了解各方的动态和问题。2013年共有2万余人通过各种渠道和方式与街道、社区互动，其中掌上团结湖志愿服务团全年累计开展各类服务1 500余人次，获得上级单位的支持与肯定，也得到了社会的广泛关注。通过各方互动，及时有效地为辖区居民、社会单位和社会组织解决需求，进一步提高了街道和社区层面的社会治理效率。

③ 搭建居民和党员、人大代表互动智慧平台。利用智慧党建、智慧人大等信息平台更加充分地发挥辖区党员与地区人大代表的作用，更加有效地为地区建设和社会治理出谋划策，并解决了一部分超出街道职能层面的问题，累计为地区居民解决各类难题

600余件。通过带动党员和人大代表的积极参与，对地区社会治理工作起到了有力的推动作用。

④ 搭建智慧养老助残服务智慧平台。街道建立了智慧养老助残中心，并在辖区范围内大力推广智能设备的普及和使用。通过打造公建民营、社会组织运作的智慧养老助残居家服务平台，全天候全方位提供4方面的服务：一是安全报警，依托部署在家庭内的固定、移动设施，借助物联网等智能技术，如家庭视频监控（子女可远程察看老人在家活动情况）、红外线防入侵、烟感防火、自动关断天然气阀门等设备，让居民享受安全、智能的居家养老服务。二是紧急救助，如使用者出现紧急事件而家里又没有人的情况下，使用者可一键紧急联系服务中心或相关工作人员。此外，子女可利用防走失设备设定使用人的日常活动范围及路线，一旦发生超出设定区域或偏离路线，设备将及时给设定人发出提示信息。三是健康监护，利用健康监控系统的相关设备，使用者可每天自行检测身体数据，如心电图、脉搏、血氧、血压、血糖，检测完毕后数据自动传输到监测平台，医生及家人通过数据平台可远程查看其日常体态数据，一旦数据异常，可以进行及时干预。四是生活服务，如家里水管破裂、下水道堵塞，或者需要送餐、送水、请钟点工等简单生活需求服务时，只要按下设备上的按键就能获得相应服务，从而大大减轻老人的负担（如图7-12所示）。

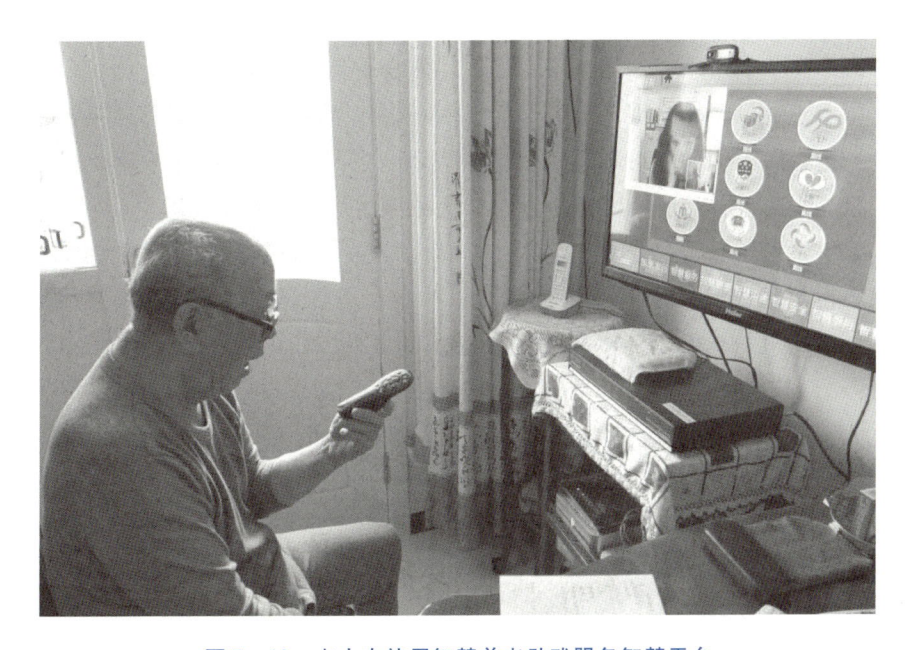

图7-12 老人在使用智慧养老助残服务智慧平台

（3）项目成效及反响。智慧团结湖1期工程建设，不仅促进了地区居民生活方式的转变，也带来了社会治理方式的变革，对地区持续健康发展的支撑作用进一步显现。

一是创新了社区治理模式，群众凝聚力不断加强。智慧信息机拉近了政府办事机构与居民的距离，直观、便捷，提高了居民的办事效率。掌上团结湖手机平台和微信、微博、微群"三微一体"服务平台，通过线上线下互动推进诚信邻里文化建设，开辟了社会动员的新方式。2013年冬天的扫雪铲冰活动，因其组织发起方式独特，北京日报头版进行报道，还有交通公益岗、每周的捡拾白色垃圾等志愿活动和社区文体活动，也通过手机平台组织居民参加，有效激发了居民参与社区管理服务的热情。

二是提高了社会治理效率，群众安全感日益增强。引入物联网垃圾分类系统，提高了环卫部门清运垃圾的效率，街道成为全市首批垃圾分类所有社区均达标的示范单位。智慧交通综合管理平台，动态保障辖区的交通管理，及时引导车辆调整行进路线，避免拥堵，节省时间。社区安装的智慧安防系统与公安部门联动，有效提升了综合安保能力。

三是探索了居家养老的新方法，对特殊人群的服务更加贴心。智慧社区建设充分考虑残疾人、老年人和流动人口等特殊群体需求，让他们也能共享智慧社区建设成果。一键通电话和动态健康监护仪，成为独居老人的"家庭保姆"，有效保障了独居老人的人身安全，使不在身边的子女不再担心老人发生意外时不知情。系统曾监测到有的老人突发心脏病，并协调120紧急救护，挽救了老人的生命，得到了老人及子女的由衷感谢。一号定位系统，成为初到辖区人员的向导，提供了即时便利的服务。

四是拓展了公共文化服务空间，居民文化生活日渐丰富。3D团结湖智慧家园平台，突破了辖区地理空间窄小的制约，不仅使居民能身临其境感受地区文化及生活资源，也为辖区书画手工爱好者作品展示和各类文体队伍搭建了活动舞台，除了视听盛宴，还能享受美食，远在海外的同胞可随时"回家"看看，满足了各类群体的不同需求。

几年来，在建设智慧团结湖的进程中，无论项目组总结的建设理念或模式，还是研建的应用系统，都得到了广泛关注和好评。2012年团结湖街道以北京全市综合评分第一的成绩获得了北京市社区信息化示范街道称号，得到了各级领导的高度重视；2013年底，团结湖街道的6个社区全部获得智慧社区三星级认证；同年"5A5S智慧团结湖社区平台"方案获得"智慧北京大赛"十大优秀示范应用奖，2014年被评为"中国智慧城市十大解决方案"。此外，2013年内还分别承办了北京市、朝阳区两级智慧社区建设推进现场会，得到了国家部委、市、区各级领导的高度重视和新华社、人民日报、北京日报等40余家媒体的广泛关注；自2012年下半年起至今，吸引海外及国内24省市119家单位2 000余人纷至沓来的考察，获得了较高评价。

5. 项目讨论与运维

项目建设之初，各部门、居民对"智慧社区"建设认知程度较低，所以项目的开展及运行均遇到了不同程度的阻力。此外，街道财力有限，需要工作人员以最少的经费投入建设居民最满意的平台。"智慧团结湖"建设项目因投入少、效果好，并通过整合可利用资源及各种合作模式，到2015年底为止总投入仅百万元，专家普遍认为具有很强的可复制性和推广价值。随着信息化建设工作的不断宣传与展开，"智慧团结湖"的建设理念已深入人心，得到了各部门及居民的大力配合。

为了使信息化成果持续有效，团结湖街道下大力制定了智慧团结湖应用平台运营管理规范，它对信息系统运维的事务、组织与人员（岗位）、行为规范等做了详细规定，保证了应用系统的正常运行。下面是该运营管理规范的目录：

- 一、各应用平台基本情况 ······················ 10
  - 1.1 基本情况 ························· 10
  - 1.2 项目内容 ························· 10
    - 1.2.1 全模式社会服务管理系统 ················ 10
    - 1.2.2 96156 和 81890 音频服务平台 ············· 11
    - 1.2.3 "三微一体"公众服务平台 ················ 11
    - 1.2.4 智慧团结湖智慧信息机平台 ················ 12
    - 1.2.5 智慧团结湖掌上团结湖平台 ················ 13
    - 1.2.6 "一号定位"系统平台 ·················· 13
    - 1.2.7 3D 团结湖智慧家园平台 ················· 14
- 二、运营部门与运维人员 ······················ 16
  - 2.1 运营人员分级 ······················· 16
    - 2.1.1 运营人员基本规范 ··················· 16
    - 2.1.2 部门管理人员 ···················· 16
    - 2.1.3 平台维管和信息发布人员 ················· 17
    - 2.1.4 开发单位和主要负责人 ·················· 17
  - 2.2 各应用平台分级 ······················ 18
    - 2.2.1 公众互联网级 ···················· 18
    - 2.2.2 公众局域网级 ···················· 18
    - 2.2.3 政务局域网级 ···················· 19
  - 2.3 运维部门与运维人员 ···················· 20
    - 2.3.1 运维部门 ······················ 20
      - 2.3.1.1 街道全模式社会服务管理中心 ············· 20
      - 2.3.1.2 平台开发建设和运维公司 ··············· 21
    - 2.3.2 运维部门岗位 ···················· 22
      - 2.3.2.1 全模式社会服务管理中心岗位安排 ··········· 22
        - 2.3.2.1.1 全模式社会服务管理中心主任 ··········· 22
        - 2.3.2.1.2 全模式系统操作岗 ················ 24
        - 2.3.2.1.3 全模式中心监督员 ················ 26
        - 2.3.2.1.4 综治维稳应急保障岗 ··············· 27
        - 2.3.2.1.5 社会服务和公共服务岗 ··············· 30

- 2.3.2.1.6 综合运维保障岗 · 32
- 2.3.2.2 平台开发建设单位岗位安排 · 34
  - 2.3.2.2.1 应用平台产品（部门）经理 · 34
  - 2.3.2.2.2 专职运维人员 · 35
- 2.3.2.3 运维保障公司岗位安排 · 36
  - 2.3.2.3.1 应用平台产品（部门）经理 · 37
  - 2.3.2.3.2 专职运维人员 · 38

三、运营规范 · 40

3.1 街道全模式社会服务管理中心运营规范 · 40
- 3.1.1 系统巡检和信息搜集 · 40
- 3.1.2 来电和视频接访规范 · 40
- 3.1.3 语言文字信息发布和回复 · 41
- 3.1.4 网络活动监控评测 · 44
- 3.1.5 应急处理 · 46

3.2 团结湖街道办事处信息化安全应急预案 · 48
- 3.2.1 总则 · 48
  - 3.2.1.1 目的 · 48
  - 3.2.1.2 工作原则 · 48
  - 3.2.1.3 编制依据 · 49
- 3.2.2 组织机构及职责 · 49
  - 3.2.2.1 应急指挥机构及职责 · 49
  - 3.2.2.2 现场应急处理工作小组 · 50
- 3.2.3 预警和预防机制 · 51
  - 3.2.3.1 信息监测 · 51
  - 3.2.3.2 事件报告 · 51
- 3.2.4 应急处理流程 · 52
  - 3.2.4.1 预案启动 · 52
  - 3.2.4.2 现场应急处理 · 52
  - 3.2.4.3 应急行动结束 · 53
  - 3.2.4.4 报告和总结 · 54
- 3.2.5 宣传和应急演习 · 54
  - 3.2.5.1 公众信息交流 · 54
  - 3.2.5.2 应急演习 · 54
- 3.2.6 监督检查 · 55
  - 3.2.6.1 预案执行监督 · 55

3.2.6.2　事件上报 ………………………………………………………… 55
　　3.2.6.3　事件评估 ………………………………………………………… 55
　3.2.7　附件1 ……………………………………………………………………… 55
　3.2.8　附件2 ……………………………………………………………………… 57
3.3　团结湖街道机房管理制度 …………………………………………………………… 64
　3.3.1　机房人员日常行为准则 …………………………………………………… 64
　3.3.2　机房保安制度 ………………………………………………………………… 65
　3.3.3　机房用电安全制度 …………………………………………………………… 66
　3.3.4　机房消防安全制度 …………………………………………………………… 67
　3.3.5　机房硬件设备安全使用制度 ………………………………………………… 68
　3.3.6　软件安全使用制度 …………………………………………………………… 69
　3.3.7　机房资料、文档和数据安全制度 …………………………………………… 70
　3.3.8　机房财产保护制度 …………………………………………………………… 70
　3.3.9　机房卫生制度 ………………………………………………………………… 71
3.4　团结湖街道计算机管理制度 ………………………………………………………… 72
3.5　团结湖街道网络管理使用管理制度 ………………………………………………… 75
3.6　计算机硬件及附属设备、软件、耗材的管理办法 ………………………………… 78
　3.6.1　包含的范围 …………………………………………………………………… 78
　　3.6.1.1　计算机硬件及附属设备 …………………………………………… 78
　　3.6.1.2　计算机耗材 ………………………………………………………… 78
　　3.6.1.3　计算机软件 ………………………………………………………… 79
　3.6.2　管理职能 ……………………………………………………………………… 79
　3.6.3　具体实施细则 ………………………………………………………………… 79
　　3.6.3.1　计算机硬件的管理 ………………………………………………… 79
　　　3.6.3.1.1　购置 …………………………………………………………… 79
　　　3.6.3.1.2　内部调配 ……………………………………………………… 80
　　　3.6.3.1.3　修理 …………………………………………………………… 80
　　　3.6.3.1.4　计算机设备回收与报废 ……………………………………… 80
　　　3.6.3.1.5　日常运行管理 ………………………………………………… 80
　　3.6.3.2　计算机软件的管理 ………………………………………………… 81
　　　3.6.3.2.1　自行开发软件 ………………………………………………… 81
　　　3.6.3.2.2　购买软件 ……………………………………………………… 82
　　3.6.3.3　计算机耗材管理 …………………………………………………… 82
　　　3.6.3.3.1　申请 …………………………………………………………… 82
　　　3.6.3.3.2　审批 …………………………………………………………… 82

　　　　3.6.3.3.3　领用 …………………………………………… 82
　　　　3.6.3.4　计算机网络建设 …………………………………… 83
　　　　3.6.3.5　计算机网络管理人员的管理 ………………………… 83
　　　　3.6.3.6　计算机应用培训 …………………………………… 84
　　3.6.4　团结湖街道网络与信息安全保密管理办法 ………………… 85
　　3.6.5　团结湖街道人员离岗离职信息安全管理规定 ……………… 88

　　小结：北京市朝阳区团结湖街道的"智慧团结湖"建设是城市最基层政府机构信息化的一个缩影，它是非营利的，且投资有限，取得今天这样的成绩有多方面的原因：

　　（1）事在人为。信息化特别是前沿的智慧城市建设，需要有头脑、肯实干且懂行的人。街道信息化主管（CIO）恰恰是这样一位有心人（年轻有为、信息技术专业毕业且有主持一个单位信息化工作的经历），这对智慧团结湖建设（信息化管理全过程）有决定性作用。

　　（2）人会干事。许多事不取决于你是否想干，很大程度上依赖于上级和领导的意愿。上级想干但有困难和风险，怎么办？抓住智慧城市示范工程，迎难而上，用较小的代价智慧地取得令人瞩目的成果，信息化应用起到惠民实效，工作得到认可，局面就会打开（如例7-2中的智慧信息机）。信息化管理既需要智商，也需要情商。

　　（3）智慧城市（街道）的选择紧跟时代潮流，容易得到各界（领导、业界、居民等）的关注，工作做好就会发生正反馈效应（如示范效应）。

　　（4）学习不断、知行合一，新东西既要刻苦钻研，也要善于学习。指导智慧团结湖建设的TTPPSS建设模式，反映了系统建设者不仅重实践更有理念。理性的、战略性的思考对从事复杂的信息系统工程（信息化管理与运作）来说尤为重要。

7.4　人民版权——基于区块链的一站式版权保护管理平台

　　2019年7月25日，作为互联网上最大的综合性网络媒体之一的人民网对外公布了《深度融合发展三年规划（纲要）》，其中提道：人民网将逐步发展成为内容科技（ConTech）领军企业（战略）。作为内容科技的重要组成部分，人民网将全面研究、探索与应用区块链、人工智能、大数据等技术（信息化战略）。

　　事实上，作为人民网控股、人民网与证券时报社合资成立的专业舆情服务和信息增值服务机构——人民在线（全称为北京人民在线网络有限公司），以中国舆情行业的开创者与服务标准的制定者为目标（子公司的战略），近年来打造的"人民云"大数据开放共享平台自主构建了标准化、模块化的数据中台——数据蜂巢，形成人民舆情、人民咨询、人民融媒三大业务板块（子公司的信息化战略），成立了人民数据公司、人民金服公司等控股子公司，初步完成"人民数据"生态系统的顶层设计，并以"评价科技"为支撑，以"媒体上云、服务上链"为目标，通过新闻舆论数据上云，为全国企事业单位提供一站式智能舆情和媒体融合服务。其中，人民版权（https://peoplec.cn/，如图 7-13 所示）就是依托人民在线多年来形成的社会评价大数据采集和分析能力，通过结合与利用区块链技术，打造的一站式版权保护管理平台。

图 7-13　人民版权（https://peoplec.cn/）首页

中国新闻出版研究院发布的《2018—2019 中国数字出版产业年度报告》显示，仅 2018 年，国内数字出版产业整体收入规模已达到 8 330 亿元。但在传统数字资产保护领域，却存在确权难、维权难、用权难三大难题。在数字网络自媒体时代（微博、微信等流行的 Web 2.0 以后），确认数字作品权属更非易事。网络技术（如 WWW）的发展极大降低了信息内容生产和发布的门槛，实现了数字信息的高效共享。但在"用户生产内容 UGC"模式下，删除和改变权利管理信息变得轻而易举。同时，互联网上的数字作品历经多次流转传播、篡改标题或二次加工后，权属人难以界定因而加剧了确权的难度。网络的即时性和裂变传播也给取证和存证带来了挑战。传统维权不仅流程烦琐、耗时长，甚至在尚未启动法律程序维权时，网站已删除该侵权作品，举证也就更为困难。海量数字内容在网络节点中呈现"裸泳"状态，内容生产者长期处于弱势地位，优质内容无法转化为实际效益，信息的影响力无法强化版权媒体的影响力，进而制约了原创内容生产者的积极性。因此，急需数字版权管理上的创新，以促进网络媒体的健康发展。

从技术角度看，传统（基于 TCP/IP 原生）的互联网技术只关注信息的高速且低成本传输（信息共享），不能安全地实现特殊价值（如货币）信息的传输（价值转移）。一般来说，价值转移是非共享的，价值权益保护需要信用背书。鉴于 WWW 等传统互联网技术无法直接满足价值转移的要求，网络极客中本聪 2008 年发表了比特币白皮书——《比特币：一种点对点的电子现金系统》，提出了实现价值转移的网络新技术——区块链（block chain）。它利用分布式数据存储、点对点传输、共识激励、智能合约、加密算法等计算技术，实现数字货币比特币（非法币）的应用，引起世界的轰动和瞩目。经过多年来的发展，区块链已从1.0（可编程货币），经过2.0（可编程金融）而走向3.0（可编程社会）。

人民在线正是为了响应人民网及其自身的信息化战略要求，针对数字版权管理的痛点，提出的"人民版权"信息化项目。在充分研究区块链技术特点（如去中心化、不可篡改、可追溯、集体维护和公开透明）及其应用现状的基础上，与在区块链应用方面已积累丰富经验的微众银行开展深度合作，借助其推出的金融级联盟链底层开源平台FISCO BCOS及其开源的WeIdentity、WeEvent等区块链核心组件，开发了"人民版权"系统，旨在为社会提供高效的数字版权认证、取证、维权、诉讼、交易等全流程服务，是利用新一代信息技术实现公共信息资源管理（服务）的范例。

1. 打造版权联盟链

"人民版权"通过区块链技术中的联盟链，引入国家监管机构、权威媒体机构、出版集团、版权中心、仲裁机构、公证机构、互联网法院等核心节点，共建版权保护联盟链。依托区块链技术的加密和链式结构在上链后数据的完整性和不可篡改性，大幅降低司法过程中的证据取证与保全成本，快速实现版权认证、取证、维权、诉讼、交易全流程的在线操作。

2. 生成版权确权追踪链路

"人民版权"利用区块链分布式账本及智能合约特性，实现多方信息的实时共享。原创文章发布即确权，通过作者姓名、登记时间、作品名称、作品核心摘要等信息在链上生成唯一、真实、不可逆的数字指纹DNA，完成在人民版权平台上的版权认证。利用区块链可溯源的特点，可以快速发现链上的转载和引用关系，自动生成传播链路，追溯可信原创信息，发现稿件的修改变化。

3. 构建版权监测闭环

"人民版权"基于人民在线的全网信息采集能力和自然语言处理（NLP）能力，可以实时对确权文章进行全网转载数据的监测和比对，自动发现疑似侵权转载行为，支持线上一键取证上链，降低取证成本，并可导出可信的电子存证。

4. 实现线上交易全流程

"人民版权"二期上线的人民版权交易中心，将版权交易环节引入线上，媒体机构可在线上自行设置原创文章授权交易金额和方式，提升版权授权工作效率，快速实现版权的多种授权方式。其目标是通过版权收益分享机制，激发原创媒体上链的积极性，成长为最大的线上原创内容中心和交易平台。

2019年7月12日，"人民版权"平台1.0版正式上线，在打造自有新闻版权联盟链的基础上，构建版权监测闭环，生成版权存证追踪链路，实现线上交易全流程，提供梯度化司法综合服务，一举解决了以往数字资产在确权、维权、用权上的三大难题。

2020年4月26日世界知识产权日到来前夕，"人民版权"通过了国家网信办境内区块链信息服务备案，并发布了《人民版权发展大数据报告》。该报告汇总了"人民版权"平台自2019年上线以来，在版权原创存证、侵权监测、司法维权方面取得的成果。至2020年第一季度，"人民版权"已为200万篇新闻稿件进行了版权存证；可自动识别的新闻数超过一亿条，相当于3年的新闻总量；全网监测数据量日均近300万条，全年总监测量超过十亿条。"人民版权"通过区块链、人工智能等创新技术与知识产权保护深度融合，对抗侵权问题，助力版权保护新生态的建设。该报告的多项大数据表明"人民版权"正稳步发展中，并朝着使命愿景稳步迈进。

本章小结

不同的组织其运作的目标、内容和方式是不同的。社会组织一般被分为政府机构、事业单位、企业和其他，它们的信息化管理与运作的目标、内容和方式也不同。本章以 S 公司信息化重建、智慧团结湖和"人民版权"3 个鲜活的案例，说明了不同社会组织之信息化实践的异同。S 公司信息化历程说明了普遍存在的"信息孤岛"现象，着重指出企业信息化战略规划所起到的纲举目张的重要作用。智慧团结湖揭示了基层政府机构贯彻上级精神、抓住发展机遇、敢于追赶 IT 潮流，通过智慧团结湖建设，实现智慧街道的管理创新。从公共信息资源管理的视角，人民在线利用新技术（云计算、人工智能和区块链等）上线的"人民版权"系统，为社会提供高效的数字版权认证、取证、维权、诉讼、交易等全流程服务。

关键词

社会组织、政府、企业、事业、中小企业、智慧团结湖

练习题

1. 什么是组织？组织的五要素是什么？我们把社会组织分为哪几大类？
2. 如何理解信息化战略规划及其作用？
3. 谈谈你所熟悉的单位信息化的情况。

网络学习题

1. 利用搜索引擎查找与 CIO 相关的网站，选择文章学习相关内容。
2. 浏览相关网站，搜集有关组织信息化的案例，并研究之（如 http://www.cio360.net）。

3. 利用网络搜集和学习关于联想集团成功实施 ERP 系统的案例。
4. 了解中台及其相关技术。
5. 了解区块链技术及其应用案例。
6. 查找信息化的失败案例，并分析之。

思考题

1. 考察具体（政府、企事业）单位的组织结构。信息化使组织结构发生哪些变化？
2. 如何考察一个组织的信息化管理工作？
3. 谈谈政府与企业信息化之异同。

参考文献

[1] 吉多，克莱门斯. 成功的项目管理. 张金成，等译. 北京：机械工业出版社，1999.

[2] 施瓦尔贝. IT 项目管理. 王金玉，等译. 北京：机械工业出版社，2001.

[3] 迈尔-舍恩伯格，库克耶. 大数据时代. 盛杨燕，周涛，译. 杭州：浙江人民出版社，2013.

[4] 编委会. 中国林业信息化发展报告 2012. 北京：中国林业出版社，2012.

[5] 编委会. 中国林业信息化发展报告 2013. 北京：中国林业出版社，2013.

[6] 编委会. 中国林业信息化发展报告 2014. 北京：中国林业出版社，2014.

[7] 陈禹，魏秉全，易法敏. 数字化企业. 北京：清华大学出版社，2003.

[8] 陈禹. 信息经济学教程. 北京：清华大学出版社，1998.

[9] 亨格，惠伦. 战略管理精要. 王毅，应瑛，译. 北京：电子工业出版社，2002.

[10] 侯炳辉，郝宏志. 企业信息管理师. 北京：机械工业出版社，2004.

[11] 贾晶，陈元，王丽娜. 信息系统的安全与保密. 北京：清华大学出版社，2002.

[12] 靖继鹏，张海涛，等. 企业信息化规划与管理. 北京：机械工业出版社，2006.

[13] 夏皮罗，瓦里安. 信息规则：网络经济的策略指导. 张帆，译. 北京：中国人民大学出版社，2000.

[14] 朗咸平. 运作. 北京：东方出版社，2006.

[15] 李德芳. 企业信息化组织与管理. 北京：化学工业出版社，2007.

[16] 李世东. 中国林业信息化顶层设计. 北京：中国林业出版社，2012.

[17] 李世东. 中国林业信息化建设成果. 北京：中国林业出版社，2012.

[18] 李世东. 中国林业信息化决策部署. 北京：中国林业出版社，2012.

[19] 李世东. 中国林业信息化示范案例. 北京：中国林业出版社，2012.

[20] 李世东. 中国林业信息化政策制度. 北京：中国林业出版社，2012.

[21] 刘慧，等. IT 执行力：IT 项目管理实践. 北京：电子工业出版社，2004.

［22］马费成. 信息资源开发与管理. 2 版. 北京：电子工业出版社，2014.

［23］彭道黎，白降丽，徐泽鸿. 森林资源管理信息系统建设标准与规范. 北京：科学出版社，2010.

［24］吴军. 浪潮之巅. 北京：电子工业出版社，2011.

［25］吴军. 智能时代. 北京：中信出版社，2020.

［26］许江林，刘景梅. IT 项目管理最佳历程. 北京：电子工业出版社，2004.

［27］中国（双法）项目管理研究委员会，中国信息产业商会，中国电子信息产业发展研究院. iPMBOK 2004：IT 信息化项目管理知识体系与国际项目管理专业资质认证标准. 北京：电子工业出版社，2004.

［28］钟守真. 信息资源管理概论. 天津：南开大学出版社，2000.

［29］周宏仁. 信息化概论. 北京：电子工业出版社，2009.

［30］周宏仁. 信息化论. 北京：人民出版社，2008.

［31］颜荆京，等. 美国高校 CIO 体制的发展历程及启示. 数字教育，2020（6）.

［32］马化腾，张晓峰，杜军. 互联网＋：国家战略行动路线图. 北京：中信出版社，2015.